購物台專家
為什麼能說服你？

心理學家教你突破心防的説服術

FLIPNOSIS The Art of Split-Second Persuasion

劍橋大學研究員・社會影響力專家
凱文・達頓 博士 Dr.KEVIN DUTTON／著

吳妍儀／譯

〈出版緣起〉

開創科學新視野

何飛鵬

　　有人說，是聯考制度，把台灣讀者的讀書胃口搞壞了。這話只對了一半；弄壞讀書胃口的，是教科書，不是聯考制度。

　　如果聯考內容不限在教科書內，還包含課堂之外所有的知識環境，那麼，還有學生不看報紙、家長不准小孩看課外讀物的情況出現嗎？如果聯考內容是教科書佔百分之五十，基礎常識佔百分之五十，台灣的教育能不活起來、補習制度的怪現象能不消除嗎？況且，教育是百年大計，是終身學習，又豈是封閉式的聯考、十幾年內的數百本教科書，可囊括而盡？

　　「科學新視野系列」正是企圖破除閱讀教育的迷思，為台灣的學子提供一些體制外的智識性課外讀物；「科學新視野系列」自許成為一個前導，提供科學與人文之間的對話，開闊讀者的新視野，也讓離開學校之後的讀者，能真正體驗閱讀樂趣，讓這股追求新知欣喜的感動，流盪心頭。

　　其實，自然科學閱讀並不是理工科系學生的專利，因為科學是文明的一環，是人類理解人生、接觸自然、探究生命的一個途徑；科學不僅僅是知識，更是一種生活方式與生活態度，能養成面對周遭環境一種嚴謹、清明、宏觀的態度。

　　千百年來的文明智慧結晶，在無垠的星空下閃閃發亮、向讀者招手；但是這有如銀河系，只是宇宙的一角，「科學新視野系列」不但要和讀者一起共享大師們在科學與科技所有領域中的智慧之光；「科學新視野系列」更強調未來性，將有如宇宙般深邃的人類創造力

與想像力，跨過時空，一一呈現出來，這些豐富的資產，將是人類未來之所倚。

我們有個夢想：

在波光粼粼的岸邊，亞里斯多德、伽利略、祖沖之、張衡、牛頓、佛洛依德、愛因斯坦、蒲朗克、霍金、沙根、祖賓、平克……，他們或交談，或端詳撿拾的貝殼。我們也置身其中，仔細聆聽人類文明中最動人的篇章……。

（本文作者爲城邦文化商周出版事業部發行人）

〈專文推薦〉

糖衣裡的迷藥──操弄潛意識的瞬間說服術

林正焜醫師

　　《商業周刊》介紹過一個超級業務員，過去 13 年她總共賣了 700 輛賓士車，平均每個禮拜賣出一輛。這樣的業績別的業務員要衝一個月才辦得到，傳說中的她「把賓士車當國產車賣」。不過畢竟不是每個人都有超級業務員的說服力，我們自己的經驗就不見得像超級業務員那麼順利。不知道你有沒有說動別人總是很費勁的感覺？往往說的一方很熱切，或旁敲側擊，或引經據典，可是終究落得個冷冷的回應；更慘的是，甚至跟對方面紅耳赤地爭辯起來。為什麼某些人有這種超乎尋常的特異功能？那是一種先天的稟賦，還是可以透過後天學習的行為？

　　這本書是很會說故事的英國劍橋學者、影響力專家凱文‧達頓，試著解答關於說服的兩個問題所提出的科學見解。這兩個問題是：我們是怎麼被說動去做我們原本不想做的事的？我們該怎麼做才能說動別人？其實這兩個問題也正是當今社會一切運作的開關，不論是選舉、做生意、推銷、或編輯報刊雜誌，凡是會影響其他人的作為都脫離不了說服的藝術。達頓理出一個頭緒來，他舉了許多例子，說明「瞬間說服」──一種最簡潔又出人意表的話術，可以避開理性的爭辯，或非理性的糾纏，直搗問題核心，達到說服、解開僵局、擺脫尷尬的目的。

　　成功的瞬間說服需要具備哪些條件？那些最成功的說服，跟我們苦口婆心的叨念有甚麼不一樣？達頓用許多例證說明，**成功的**

說服通常要簡潔、要動之以利、要不按牌理出牌、要表達信心和同理心。成功的說服所具備的這些特質，恰好符合早些時候研究潛意識的哲學家的說法；19世紀的叔本華這樣描繪我們的意識：意識只是我們心靈的表面，就像地球一樣，除了外殼，我們對內部一無所知。在這樣的模型裡面，潛意識是健壯的盲人，意識是跛腳瘦弱的明眼人，表面上似乎意識指揮行動，其實潛意識才是行動者，而且往往不受指揮。而且，意識還有明顯的盲點，看本書第三章三個人合資買電視機，以及柴契爾夫人的相片那兩個例子就明白了。達頓的瞬間說服，其中的**簡潔、不按牌理出牌**，與禪宗的頓悟、當頭棒喝，有異曲同工之妙。說穿了，就是迷惑背上那個明眼人，然後用潛意識的語言直接指揮健壯的盲人。

　　達頓說的**不按牌理出牌其中一種技法就是幽默**，幽默是打開對方心門的一把鑰匙。我們看看聰明人怎麼幽默解圍：漢武帝下詔官員來宮裏領肉。眾官等了好久，分肉的官員還不來，滑稽人師東方朔就自己拔劍割取了一大塊肉，並對同僚們說：「大熱天肉容易腐爛，大家快快拿回去吧！」第二天，武帝責問東方朔：「昨賜肉，為何不等詔書就擅自割肉？你要自作批評！」東方朔趕緊趨前說道：「朔來！朔來！受賜不等詔書下來，何無禮也？拔劍割肉，何其勇壯！割之不多，又何其廉節！帶回家給妻妾，又何其仁愛啊！」漢武帝聽了覺得好笑：「要你自作批評，你倒是表揚起自己了！」又賞了他酒一石，肉百斤。

　　要說動別人當然要讓對方感受到好處，最好再加上可以免除壞處。所有的保單，不都是這樣推銷的嗎？從前有個皇帝，篤信方術。有一天，御用的命相師準確預言了一名愛妾的死期，這件事讓皇帝感到十分不安：「宮廷裡有這種能人，豈不是威脅到我的威權。」皇帝決定除掉這個命相師。他召見命相師，沉著臉說道：「既然你通

曉天機，深知別人的命運，那也預言你自己的死期吧。」皇帝是想，如果說死期就在眼前，那就順勢執行天意；如果說是在未來，也立即處死，等於同時證實預言是謊言。命相師怎麼逃脫這樣的兩難？他左想右想，給了皇帝一個意外的答案：「皇上，我的死期，早您三天。」皇帝動搖了，命相師也活下來了。命相師在這裡發揮了**簡潔、不按牌理出牌**、留我活命對你**有好處**的說服術。

達頓這些祕技不僅可以使用在狹義的說服，也適用在社會行為上。穿著乾淨白袍、仔細傾聽患者敘述的醫生，比起看起來不專業、不細心的醫生，縱使處置完全一樣，但是由於**有或沒有釋放信心和同理心的光芒**，結果發生醫療糾紛的機會就有明顯的差別。本書第一章還有個故事，敘述善用同理心的瞬間說服功力。有一天，英國首相邱吉爾召見空軍英雄瓦德，因為他曾冒死爬到高飛的轟炸機機翼上撲滅引擎火焰。邱吉爾見到了這位英勇卻生性害羞的紐西蘭人，然而他們的開場對話並不順利。瓦德在首相面前張口結舌、連最簡單的問題也無法好好回答。這時邱吉爾嘗試了不同的話題：「你在我面前想必覺得自己很卑微笨拙吧？」瓦德回答：「是的，先生。我的確覺得。」邱吉爾正經的說：「那麼你就能想像，我在你面前自覺有多麼卑微笨拙了。」

達頓講了許多有趣的故事，加上譯筆通順，我是一邊讚嘆一邊看完這本書的。當然，除了說故事以外，達頓還援引客觀分析大腦活動的功能性磁振造影，以及心理學的實驗數據，為本書注入科學的養分。前幾年，一部英國廣播公司劇集〈飛天大盜〉，描述一群騙徒在上流社會中高明詐騙的故事；手法不外乎邀你加入必勝的賭盤、穩賺的投資、跟心儀的美女一同出演電影，或者保證把你捧成暢銷排行榜的歌手等等，都是迎合凡人喜愛的、不合常理的夢想。每看完一集，我就心裡發毛：這樣的詐術，要是我遇上了，肯定逃不過。看過達頓這本很有趣的分析說服術的書，才驚覺許多事情是早該知道而不知道

的，也對爾虞我詐的世道多明白一點了。以後對那些太讓人動心的提議（或政見當然），一定要提高警覺，要打開理性的 X 光機，細細檢查包藏在動人的話術裡頭是不是有要命的毒品。

（本文作者為《認識 DNA》、《細胞種子》、《性不性，有關係？》作者）

〈專文推薦〉

你不可不知的說服心理

陳君漢律師

　　「說服」是一個耳熟能詳的詞，但如何做？對許多人來說，似乎是一件困難的事。身為專業的律師，將近 15 年的職業生涯，「說服」是我每天工作中相當重要的一部分。從接見當事人，說服他相信我的專業判斷與建議，信任地將案件交給我來承辦；在商業契約談判裏，說服契約相對人相信契約架構的安排可使雙方在交易中取得最大利益；到法院訴訟中，說服法官相信我代當事人所提出的主張與證據才是事實，進而讓我的當事人可以得到有利的判決。換言之，律師無時無刻都在「說服」，但是該如何「說服」才是正確的呢？有趣的是，就我個人經歷而言，一路走來除了汲取別人的經驗、自我摸索外，並沒有任何系統化課程能教律師該如何做「說服」這件事。所以究竟律師如何做好「說服」這件事，似乎就是全看各人造化、各憑本事了。

　　在法庭中為當事人辯護或代理訴訟，是律師相當重要的工作，而為尋求對當事人有利的判決，律師當然必須就有利的事項提出相關主張及證據，以說服負責審理法官。理論上來說，法庭上既然講求證據，那當事人只須將所有案件相關資料全部提供給法官，那訴訟就萬無一失了。然現實中並非如此完美，訴訟總有一方會敗訴，那就表示，證據所顯示的事實如何鋪陳，且證據提出的時機、順序與方法，是足以左右官司勝敗的決定性因素。換言之，錯誤時機所出示的證物或主張，不但無法求得有利判決，反而會讓官司全盤皆輸。其中關鍵就如同本書中麥克‧曼斯菲爾德所說的：「好的訴訟律師也是好的心理醫師，這不只是跟呈現證據有關，這是有關於你如何呈現證據」，

這句話確實一語中的，也道出了律師存在的價值。

　　作者在本書第四章「說服大師」中，提出相當多法庭訴訟的實例，來說明一個有價值的律師，如何運用手邊的資源（證據）去說「故事」，確實引起我極大的共鳴。律師生涯十多年，在法庭上也見聞許多因證據出現順序以致影響官司勝敗的情形。舉例來說，在某一件「通姦」案件審理時，被告 A 主張她雖於風月場所工作，告訴人之夫 B 是常客，但她未曾與 B 有逾矩行為，B 於法院向法官供稱兩人經常有親密舉動，他知道 A 右大腿上緣有明顯傷疤，A 則當庭否認。法官為釐清真相進行勘驗，最後卻沒有任何發現。B 此時卻改口說記錯了，應該是左大腿。法官雖然再進行勘驗，也發現 A 左腿確有傷疤，表面上看來，A 似乎已經在劫難逃，但是最後仍然獲判無罪。理由很簡單，B 既然供稱「經常」有親密舉動，卻連左右腿都分不清，已讓人懷疑所謂「經常」是否屬實，加上 A 辯稱上班的服裝原本就比較暴露，客人無意間看到她左腳傷疤，並不稀奇，也是相當合理，因此，既然無法超越合理懷疑 (beyond reasonable doubt)，只能宣告 A 無罪。但是想想，假若 B 當時確實供稱傷疤在左腿，可能結果就會不同。或許 B 的妻子只能怪 B 為何記錯（或者 B 真的是瞎猜？），回去之後家法伺候。

　　在閱讀本書之前，我從來沒有想過自己每天在做的工作，竟然與心理學如此巧妙的結合，也沒想到背後原來有完整的心理學根據。而職業的經驗讓我深刻體會，一個不懂如何「說服」的律師，是不可能累積自己專業的名聲，也不可能為客戶爭取到最大的利益，當然更無從成為一名專業又值得信賴的律師。本書提出的觀點與概念，輔以貼近生活化的實例，不僅淺顯易懂，對於律師而言，恰恰可以填補養成教育中欠缺的一塊拼圖，值得閱讀。因此，願與同道分享本書，體會箇中奧妙，相信對於專業能力的建立，必然更有幫助。

　　（本文作者為台北市律師公會理事、致和法律事務所主持律師）

目錄

第一章　**說服的本能**　025

說服一定得透過語言嗎？語言出現之前如何進行說服？動物界又是如何不靠語言而沿用與生俱來的智慧進行說服？原來，隨著語言的產生及人類的進化，我們的說服力反而變差了，甚至慢慢失去這項天賦的本能，相反的動物反而比我們還厲害。

第二章　**嬰兒的致命吸引力**　049

嬰兒不會說話，也沒有溝通所需的神經系統輔助，他們看似脆弱不已，為何卻能讓你不得不舉雙手投降？答案就在於關鍵性刺激：惡魔般的哭聲、無辜的催眠眼神，以及天使般的可愛表情……史上沒有一個專家能拚得過嬰兒。我們的說服力，從來就沒有比剛出生的時候強。

第三章　**心靈獵車手**　091

天才騙徒的高招——社會影響力的 3A 系統：注意力（Attention）、處理手法（Approach），和親和性（Affiliation）。看天才說服家如何利用簡單的影響技巧，來降服我們的大腦、駕馭我們大腦的衝動，讓我們甘願為其所用、付出慘痛代價。

作者注

基於法律上的理由（有時是個人因素），本書中提到的某些人名與可辨特徵細節都經過變造。其中一個例子，騙徒基斯‧巴瑞特（Keith Barrett），便是結合了好幾個真實人物的特徵，以免9萬字的篇幅裡硬擠了過多的角色。本書沒有任何誇大其詞之處，所有的事實細節都是根據筆者的第一手知識和實證研究。

讀者偶爾會在書裡看到一些文法紊亂之處，如濫用破折號和分離不定式，並用「而且」起始一個句子。以上文責，完全由筆者自負。

Flipnosis：瞬間說服術，名詞。
1. 直接了當、精準的影響力。
2. 這種影響力的運用。
──衍生詞，flipnotist（瞬間說服家），名詞。
          flipnotic（瞬間說服的），形容詞。
──出處：不明

〈導論〉

解開說服力的密碼

　　某天晚上，倫敦有一場為大英國協達官顯貴舉辦的奢華盛宴，將近結束的時候，邱吉爾瞥見一位客人正從桌上摸走一只價值不斐的純銀鹽罐。這位先生快速把那貴重的工藝品塞進晚禮服裡，然後悄悄地走向門口。

　　邱吉爾該怎麼辦？

　　他既想忠於東道主，又想避開有失莊重的尷尬場面，於是陷入進退兩難的局面；這時他突然想到一招。事不宜遲，他迅速將同組餐具的銀胡椒罐塞進晚禮服口袋，然後走到他的「共犯」身邊，很不情願地拿出偷來的調味料罐，在那人面前放下。

　　「我想他們看到了，」他悄聲說道，「我們最好把這些罐子放回去……」

　　空姐：起飛前請繫好您的安全帶。

　　拳王阿里：我是超人。超人才不需要繫安全帶！

　　空姐：超人也不需要坐飛機！

野馬

　　倫敦北區一個陰暗的 12 月晚上 6 點，兩個男人站在卡姆登區（Camden Town）的某間酒吧裡喝酒。他們喝完手中的酒，把杯子放到櫃臺上，彼此對望了一眼：要再來份一樣的嗎？當然，何樂不為？這兩個男人此刻還沒意識到他們接下來的晚餐約會要遲到

了。遠在城市另一頭的一家印度餐廳裡，有一個人正坐在那裡等他們；某種潛伏的帕金森氏症狀讓燈光在他的右手小指上搖曳不定。他累了。他戴著一條色澤明亮的新領帶，這是他特地為這個場合買的，還花了他半小時才繫上。領帶上有泰迪熊圖案。

這天是星期日，餐廳裡的男人看著陣陣大雨打在陰暗的窗戶上。今天是他兒子的生日。在卡姆登區的酒吧裡，兩個男人也看著同樣的雨絲在街燈下繚繞，飄散在空蕩無人的街道上。他們說，該走了，該去搭車，朝著餐廳、朝著坐在那裡等待的男人前進。於是他們動身離開。

他們遲到了，晚了接近45分鐘。但不知怎的，他們覺得這點很有趣，他們判斷錯誤，事後看來，這個誤差還不小。他們錯估了喝掉四品脫啤酒以及越過北線和皮卡迪利（Piccadilly）地鐵線的外圍地區所需的時間；不但沒有預留一、兩個小時的交通時間，反而只預估了10分鐘左右的路程。更糟的是，他們還喝醉了。於是當他們抵達餐廳時，一切顯得不太順利。

「又遲到了？」等著他們的男人語帶諷刺地問道。「你永遠學不乖，對吧？」

情緒反應來得又快又猛——百萬個舊怨揉合成一個，兩個男人中各方面看來都比較小的那一個，直接轉身走出餐廳。他就是等待者的兒子。在走出去之前，他還先撂下幾個精挑細選過的字。

這便是小個子男人現在的處境。幾分鐘前，他還坐在往西的地鐵上，期待著跟父親和最好的朋友一起享受寧靜的生日晚餐；現在他獨自在12月蒼茫的天空下，沿著人行道往地鐵站的方向猛衝。又因為忘了把外套一併帶走，他全身濕透又冷到快凍僵了。事情變化得如此之快，還真是可笑。

小個子男人抵達地鐵站時正在氣頭上，他在刷票口站了好一會兒，試著把通行票塞進去，一邊在心中暗想，就算一群野馬也不能

把他拖回那家餐館。車站大廳正在淹水，四周不見一人。接著他聽到有聲音從街上傳來：是越來越近的腳步聲。突然之間，大個子男人憑空冒了出來，他跑過大約十幾個街口，從餐廳一路追到車站，然後癱靠在門口的一根柱子上。小個子男人走開了。

「等等！」終於喘過氣來的大個子說道。

小個子不想理他。「想都別想，」他把手抬起來，超過頭頂1、2吋，「他那些冷言冷語我已經聽得夠多了，都滿到這裡了！」

「可是等等啊，」大個子又說了一次。

這一瞬間，小個子抓狂了。

「聽著，」他說道，「你只是在浪費時間。你回他身邊去，回那家餐廳去，隨你要去哪都行！就是別來煩我！」

大個子擔心小個子就快要揍他了。

「好啦好啦，」他說，「可是在我走以前，你能不能就聽我說一件事？」

更久的沉默。在車站入口前的十字路口，只要交通號誌燈號一變，雨水就跟著轉為深紅色。

就為了擺脫他，小個子的態度軟化了。

「那就說吧，」他說，「你要講什麼？」

現在是緊要關頭了，這兩個人──大個子跟小個子──隔著入口柵欄彼此對望。小個子注意到，大個子的外套鈕釦掉了幾顆，還有他的羊毛絨球帽，也正躺在一段距離外的泥水坑裡。小個子暗忖，他這趟路一定跑得相當辛苦，從餐廳追到車站。然後他想起大個子以前跟他說過的某件事；關於某年聖誕節，他媽媽是怎樣織了那頂帽子給他的故事。

大個子伸出手臂──一種表示無助或開誠布公，也許兩者皆有的手勢。

然後他說了這句話。

「你上次看我跑步，是什麼時候的事？」

小個子想要回答，卻發現自己竟然答不上來。他突然陷入困境，因為問題在於大個子的體重將近 400 磅（約 181 公斤），雖然他們成為朋友已經好一段時日了，小個子卻**從來沒有**看過大個子跑步。這其實有點好笑。事實上，大個子自己招認，他連走路都有困難。

小個子男人發現，他越是思索這件事，就越努力想找出答案。他越是拚命找答案，就越覺得自己的怒氣在消退。

最後，他回答：「呃，我從來沒看過。」

接著是一段靜默。然後大個子伸出手。

「那就來吧，」他說，「我們回去吧。」

他們就這麼做了。

回到餐廳後，小個子男人和爸爸向彼此道了歉；接下來，這三個雖然沒有**徹底脫胎換骨**、但至少變得**比較理智**的男人，**第二次**一起坐下來吃晚餐。沒有人說這是奇蹟，不過他們鐵定都這麼想著。大個子掉了幾顆鈕釦，他媽媽織的那頂羊毛帽永遠不會再像原來一樣，但他以某種方式，在風雨和寒氣交加的某處，用這些東西換來了更美好的事物。

小個子暗自想著，他原本認為不管是誰在地鐵站對他說什麼話，都不可能讓他重回那家餐廳；就算野馬也無法拉他回頭。然而大個子只用簡單的 14 個字就辦到了，這些字眼來自意識的南國：

「你上次看我跑步，是什麼時候的事？」

大個子男人以某種方式、在某個地方，從倫敦隆冬深處變出了幾許陽光。

誠實為上策

問你一個問題：你認為一天之中，會被別人遊說幾次？──要

你做某件事，買某樣東西，往某處去，甚至怎麼去。我指的是從你早上醒來那一刻，一直到晚上腦袋再次碰到枕頭為止。20 次？30 次？大多數人被問到這個問題的時候，都會這樣回答。所以，看到接下來的數字，請別覺得太沮喪。請準備好──根據事實，估計值通常會在 400 次左右！乍聽之下讓人有點訝異，不是嗎？不過讓我們再多想一分鐘，想一遍那些選擇，哪些影響分子可以穿越我們大腦中的傳導路徑？

就先從工商廣告開始吧。電視、廣播電台、大型看板、網路，你認為你每天看到每支廣告多少次？對，不算少。更別提還有我們所見的其他事物：在街角賣熱狗的傢伙，指揮往來交通的警察，身掛告示牌站在車流間的傳教者。當然還有我們腦中那個、幾乎總在嘮叨著什麼的小人兒。沒錯，我們不會真的**看見**他，不過我們**聽到**他的次數確實夠頻繁了。仔細一想，數字就開始節節上升了，不是嗎？請相信我──我們甚至還沒從頭數起呢。

說穿了，這不正是因為我們把這一切視為理所當然嗎？所以一旦有人問我們一天內會被別人遊說幾次，我們會回答 2、30 次，而不是 400 次。不過還有個更基本的問題，幾乎沒多少人想過：

這種說服力是從哪來的──我指的是，**源於何處**？關於心智的起源，已經有一大堆文獻了，但是**改變**心意的起源又是什麼？

讓我們姑且想像一個跟先前描述不同的社會──在這個社會裡，主要發揮影響力的工具不是說服力，而是**脅迫**。想像一下，如果我們每次決定**不買**熱狗時，街角的小販就會拿著棒球棍朝我們衝過來，那會是什麼局面？又或者，要是我們敢以時速 80 哩呼嘯衝過測速器，就會有某種致命的感應器把我們的擋風玻璃打得滿是窟窿？更甚者，如果我們沒有加入「正確的」政黨或「正確的」宗教──甚至是沒有「正確的」膚色──我們之後就會嘗到苦果？

就我的猜測，以上這些情境中，有些狀況會比其他的容易想

像。不過我要強調的重點很簡單，大致上就是**因為有說服力，我們才有「社會」可言**。在不同的時代，有過各式各樣的嘗試，想要挑戰這個概念，不過都在某個階段功虧一簣。所以，是說服力讓我們得以存活。通常如此，相當名符其實。

就以下面這件事為例。2003 年秋天，我搭飛機到舊金山參加一個會議。離開劍橋前，時間緊迫的我因為頭殼壞去，決定違背事先訂旅館的古老智慧，反而選擇在抵達後才找旅館——如果說我找到的落腳處有點瘋狂，至少它很便宜；旅館所處的地區危險之至，就算是連續殺人魔都得結伴同行。

每天早上離開我住的窯子——呃，我是說旅館——以及每天晚上回去的時候，我都會碰到同一批人，在外面的書報攤旁擠成一團：一個只剩 6 個月生命的越戰老兵，一個窮愁潦倒至極的巴西妓女，還有一支飢餓街友組成的小型艦隊，他們這些人一生受過的打擊次數，遠超過芭黎絲・希爾頓的睡衣派對影片在 YouTube 上的點擊次數；每個人都有屬於自己的滿腹心酸、抑鬱不得志，他們全都無精打采地站在人行道上，而他們歷經風吹雨打的告示牌則垂頭喪氣地撐在他們身邊。

我現在可不是說這些人不需要錢。他們的確需要。不過在一星期的溝通跟慢慢熟稔之後，我們的命運已經到了幾乎顛倒的地步——是**我**得向**他們**要現金。這批人裡的大多數成員，我都熟到直呼其名，而在頭幾天的現金慷慨大放送之後，我任何進一步打腫臉充胖子的慾望，都消失得比馬多夫避險基金還快。

或者說，我是這麼以為的。

就在接近客居生涯尾聲的某個晚上，我注意到一個之前沒見過的人。這時的我，已經對厄運纏身的故事建立起一點免疫力，所以經過時，只匆促瞄了一眼他舉在身前的那張破紙。然而才一看到那張紙，我就伸手到外套口袋裡，想給他點東西。可不只是一點零

錢，而是更實質的給予。就是這區區 8 個字，讓我毫不猶豫地掏出錢包：

「何必撒謊？我要啤酒！」

我覺得我碰上了合法的搶劫。

回到安全的地方（呃，**相對來說**安全的地方），也就是我旅館的房間時，我坐在那裡想著那句標語。就算耶穌看到也會喝采。我通常沒有施捨酒鬼的習慣，更何況就在幾呎外，還有更值得捐獻的目標在招手。可是我剛才確實這麼做了。我納悶的是，那 8 個字怎麼會對我產生這樣的效果？就算那傢伙從夾克裡掏出一把槍，也不可能比這更快從我手上拿到錢了。到底是什麼東西，把我來此之後煞費苦心布置好的全套認知安全系統，如此乾淨俐落、如此全面卻又不著痕跡地破解了？

我露出微笑。

突然之間，我想起多年前的一個類似情境，那時我跟我爸爸在一家餐廳裡吵架，並在盛怒下離開。我那時候想著，當晚絕對沒有任何可能讓我重回那家餐廳。**就算野馬也無法把我拉回去**。然而短短 30 秒內，朋友說的 14 個字，竟戲劇性地改變了我的心意。

我開始理解到，在這些事件中，存在著某種本質上不受時間限制、無關緊要、基本上跟正常溝通模式不同的東西。這些事件裡，有某種改頭換面、超越經驗、近乎脫俗的性質在其中。

不過那到底是什麼呢？

超級說服力病毒

身為心理學家，坐在旅館房間裡，我覺得我應該知道這個問題的答案才對。不過越是思索，我越難想出答案。這是一個跟說服力、改變態度以及社會影響力有關的問題；這是社會心理學圈子內常見的玩笑話——不過看起來，文獻中有個巨大的黑洞。我被難倒

了。一個完完全全陌生的路人甲怎麼能憑著 8 個字掏空我的錢包？而我最要好的朋友，又怎麼能只靠 14 個字就洗劫了我的腦袋？

通常事情是這樣運作的。如果就像我那好友一樣，想讓某個人冷靜下來，或者就像那乞丐一樣，想從其他人身上榨出錢來，我們通常會慢條斯理地進行。我們小心地為行動定調，而這麼做是有道理的，隨便問哪個二手車推銷員都知道，人的心意可不是那麼容易改變。10 次有 9 次中，**說服力是結合複雜因素的偶然產物，這些因素不只跟我們所說的內容有關，也跟我們表達的方式有關；一旦說出口後，當然又跟這些話如何被詮釋有關了**。在絕大多數的例子中，影響力的運作是靠著說話術，藉由魯莽混合了妥協、冒險和協商的混合物，靠著精細繁複的語言把所有想要的事物加以包裝。但是在我朋友和那個街友的例子裡，狀況不太一樣，在他們的案例中，發揮神奇功效的不是語言包裝，而是——**缺乏語言包裝**；是這種影響力中完美無瑕的敏銳、直接而洗鍊的優雅、充滿心理學天才的機靈輕快手法，比其他事物更有效地發揮了力量。

是這樣嗎？

我才剛離開舊金山，回到同樣混亂、卻在某種程度上比較容易預測的劍橋學術生活圈，就開始領悟到這個問題會有多耗費精力。在說服力萬年雪線上方的高處，是否存在著一種影響力靈藥，一種人人可學會的「瞬間說服」（flipnosis）奧義？可以讓人敲定交易？贏得俊男歸？讓那些天平就是朝我們這邊偏一點點？

現在對於大腦的功能與結構之間關係的了解，有許多並非來自常規的研究，而是來自對異常現象、對日常規範格格不入的極端行為等的研究。對於說服力的研究，同樣的說法也成立嗎？就拿荷馬史詩《伊利亞德》（*Iliad*）裡的海妖為例——這些美麗少女的歌聲如此迷人，讓水手們無法抗拒地受歌聲吸引，甚至枉顧性命；或者像丘比特和他愛的神箭；又或是李歐納・孔（Leonard Cohen）在〈哈

利路亞〉歌詞中所說的，大衛王所彈奏的「讓神悅樂的神秘和弦」。在神話學的領域之外，有這樣的和弦存在嗎？

隨著我的研究開始進行，這個問題的答案很快變得清楚了。隨著實例清單變得越來越長，統計學冰冷的數位巫毒魔法也得以展開；我緩慢而確實地開始收集到一股新型影響力中的元素，為一種來歷神秘、過去未曾被辨識過的說服力超級病毒，繪製出基因組圖譜。我們大多數人對於如何說服他人都有一點概念，不過大半是來自反覆試驗、不斷摸索。我們做錯和做對的次數一樣多。然而事實呈現的是，某些人真的**有能耐**做對，他們有徹底的精確度。那種表現可不只是出現在喝咖啡聊是非、或是跟朋友出門逛街的時候，而是在風險跟情緒都很高昂的尖銳對峙時刻。所以這些影響力程度上的黑帶級人物是何方神聖？他們是怎麼做到的？更重要的是，要是真有辦法，我們能從他們身上學到什麼？

在此有另一個範例。想像一下，機艙裡的人是**你**。你認為**你**在當下會說什麼？

我在一架飛往紐約的班機上（坐的是商務艙，感謝某家電影公司）。跟我隔了一個走道的鄰座男子對他的食物有意見。戳了盤子裡的食物好幾分鐘以後，他召來了座艙長。

他清楚地表示：「這食物難吃死了。」

座艙長點點頭，露出非常理解的樣子。「我的天啊！」他閒聊起來，「這樣真可惜啊……你永遠不會再搭我們的飛機了嗎？我們要怎樣才有機會補償你？」

你了解狀況了吧。

但是接下來發生了一件事，完全改變了戰局。這可不只是兩造攻守易位，而是根本掀桌了。

「你聽著，」那男人繼續說道（你會懷疑他相當習慣繼續往下講），「我知道這不是你的錯，不過這樣就是不夠好。而且你知道

嗎？我實在是受夠別人**好聲好氣**了！」

「是這樣啊，你這欠幹的臭屁？那你他媽的爲啥不閉上欠幹的鳥嘴，你這混蛋？」

整個機艙瞬間靜了下來（在這個節骨眼出現一個好笑的巧合，「請繫好安全帶」的標示也在這時亮起了）。見鬼了，這是誰啊？

一個坐在前座的人轉過身來（他是一位有名的音樂家）。他望著那個在抱怨的傢伙，對他使了個眼色。

「這樣有沒有好一點？」音樂家問道。「要是沒幫助，那我可以再繼續……」

有好一會兒，沒有人說話。每個人都僵住了。不過接下來就像有某條神秘的神經地雷線突然被拉了一下，那位滿腹不滿的用餐顧客——笑了。他隨即笑出聲來，然後**真的**開懷大笑了。接著輪到座艙長也笑出聲。然後呢，當然，我們全都被逗笑了。

就靠簡單的幾句話，問題解決。如果還需要什麼決定性的證據，我以前的英文老師強森先生常這麼說：「只要你表達得夠有禮貌，你可以愛怎麼粗魯就怎麼粗魯。」

不過先回到我原來的問題。在這種情境下，你認爲**你會怎麼應變**？**你會怎麼應付**？那我呢？從結果來看，我做得應該不會太好。不過我對這件事想得越多，我就越了解到底是什麼原因讓這類情境如此特別。這不只是心理學上的靶心——雖然其中一些情況可能很引人注目。不，事實遠超過這樣。是那些成功辦到的人，讓情況變得特別。

我指的是，你先暫時忘掉那個音樂家，沒有像他那種怪胎的時候，空服員每天的生活都在面對這類的難題（更別提環境條件更不友善的警察、軍人、談判專家、醫護人員和善心人士了）。他們接受過說服術的訓練，利用經過千錘百鍊的可靠技術來保持現狀，這技術牽涉到與他人建立關係，誘導他們進行對話，並且在同一時間投

射出一種冷靜、有耐性又有同理心的人際溝通風格。換句話說，就是由社交歷程所構成的技巧。

不過很明顯地，我們之中有些人就是「天生好手」，他們根本不需要受訓。事實上，這些人實在太棒、太與眾不同，他們有把人要得團團轉的**天分**。他們不用透過談判、對話或條件交換，只消寥寥數語，一切搞定。

聽起來很瘋狂吧？我知道。回溯當初，我第一次出現這個想法時也是這麼覺得，不過沒多久我就改變想法了。我很快就挖掘出一批很誘人的證據——來自間接旁證、軼事趣聞和典故的證據——這些都暗示了某種可能性：我們之中可能真的有些黑帶級的高手；而且，他們不見得都是好人。

解開說服力密碼

所以，這是一本談說服力的書。不過這本書談的是說服力中的一種特殊類型——瞬間說服術——這招數的醞釀期只有幾秒鐘，其演化歷史也只比幾秒再長一點。不按牌理出牌（Incongruity）顯然是其中一項主要成分，不過這還只是開始，我們是不是買帳，關鍵在於其他四個元素：簡潔（Simplicity）、動之以利（Perceived self-Interest）[1]、信心（Confidence），以及同理心（Empathy）；同樣的元素在動植物王國中，也像在世界級一流騙子藝術家的騙局中一樣，是不可或缺的。把這五種影響力的成分全部混合起來、調製而成的SPICE生命調味料雞尾酒，有著致命的危險；要是沒有經過修辭的稀釋、不受論辯的污染，就直接服用的話，那就更是要命。

邱吉爾當然很懂箇中原理，那位敢挑戰拳擊冠軍的空姐也懂——我懷疑阿里這輩子有沒有挨過比這更俐落的一擊。

---

[1] 這裡指的是說服標的物的私利。當然，說服並不總是帶給標的物**實質上**的利益。不過如果標的物視之如此，那麼施加影響力便會有加倍的效果。

　　這種說服術可以讓你得到你想要的一切：預約席、合約、交易、嬰兒等。用在好的方面，它能讓你得到**任何東西**。若是誤用，則可能帶來災難，就像時下的任何武器一樣殘暴而致命。

　　這趟旅程會以一個簡單的觀念開始：我們之中有些人比他人更擅長說服的藝術。就像所有事物一樣，有一個說服才能的光譜存在著，每個人在上面各有其位。光譜的一端是那些總是「會錯意」的人，他們似乎不只是完全誤判情勢，有時根本就完全在狀況外。在另一端，則有瞬間說服力專家，這些人展現出一種不可思議、近乎超自然的能力，可以瞬間「摸透狀況」。

　　接下來，我們會測出這種神秘說服力的座標所在。當我們把經驗研究的羅網，朝向越來越遠的他方撒去，越過社會影響力那常見的礁石，前進到較深也較少人繪製過的水域——新生兒發展、認知科學、數學和精神病理學，我們便緩慢而確實地航行在說服力這門奇幻藝術的種種理論中，而這些理論也會慢慢地開始連貫起來，漸漸提煉出一種決定性的單一公式，而旅途中的我們將會涉足蘊藏深處的寶藏般的問題：

✧新生兒跟精神病患之間究竟有什麼共同點？

✧人類改變主意的能力，是否像思維本身一樣，是演化出來的？

✧那些空前厲害的說服達人跟軍事大師間又有什麼共同點？

✧大腦裡真有所謂「說服的路徑」嗎？

　　上述問題的答案一定會讓你大吃一驚，而且鐵定會讓你在下次要求升遷的時候如願以償。

第一章

說服的本能

法官：我裁定你罪名成立，在此判你社區服務 72 小時，並繳交 150 英鎊罰鍰。你可以選擇在限定的三週內付完全額，或是當庭立刻支付，可以少罰 50 英鎊。你要選哪一種？

扒手：庭上，現在我身上只有 56 英鎊。不過要是你先讓我跟陪審團相處一下，我就會選擇立即付清。

一名交通警察攔住一個超速的汽車駕駛。

「給我一個不該開你罰單的好理由。」他說。

「好，」駕駛說，「上星期我老婆跟你們的某位弟兄跑了，當我看到你的車子時，我還以為你把她帶回來了。」

一則假到想吐的故事？ [1]

1938 年，在喬治亞州南部的塞爾瑪（Selma），德雷頓‧道爾提（Drayton Doherty）醫生被請到男子凡斯‧萬德斯（Vance Vanders）床邊。6 個月前，萬德斯在深夜的墳場遇見一名巫醫，那傢伙對他下了咒。大約一個星期後，萬德斯開始胃痛，決定躺在床上養病。但讓家人憂心的是，他從此就不下床了。

道爾提替萬德斯做了詳盡的檢查，然後嚴肅地搖搖頭說，這場病的確是難解之謎。他隨後帶上門離開。不過隔天又回到現場，「我找到那個巫醫，還引誘他回到墳場，」他宣稱，「他一抵達，我就撲到他身上去把他壓制在地，我還發誓，他要是不講清楚對你下了什麼咒、並給我解藥，我就會當場幹掉他。」

萬德斯瞪圓了眼睛。

---

[1] 其實這並不假。這個案例在克里夫頓‧米多（Clifton K. Meador）的《來源不明的病徵：一場醫學長征》（*Symptoms of Unknown Origin. Nashville: Vanderbilt University Press*, 2005）一書中有紀錄。海倫‧普利徹（Helen Plicher）也在一篇文章〈科學和巫毒的藝術：當心靈攻擊身體的時候〉（"The Science and Art of Voodoo: When Mind Attacks Body", *New Scientist*, 13th May, 2009, Issue 2708）裡重述了這個故事。

「那他怎麼反應？」他問道。

「他掙扎了好一陣後終於聽話，」道爾提繼續說，「我得承認，在我行醫生涯裡，從來沒聽說過這種事。是這樣的，他在你胃裡移植了個蜥蜴蛋，然後讓蛋孵化，你過去 6 個月來感覺到的疼痛，都是因為那隻蜥蜴——牠正在生吃你！」

萬德斯的雙眼幾乎快從腦門上蹦出來了。

「醫生，你能為我做點什麼嗎？」他央求。

道爾提露出讓人放心的微笑。

「你運氣好，」他說，「人體的恢復力驚人，那隻蜥蜴至今造成的許多傷害大半是表面的。所以我們會先用巫醫好心給的解藥，再等著看會有什麼變化。」

萬德斯熱烈地點頭贊同。

10 分鐘後，道爾提的病人因為他給的強力催吐劑吐到無法控制，這時，道爾提打開背包，裡面有一隻他從寵物店買來的蜥蜴。

「啊哈！」他以炫耀的口吻說，從尾巴抓起那隻蜥蜴揮舞著，「禍首就在**這裡**啦！」

萬德斯抬頭一望，又繼續狂吐。道爾提收起道具。

「別擔心，」他說，「你已經熬過最糟的階段了，之後很快就會恢復的。」

接著他就離開了。

當然，萬德斯當晚睡得很沉，長期以來他第一次睡得這麼好。早上醒來時，還吃了蛋配穀片當早餐。

說服力。這個字眼一出，二手車推銷員、能言善道的政客、閒扯大王、登徒子、一大堆利用生命和濫用生命的人……這些人的影像（厚底橡膠鞋和抽菸服〔smoking-jackets〕也準備在旁）便冒出來，充塞在我們心靈中曖昧不清的神經雜毛堆裡。說服力就是這種字眼。雖然說服力無疑是社會心理學中最時髦、最吃香的區塊，但

它也背負著危險又落魄的名聲：這是充滿了活動組合屋、酒吧、粗糙車庫前庭和擁擠霓虹燈管的一區。

當然，你通常就會在這種地方發現說服力的運作。

不過，除了粗俗大話與花俏外衣外，說服力還有更多內涵。或許，在此該說是除了花俏大話與粗俗外衣以外。一名巫醫和一名正規醫師為了某人的健康彼此槓上（相當名符其實）。巫醫看似一拳擊倒對手，但他的對手更勝一籌，輕輕鬆鬆就扭轉局勢。這個關於巫師與瞬間說服專家的故事，把影響力濃縮成最簡單也最純粹的形式：一場神經系統的主權爭奪戰。然而說服力是哪裡來的？它為何如此有效？為何我心裡的想法轉化成語言文字以後，竟然可能改變你心裡的念頭？

古希臘人似乎能為任何事物找出掌管的神明，他們免不了也有說服之神。珮索（Peitho，羅馬神話裡稱蘇雅德拉〔Suadela〕）是愛神阿芙洛黛特（Aphrodite）的女伴，在希臘羅馬文化裡，通常描繪她帶著一球蜿蜒纏繞的細線。當然，這年頭因為達爾文、賽局理論和腦神經造影技術的進步，我們對事物的看法是有點不同了；眾神身陷困境，而且今日希臘人可能對籃球還更有興趣些。在這種狀況下，我們傾向於往他處尋求肯定，像是乞靈於科學或歐普拉。

這一章裡，我們把注意力轉移到演化生物學上，並會發現說服力的家族史比眾神或我們可能知道的還來得長。我們搜尋說服術最早的形式——先於語言、先於意識、先於人類——並得出驚人的結論。說服力不只是地球生物**特有的**，也是**系統性的**；就像生命本身的出現一樣，是屬於自然秩序節奏的一部分。

說服力

正為綠意盎然、林蔭夾道的富裕社區設計玻璃帷幕、閃亮現代建築的建築師請注意：要稍微為在地的鳥兒設想一下。

　　2005 年，位於劍橋的英國醫學研究委員會（簡稱 MRC）認知與腦科學部門（Cognition and Brain Sciences Unit）碰上了鴿子自殺攻擊的麻煩。某個嶄新擴建區的庭院成了鳥兒的自殺勝地——每天有多達 10 隻鴿子俯衝到那棟先進演講廳的窗戶上。原因很快就查出來了，一切起因於玻璃上反射出周遭的喬木與灌木，而那些鳥——就像我能提到的某些建築師一樣——分不清楚表象與現實。該怎麼辦呢？

　　診斷出病因很容易，要找到藥方可就難了。窗簾、圖片，甚至連稻草人都用了，卻全都徒勞無功。有一天，邦蒂・麥金托許（Bundy Mackintosh）想到一個點子：為什麼不用鳥類的語言來跟群鳥溝通呢？

　　她就這麼做了。

　　麥金托許用一張彩色硬紙板剪出老鷹的形狀，然後貼到窗戶上。她的想法是，在鳥類的腦海深處有個控制台，像某種原始的心靈儀表板，上面會出現一套有猛禽剪影輪廓的危險程度警示燈。一旦獵食者的其中一員闖進視線中，相應的燈號就會立刻閃起紅光，然後一種演化出來的古老力場就會突然席捲那個個體，把鳥兒嚇跑，將牠們引離危險。

　　問題解決。

　　用動物自己的母語和牠們說話（就像麥金托許做的一樣，她的方法非常簡單，只用了硬紙板跟剪刀），牽涉到同理心以及學會生物本身母語的語法。要是你認為只有人類能辦到這種事，請再深思一下。蘇賽克斯大學（University of Sussex）的生物學家凱倫・麥康（Karen McComb）發現了某些關於貓的趣事：貓會使用一種特別的「誘導性呼嚕聲」來制約主人，讓他們在晚餐時間填滿貓咪的食盆。

　　麥康和同事比較了貓主人對於不同呼嚕聲的反應[2]，發現以同樣音量播放時，貓乞食時的呼嚕聲比其他時間的呼嚕聲更惹人嫌，

也更讓人難以忽略。差別在於呼嚕聲的音調；當貓咪在討食物時，會發出一種經典的「混合訊息」——把一種急切又尖銳的哭嚎，藏在表示滿足的低沉呼嚕聲裡。根據麥康的說法，這不只是避免立刻被踢出臥房（如果只有尖聲哭嚎就會這樣）的預防措施，也是利用了哺乳動物對於脆弱、無法自立的後代所產生的撫育本能（這方面隨後會深入）。

「把哭嚎藏在我們通常會想到表示滿足的呼喚裡面，以此誘發反應是相當巧妙的手段，」麥康解釋道，「對人類來說，誘導性的呼嚕聲可能比公然大喵特喵更可取。」

或者換句話說，貓咪沒有 4 萬個字彙（一般成人的英語字彙量估計值）構成的語言負擔，卻學會了一種更快、更簡潔、更有效率的手段，可以用來說服我們順應牠們的要求——這正是麥金托許想出來跟劍橋鴿群說話的策略。這種策略的部署方式，在動物行為學中稱為**關鍵性刺激**（key stimulus）。

超過言語所能表達的事

關鍵性刺激是型態上最純粹的影響力。這是純淨且成功率百分百的心靈控制——沒有被語言和意識中的思想稀釋過——一口灌下，瞬間乾杯，像喝酒一樣。關鍵性刺激既簡單清楚又容易了解，就是符合原意的說服力。當然，就官方定義而言會有點不一樣：一個關鍵性刺激就是一種來自環境的觸發物，光是出現這種刺激，就會引起所謂的**固定動作模式**（fixed action pattern），亦即一組先天性行為；行為一旦啟動了，就會不受干擾地繼續進行到完成為止。不過就總體而言，這兩者或多或少指的是同樣的事情。

在自然界裡可以發現許多關鍵性刺激的例子，特別是在求偶

[2] McComb, Karen, Taylor, Anna M., Wilson, Christian and Charlton, Benjamin D., "The Cry Embedded Within The Purr." *Current Biology* 19(13) (2009): R507–508.

方面。某些關鍵性刺激是視覺上的，就像麥金托許的老鷹剪影。某些則是聽覺的，像是誘導性的呼嚕聲。還有一些是運動性的，就像蜜蜂跳舞以便傳達食物來源的位置。另外一些則是結合了三者。Chiroxiphia pareola（藍背侏儒鳥）是以鈷藍色的外衣、甜美悅耳的歌聲及細膩的求偶儀式（這種儀式很獨特，包括一名居領導地位的雄鳥和五名強勁歌手組成的合音樂隊支援）而聞名。不，Chiroxiphia pareola 不是貝瑞·懷特（Barry White）[3] 的拉丁文名字，而是一種在亞馬遜叢林深處發現的熱帶鳴禽，其腦容量的大小跟豌豆差不多。

　　Chiroxiphia pareola 並不是把妹社群（Seduction Community）的成員[4]。然而在吸引力上，你不得不對這種生物折服。當雄鳥遇到合適的伴侶時，牠不會突然開始旁敲側擊試探，事實正好相反，牠會直接在舞蹈中表現出來，然後達陣得分。

　　在某些種類的青蛙中，主要是聲音組成了愛的語言[5]。美國綠樹蛙（Green Tree Frog）是路易斯安那州（Louisiana）最容易辨識到的生物——特別是在你疲倦得很想小睡一番時。這種蛙更廣為人知的俗名是鐘蛙（Bell Frog，因為牠們有著很容易辨識的求偶聲：哐、哐、哐，就像響亮的鐘聲）；在各式各樣不同的環境裡，不管是在池塘、路旁陰溝、河流或沼澤裡，綠樹蛙都一樣自在，更別提在燈光充足的走廊上；綠樹蛙除了在此覓食之外，也靠剝奪睡眠來填飽肚子。

　　綠樹蛙的音響火藥庫其實比表面看來更複雜。舉例來說，當眾蛙齊唱的時候，每個個體會彼此協調努力的成果——最後不和諧的

---

[3] 譯注：此人是已故的知名美國唱片製作人兼歌手、作曲家，擅長靈魂樂風格的情歌。
[4] 把妹社群是一群男性把妹達人組成的團體，他們應用演化社會心理學的原則來吸引女性。這個社團及其實踐情形，都記錄在尼爾·史特勞斯（Neil Strauss）的作品《把妹達人》（*The Game: Penetrating the Secret Society of Pickup Artists*〔Regan Books, 2005〕，中譯本：大辣文化，二○○七。）
[5] "Louisiana's state amphibian, the green treefrog." http://www.americaswetlandresources.com/wildlife_ecology/plants_animals_ccology/animals/amphibians/GreenTreeFrogs.html (accessed June 5th, 2008).

聲響通常會融合成協調（但刺耳）的「哐─夸，哐─夸」重複副歌。既有的研究顯示，雄蛙通常會視環境改變叫聲，例如黃昏時，牠們會發出一種預備性質的「占地盤」鳴聲，做為抵達繁殖池塘前的先聲（用意是警告其他雄蛙滾遠一點）。如果牠們在前往池塘的路上就緩緩撞見彼此，便會發出一種聽起來相當惱火的公式化蛙鳴。只有在抵達繁殖後代的池塘時，群蛙才會真正扯開喉嚨──放聲合唱有如蛙國國歌的「哐哐哐」終曲。這種讓鐘蛙贏得俗稱的交配呼喚聲如此宏亮，據說母蛙可以在 300 公尺外就辨識出來。說來奇怪，當地居民也知道這個統計數字。

蛙鳴與匕首

到目前為止，我們在鳥類和青蛙身上看到的影響力，都是誠實、直截了當的那種說服力，我們在人類社會裡已經見識過上百萬次了──唯一的差別在於這些傢伙做得更好。從找到伴侶到敲定重大交易，成功得仰賴共同的語言，再也沒有一種語言比關鍵性刺激更有共通性了。

不過，在考慮另一種完全不同類型的影響力「擬態」時，這種共同語言在說服力中的重要性──共識或同理移情作用[6]──會受到更嚴密的檢視；擬態是指某物種的成員為了個體發展的目的，採用或操縱另一物種的特徵（雖然這也可能發生在同一物種之內）。

再繼續看鐘蛙的例子，對大多數蛙類來說，約會遊戲是永久不變的，面對現實吧──如果你能做的一切就只有嘓嘓叫，那就沒多少運籌帷幄的空間了。通常會發生的事情如下：雄蛙坐在那裡嘓嘓嘓……要是運氣好，雌蛙就會跳過來。這簡單到不能再簡單。不過鐘蛙已經想出某種把戲來了，這些小畜生在這種活動中注入了一點

---

[6] 在目前的脈絡，我以相當寬容的方式使用「同理移情作用」一詞，來指涉沒有意識的「溝通」能力──以此表達在訊息接收者面前以最高程度強調特徵的溝通方式。

要詐的成分；某個嗓音深沉宏亮、全力嘓嘓大叫的男中音，渾然不知背後跟著一批偷偷摸摸又保持安靜的搭便車客，這種事情不算少見。

這見證了物競天擇的嚴密巧思。想想看，一夜辛苦的蛙嘓耗光了維生的庫存能量，可能會因此發生下面兩種狀況之一：一是出聲呼喚的傢伙可能一無所獲，只能精疲力竭地攔計程車回家；另一種是牠可能運氣很好，以成功地傳宗接代收場。到最後，當晚的紀錄如何結束其實並不重要；觀察一下，在這兩者中的任一種狀況下，一旦原先占據某求偶地點呼喚的傢伙落跑的話，那裡會發生什麼事。那個地方突然就有了市場，並在過程中轉變為不動產市場中的最佳地段，任何不嘓的身份竊賊都會想在此分一杯羹。就像一切都沒改變似的，在嘓嘓叫的雄蛙離開以後，任何未起疑心的雌蛙都會發現有另一隻不嘓的冒充者頂替了原位，不過她怎麼知道差別在哪裡？結果就是，她分辨不出來[7]。

自我樹葉化

做為一種說服用武器，擬態是很精巧的[8]。如果關鍵性刺激是直來直往的影響力，那麼擬態就是直來直往的移情作用。就像關鍵性刺激，擬態有許多種類——而且不是所有種類都是良性的，就像我們剛才在鐘蛙身上看到的狀況。

首先，擬態有一種最明顯的形式——**視覺**擬態——某種程度來說，路易斯安那州那些不嘓的鐘蛙，幹的就是這種勾當。但隨著生物偽造技術的規模與精緻度的不同，視覺擬態也有更微妙的種類變化：除了視覺暗示外，同時合併了聽覺跟嗅覺暗示。

---

[7] 這些言行不一的聲徒子插手的詐欺行為，不是只有冒名頂替。鐘蛙中的精神病態者——屬於不嘓兄弟會——習慣性地搶劫他們那位精疲力竭的嘓嘓叫兄弟，並在最後一刻從黑暗中躍出，勾搭走他們的馬子，而他們累壞了的兄弟白白花了整晚對這批雌蛙唱情歌。

[8] 關於擬態跟欺騙效果，請見Peter Forbes, Dazzled and deceived: Mimicry and camouflage (London: Yale University Press, 2009).

　　一個混合擬態的好例子出現在植物中（當我表示說服力在自然秩序中是不可或缺的，我指的是針對全體而言）。盤菌（discomycete fungus）中的 monilinia vaccinii-corymbosi [9]，是一種會感染藍莓葉子的病原體，會導致這些葉子分泌出帶有糖分的甜味物質，像是葡萄糖或果糖。葉片感染之後，會發生更有意思的事情；從效果上來說，這些葉子現在會產生「花蜜」了──就這樣不老實地冒充花朵，像花一樣開始吸引授粉媒介，即使藍莓葉除了氣味以外，看起來一點都不像花，它的其他方面仍然像是葉子。接下來剩下的過程就歸物競天擇的天性接手；一隻經過的蜜蜂相信這糖就是花蜜，牠吸食了一些（在此同時，病原菌也黏到這隻蜂的肚皮上了），然後移到真正的藍莓花上，把菌類傳到花的子房去。接著這種盤菌就在子房內繁衍後代──生出乾癟如木乃伊又不能吃的莓果，它們在冬眠中過冬，再等著到春天繼續感染下一批新鮮的植物。很聰明吧？

　　但騙局可不是到此為止。到頭來這個下流的小小三角戀情，還有另一個全然不同的層次。藍莓葉表面散發出的嗅覺物質並不是唯一的騙術，根據分析，受感染的樹葉也會反射紫外線（在正常環境下，樹葉應該會吸收紫外線）──紫外線是花朵**放射出來**引誘昆蟲的一種低水準花招。於是突然之間，這些樹葉順手偷走的不只是藍莓花身分的其中一個面向，而是兩個──視覺和嗅覺。對於一種常見、幾乎就生長在花園裡的菌類來說，這招真的很聰明。

連環計

　　做為自然擬態的一個例證，這種盤菌的怪招實際上真有幾分不尋常。一般來說，與其把第三方扯進騙局裡（在這個例子裡就是樹葉），模仿者寧可自己做骯髒活兒。舉例來說，鵂鶹（Pygmy

[9] Ngugi, Henry K. and Scherm, Harald, "Pollen Mimicry During Infection of Blueberry Flowers By Conidia of Monilinia Vaccinii-Corymbosi." *Physiological and Molecular Plant Pathology* 64(3) (2004): 113–123.

Owls）的腦袋後方有「假眼」，可以愚弄獵食者，讓對方誤以為鴟鴞真的在背後長了眼睛。相反地，貓頭鷹蝶（Owl Butterfly）的翅膀下半部有狀似眼睛的斑點[10]，這樣在突然拍翅時，就會看似貓頭鷹的臉（見圖1.1）。燕灰蝶（Hairstreak Butterfly）做得更漂亮，就像某幾種昆

圖 1.1　貓頭鷹蝶蝶翼上特殊又複雜精緻的眼斑。

蟲一樣，燕灰蝶在翅膀尾端有絲狀的「尾巴」，這些尾巴跟蝶翼薄層上的其他元素結合起來，創造出一種截然不同的印象：一顆假腦袋——這樣迷惑了獵食者，也誤導了攻擊。就像大家常說的，兩個腦袋總是勝過一個腦袋。

　　在蛛形綱的世界裡，能夠瞥見較不懷好意的注意力分散策略。金蜘蛛蜘蛛[11]（Golden Orb Weaver，一種在新大陸相當常見的蜘蛛）之所以得到這個閃亮的稱號，就是靠著牠閃閃發光的金色蛛網，這種蜘蛛會在光線明亮的地方織網（如果你是一隻想掙口飯吃的蜘蛛，乍看這可不是什麼全世界最棒的點子）。不過，金蜘蛛蜘蛛的瘋狂之舉自有其道理；跟常識所想的不同，研究顯示，蜜蜂其實在應該難以避開的狀態下，反而比較容易避開蛛網：也就是說，當光線昏暗、細絲比較難被看見、黃色素不明顯的時候，比較好避開。為什麼？嗯，想想看，談到會產花蜜的花朵時，你覺得最常出現的是哪種色澤？

[10] 另一種解釋，請見Stevens, Martin., Hardman, Chloe J. and Stubbins, Claire L., "Conspicuousness, Not Eye Mimicry, Makes 'Eyespots' Effective Antipredator Signals." *Behavioral Ecology* 19(3) (2008): 525–531.

[11] Théry, Marc. and Casas, Jérôme, "The Multiple Disguises of Spiders: Web Colour and Decorations, Body Colour and Movement." *Philosophical Transactions of the Royal Society*. B 364 (2009): 471–480.

　　支持這項理論的證據來自某些巧妙改變蛛網顏色的實驗。蜜蜂不費多少力氣，就能把其他色彩（例如紅色、藍色和綠色）跟危險連結在一起，從而學到避開這些顏色，然而黃色常常對蜜蜂造成最大的學習困難。

　　同樣的動物學騙局，在昆蟲界也見得到。多年來，在好萊塢某些知名銀幕密探的行當中，「美人計」可能就是其中一項配備。但是你可曾想過，是誰先想到這招的？答案無須遠求，看看螢火蟲就行。許多研究顯示，捕食者（Photuris）雌螢火蟲會放出跟北美螢火蟲（雌蟲 Photinus）雌蟲分毫不差的求偶光信號[12]，而且不只這樣，研究也揭露，試圖跟這些蛇蠍俏美人求愛的雄性北美螢火蟲，得到的遠比它們料想的多──它們被吞了下去。我就有過一次像這樣的約會經驗。

積廣告成多

　　本章到目前為止，我們都在看動物（還有植物）如何「做」說服工作；在缺乏語言的狀態下，如何滿足利益、施加影響力。而毫無疑問的，這正好就是我們在人類身上看到的同一種影響力，只是速度更快、較不雜亂也更為集中。否則你還能用什麼方式形容這個？跟可見的外表相反，金蜈蚣蜘蛛並沒有美術學位，也沒上過夜間部的室內設計課，然而牠的蛛網是黃的。為什麼？有一個理由，而且是唯一的理由──為了操縱蜜蜂做出某種蠢事，也就是讓牠們做出在其他狀況下根本不會做的事情：順道來拜訪一番。

　　以盤菌來說也一樣，這種無恥又變態的盤菌有著狡猾的植物道德規範，它太明白蜜蜂跟其他授粉昆蟲在正常狀態下，絕不會先拿個撐篙再來碰它。所以，這傢伙怎麼做呢？它做的是所有沒良心又

[12] Lloyd, James E., "Aggressive Mimicry in Photuris: Firefly Femmes Fatales." *Science* 149 (1965): 653–654; and Lloyd, James E.. "Aggressive Mimicry in Photuris Fireflies: Signal Repertoires by Femmes Fatales." *Science* 187 (1975): 452–453.

力爭上游的獵食者都會做的事：徵調無辜的第三方來助陣，然後無情地剝削這傢伙來當成媒介。不能只因為這跟語言無關，就說這個狀況不涉及說服術——我在結婚以後很快就發現到這一點，光是瞄一眼就勝有聲了，對吧？

要是考慮到人類的變化性中，有多少部分跟他們的動物對照組一樣是出於本能，動物與人類說服力之間的區隔，就會變得更加模糊。好廣告的秘訣通常不是訴諸於我們的理性認知能力，而在於直擊腦部情緒中樞的能耐——我們不只跟動物共享這個根本又古老的結構，而是根本就從動物身上**繼承**而來。

我記得小時候，某個交通繁忙卻未曾引起注目的十字路口，看似在一夜之間突然開始發生一連串車禍潮，地方上的都市規劃專家、記者跟車禍現場調查員都感到大惑不解。過了大約一星期以後，當地報紙登了則封面故事，文章裡特別報導，一群地方議會的人把一個 20 呎高的廣告牌從附近的醒目位置移走，廣告牌上有個穿著清涼、身材魔鬼的金髮美女。

性能賣錢，永遠如此。甚至連**性**這個字都能促銷。事實是：一則在 2001 年進行的研究顯示[13]，性出現在《柯夢波丹》（*Cosmopolitan*）與《魅力》（*Glamour*）雜誌封面的比例為 45%。那簡單的字母組合——SEX——扮演著強勁、搶眼、勾起興趣、財源滾滾的關鍵性刺激。

舉個例，不久前我家前門塞進了這張為某房屋仲介廣告的聰明小傳單：

---

[13] McCleneghan, J. Sean, "Selling Sex To College Females: Their Attitudes About Cosmopolitan and Glamour Magazines." *The Social Science Journals* 40(2) (2003): 317–325.

賣出／交易／完成

圖 1.2　有跨性變裝（Into cross-dressing）興趣嗎？
那就跟我們買棟房子吧。

滿大膽的吧？

當然，市場上的大亨和其他企業龍頭經常用這種掩人耳目、鬼鬼祟祟的關鍵性刺激來轟炸我們。在不斷爭取注意力的宣傳活動之中，關鍵性刺激的部署位置在心理上就等於利用一名腦神經裡的密探（目標：最有利可圖的版圖──我們的兩耳之間）。

就以這張瑪麗蓮‧夢露的照片為例：注意到什麼奇怪的地方嗎？那個腰怎麼樣？也許，看起來有點太像「沙漏型」了？在照片裡，模特兒表現出過度啟人疑竇的特徵，不管這是因為純粹天賦異稟、太熱中於使用馬甲、還是用噴槍做了奇怪的東修西補，像這樣的影像在這個社會上隨處可見（在此我該解釋一下，像這種糟糕透頂的狀況，我們男生跟妳們女生一樣覺得不愉快）。但為什麼呢？因為這樣會賣錢。不過一個比「為什麼」更貼切的問題是「怎麼會」？這樣**怎麼會**賣錢？到底是什麼東西，讓我們對夢露在這張照片裡的腰這麼興奮？其實答案很簡單，我們在此看到的，是一張生物學上的誇張漫畫──一隻有擴音器的鐘蛙。或者換言之，一個「合成的」

圖 1.3　好一把吉他。

關鍵性刺激。請容我解釋一番。

　　讓我們暫時想一下銀鷗（Herring Gulls）。銀鷗幼鳥對成年母鳥下鳥喙上的一個小紅點會有本能反應[14]，啄這個小紅點會讓成鳥反芻食物——換句話說，小紅點構成一種關鍵性刺激。但是到底是什麼讓這種刺激變成「關鍵」？研究指出五種主要因素。舉例來說，在幼鳥面前展示不同的鳥喙模型，結果顯示出頭部跟鳥喙兩者的顏色變化實際上不太重要；換句話說，小紅點本身、鳥喙的狹長度、動作、頭部位置放低、還有鳥喙朝下的尖端，才是產生反應所必要的。事實上，這五種核心成分對於這種反應實在太不可或缺，所以一個精緻的合成象徵物——**超常（supernormal）刺激**，能把這個工作做得更好：把一根尖端附近有三條紅色條紋的細長棕色棒子移動到低的位置以後，引出的不只是正向反應，還是**加強的**正向反應，遠超過這根棒子原來的達爾文式原型。換句話說，這根棒子激發出

[14] Tinbergen, Nikolaas, and Perdeck, Albert C., "On the Stimulus Situation Releasing the Begging Response in the Newly-Hatched Herring Gull Chick (Larus a. argentatus Pont.)." *Behaviour 3* (1950): 1–38.

圖 1.4　我並不笨，只是被畫成那種樣子。

銀鷗更強烈的啄食反應。

　　整體來說是這樣。

　　對銀鷗有效的同類說服過程，基於同樣的理由，透過完全一樣的機制，對人類也有效：超高調的胸部跟臀部、經過基因修正的嘴唇、花崗岩般鑿出的六塊肌，還有長到一望無際的腿……這些人工產物，就是人類在性方面的三條紅線和細長棕色棒子。這些特徵確實都是「紅點式」性刺激的誇張漫畫，可能在某個時候搶先「吸睛」，因此我們對這些東西的反應便增強了。

唾手可得

　　對銀鷗來說很走運的是，關鍵性刺激在商業上的運用仍僅限於人類。然而我們並不只是在集體層次上對這種影響力敏感，從過往靈光一現的例子來看，也可能出現在簡單的日常行為中——不過那時的說服力是從生物學而非心理學的角度構成的。而這種現象發生時，是會讓人目眩眼花的。

　　一位朋友的朋友在一場派對裡告訴我馬可·曼西尼（Marco

Mancini）的故事。在她遞出不續約通知並搬到海邊生活前，她曾一度在就業中心（Job Center）跟他共事——其實她只做了幾個月就離開了——她就像許多該職位之前的雇員一樣，掙扎著維持收入，卻得付出健全的心智為代價；一週 5 天中有 4 天，滅火器會從牆上彈下來，這可不是為了滅火，而是要助長火氣——滅火器會彈到她的工作站與等候區間的鐵製保全柵欄上，接著就會有人拔出槍。

馬可的反應可就不同了，她說。不同之處在於他對人講話的方式。當每個人都瑟縮在厚玻璃板之後時，馬可會面對面地在開放空間裡做每件事。他總是在喝咖啡；他的桌子就在正中央，每個人、甚至任何人都能看見他。對她來說，這看似魯莽到極點，甚至是瘋了。而我必須承認，我也同意她的看法。不過這正是妙處，雖然有這一切紛紛擾擾（而且我得知紛擾還挺多的），在馬可坐鎮就業中心的 2 年半時間裡，紀錄中他從沒有被攻擊過，一次都沒有。

不過，他還有其他特別之處。這跟他對人說話的**方式**並不是那麼有關，而是有關於……某種……不，她搖搖頭。一旦跟他接觸過，人們看來就像……冷靜下來了，好像有個開關啪一聲開了之類的。沒有人知道為什麼，不過每個人都注意到了。他們說，也許因為他瘋了，而其他瘋子也意識到這一點。

遇到馬可時我也吃了一驚。我曾經期待看到的是……真的，我不是很確定，是《烈火悍將》（*Heat*）裡的勞柏・狄尼洛？還是《女人香》（*Scent of a Woman*）裡的艾爾・帕西諾？——結果我碰到的卻是一個時髦的都會耶穌，看起來就像個在果汁專賣店工作的人。

我說道：「所以，馬可，你在就業中心工作的 2 年半裡，什麼麻煩都沒碰上。祕訣何在？」

結果祕訣驚人地簡單——他什麼也沒做[15]。此外，這跟椅子也有點關係，他對面的椅子位置剛好比他的稍微高一點點，所以來人

---

[15] 譯注：直譯為他坐在自己手上。

可以居高臨下地跟他說話，他則得從下往上傾聽對方。喔，還有另一件事，一旦狀況平靜下來，最糟糕的部分過去後，他就會直視對方的雙眼，望進這些憤怒、瘋狂的人眼底，並且微笑。然後他會輕觸他們的手臂，就那麼輕輕的一下。

「我永遠不會忘記我 10 歲大時發生的事。」馬可說，「學校裡有個孩子對老師講了我的壞話，我氣瘋了，**真的**氣瘋了。我跑去操場找他，打算找到他時要揍他個屁滾尿流。但後來我**真的**找到他的時候，我所做的只是咆哮而已。然後我就閉嘴了。

「這跟他坐著的方式有關。他坐在一堵牆上，位置很低，毫不反抗。你怎麼能揍一個毫無抵抗力的人？這就像是冷血地射殺某人，他們要怎麼自衛呢？此外，我大吼的時候他一直低著頭，然後就直直盯著我看，還是什麼也沒做，就好像在說：『好，我人就在這裡，你想揍就揍吧。』我打不下去，不知怎的我就是沒辦法。所以我就閃人。我走開了。」

危急情境下的說服天才所展露的這種非凡絕技，我們不該輕易嘗試。如果你渴望成為馬可‧曼西尼那種明顯的瞬間說服家，你不但要做出那種正確的動作，也要展現出那種正確的特質；而最最優先的，是我們在導論部分簡短談過的信心與同理心（我們在本章稍早已經重談過這種作用的動物形式）。雖然如此，行動方式仍然重要──事情就從這裡開始變得有趣起來；在更縝密的檢視下，馬可的方法在結構上與安撫動物的原則驚人地相似：象徵性、儀式性的姿勢，目標是解除衝突，並且「從危機中講出一條生路」。這時逃跑並不在選項內，你才是重點。

以一張椅子比另一張高一點的相關作法為例，如果模仿是直來直往的同理移情作用，那麼對於安撫性質的關鍵性刺激來說，其原始力量就完全在於驚奇的藝術，在於不相稱。或者，就像達爾文在其著作《人與動物的感情表達》（*The Expression of the Emotions in*

Man and Animals）中所說的「對立原則」（principle of antithesis）：階級低的狒狒（無論性別爲何）會背對攻擊者，並擺出交配的姿勢（假交配）。好啦，這不幸的低階狒狒有時可能眞的會發現統治的一方騎到自己身上了（不過爲時甚短，感恩啊），不過通常這種姿態──攻擊態度的**對立面**──會被視爲順從的表現而獲得接納，低階狒狒會受到善待。

接著還有逆來順受（坐在自己手上）這一招。最近針對淡水螯蝦的研究[16]，比狒狒研究更推進了一步，並且指出安撫策略可能甚至比支配策略更優異。當雄性淡水螯蝦競相追求雌性配偶時，會互相搶著當老大，手段是把敵手推得肚皮朝天，然後擺出交配姿勢。屈居下風的動物有兩種選擇，一是抵抗，另一種則是完全相反地擺出順從接納的雌性姿勢。對偏向都會美型男（metrosexual）屬性的淡水螯蝦成員來說，好消息是：喬治亞州立大學的法迪‧以薩（Fadi Issa）和唐諾‧愛德華茲（Donald Edwards）發現，放鬆心情讓那些陽剛派自行其是，其實值回票價，在 24 小時的配對時間過去後，一半的抵抗者被宰掉了，所有的順從者卻都活了下來。

躺下來逆來順受（馬可的例子則是坐下來），顯然有其優勢。

以退爲進

我們對於關鍵性刺激的知識──這類刺激的作用及其在動物界產生的強勁影響力──讓我們能夠用這些刺激來圖利自己，如同先前在馬可身上看到的例子。這就像精心布置的炸藥，可以讓最大、最堅固的建築物被自己的重量拖垮，所以就算是最難纏的問題，也可以藉由精心安排的幾句話和幾個手勢來解除。縱觀歷史，偉大的

---

[16] Issa, Fadi A. and Edwards, Donald A., "Ritualized Submission and the Reduction of Aggression in an Invertebrate." *Current Biology* 16 (2006) : 2217–2221. For a practical guide to understanding and interpreting non-verbal communication cues (including those of sales reps!) see Wainwright, Gordon R., *Body Language* (London: Hodder Education, 2003).

說服者都明白這個道理。

在《約翰福音》裡，耶穌發現自己被逼到牆角。法利賽人把一個被控通姦的女子帶到他面前，請他給個建議。

他們說：「夫子，這婦人是正行淫之時被拿的。摩西在律法上吩咐我們把這樣的婦人用石頭打死。你說該把她怎麼樣呢？」[17]

當然，法利賽人並不是真的想知道耶穌對這件事的道德看法；耶穌也知道這一點。整體來說，他們的動機沒那麼純淨，他們其實是想讓耶穌捲入法律糾紛。根據摩西律法，這名婦人如同猶太法學家明確指出的，應該被眾人丟石頭打死。在正常狀況下，這沒問題；不過此時的巴勒斯坦是在羅馬佔領之下，世事已變，摩西律法已經讓位給羅馬律法——耶穌要是支持前者凌駕後者，他就免不了要讓自己面對煽動群眾的指控，不過這還不是他最擔心的事。反過來說，要是他宣布婦人不該被石頭打死，他就要忍受的相反的指控：背棄祖先古老的傳統。這也不是好應付的狀況。

群眾已經聚集起來，緊張情勢正不斷升高。照情勢看來，要擺脫眼下的狀況，就算對最能言善道的人而言也是相當艱鉅的任務，更不用說是一個沒受過修辭學訓練的流浪木匠了。後來發生的事情如下所述：

他們說這話，乃試探耶穌，要得著告他的把柄。耶穌卻**彎著腰**，用指頭在地上畫字。他們還是不住的問他，耶穌就**直起腰來**，對他們說：你們中間誰是沒有罪的，誰就可以先拿石頭打她。於是又**彎著腰**，用指頭在地上畫字。他們聽見這話，就從老到少，一個一個的都出去了，只剩下耶穌一人，還有那婦人仍然站在當中。[18]

---

[17] 譯注：譯文來自聖經中文和合本。
[18] 聖經《約翰福音》第八章6—9節，強調處為筆者所加。

　　《約翰福音》中的這一段是很獨特的，在整部新約之中，只有這個場合留下耶穌**寫下**任何字句的紀錄。對於那些字眼可能是什麼，聖經學者之間充滿各種臆測：控訴婦人的那些人所犯的罪過？也許是他們的名字？當然，那些字句會永遠成謎。不過從心理學的觀點來看，為什麼耶穌會覺得有必要在此刻寫下隻字片語，構成了另一個更大的難題。

　　這樣做並不合理。

　　除非他另有盤算。也許那些字句本身是一種煙幕彈？也許重要性不在寫字本身，而在於製造字句的動作上？

　　讓我們再看一眼耶穌跟法利賽人過招時的肢體語言。實際上，言詞交鋒包含三個不同的層面，在一開始受到挑戰的時候，他的初步反應是什麼？嗯，我們從文本上注意到他立刻「彎著腰」（對比面－不協調－安撫）。然後，當年長者堅持他們的疑問，他「直起腰來」再次恢復原有姿勢，以便說出他著名的妙答（自信－攻勢）。最後恢復到彎腰的姿勢，重新採取安撫的態度。

　　這是很有技巧的作法，目的在於轉移並竊取動力。

　　當然，耶穌確實有句很棒的台詞，「先拿石頭砸她」。而且更重要的是，幾乎可以確定他對此了然於心，這是我見識過的瞬間說服術中的最佳範例之一。但他還是要面對：到最後，不管這是不是一句偉大的台詞，不管這番議論如何發人深省，這句台詞仍然挑戰了法利賽人；而且儘管說得巧妙，還是可能嚴重惹惱他們。

　　毫無疑問，耶穌很清楚有這種可能性。

　　這也解釋了他為何跟神學上的猜測相反，不只使用一種語言，而是用**兩種**語言來表達：一種是現代的、以音素構成的、晦澀的語言，另一種則是古老的、沉默的、深刻的語言。

火災與救援

　　馬可‧曼西尼和耶穌少有共同點。的確，在我見到馬可的時候，他看起來有一點像耶穌，不過我猜共同點也就到此為止了。馬可第一次學會瞬間說服術是在學校的操場裡，耶穌呢⋯⋯誰知道啊？重點是，一個人不必有超能力，就能像這樣有超越他人的說服力。人人心中都埋藏著這種能力。不過，跟我們的動物弟兄不同，我們必須為此努力。

　　當然，這樣的影響力也並非只限於一觸即發的狀況。好啦，有時候這招可以幫我們弄到一張票，或者讓我們免於挨某人的拳頭。不過這也能在其他方面幫助我們，想想看：不必當真說出口卻能表達更多的事情，不管正處於什麼樣的環境，這都是超級大的優勢。

　　就拿做生意為例。研究顯示，頂尖銷售員在做交易時，通常會稍微往顧客的方向靠過去——這是雙重出擊，不但意味著同理移情作用（透過增加的親近感起作用），也表示一種故意設計出的卑屈。

　　或者拿養兒育女來說。下次你發現自己必須在一個任性 6 歲小鬼面前定下律法時，試試看把孩子往**上**提。不要高高在上地對他們說話，把他們拉近，在他們旁邊蹲下來，然後以盡可能冷靜的聲調（我知道這點說來容易做來難）說你必須說的話。像這樣讓自己往下靠近別人的高度，通常有助於清楚的說明。記得導論中的邱吉爾跟那個晚宴竊賊嗎？基本上，你所說的（其實並沒說出來）是：「看，不只有**你**卡在這種鳥事裡。**我們兩個**都在同一條船上。所以，我們為啥不試試看，是否能從現在開始同心協力。一言為定？」

　　再來又是邱吉爾，玩著他的老把戲。

　　1941 年夏天 [19]，空軍中士詹姆斯‧艾倫‧瓦德（James Allen Ward）獲頒一枚維多利亞十字勳章，因為他爬到所駕駛的威靈頓轟

---

[19] http://www.anecdotage.com/browse.php?category=people&who=Churchill (accessed April 2nd, 2008).

炸機機翼上，撲滅右舷引擎上的火焰（此時飛機正飛行在須德海〔the Zuider Zee〕上空 1 萬 3 千呎處）。他當時只靠著一條綁在腰際的繩子保命。

　　一段時間之後，邱吉爾在唐寧街 10 號召見這位冒險犯難卻生性害羞的紐西蘭人，祝賀他英勇的行為。

　　他們有個不太順利的開場。

　　這位無畏豪勇的空軍男兒在偉人面前張口結舌，就連最簡單的問題也無法好好回答。這時邱吉爾嘗試了不同的辦法。

　　「你在我面前想必覺得很卑微而笨拙吧，」他啟口道。

　　「是的，先生，」瓦德說，「我的確覺得。」

　　「那麼你就能想像，」邱吉爾說，「我在你面前自覺有多卑微而笨拙了。」

摘要

　　這一章我們檢視了影響力的列祖列宗，說明了在語言出現以前是如何進行說服，以及今日動物界如何沿用這舊有智慧進行說服。我們歸納出的結論頗為明顯：隨著語言的產生以及大腦新皮質（neocortex）的誕生，說服並沒有變得更有效率，反而還變差了；談到說服這件事，動物比我們還厲害。

　　在動物界中，說服力的祕密就是簡潔。動物基本的影響力單位正是動物行為學家所稱的關鍵性刺激——這就是說服力的魔術子彈，在某物種的成員向另一名成員擊發以後，就會滋生出整組預設好的本能反應。這些魔術子彈與生俱來、即時可用又敏銳，解決狀況的速度快，只會造成最低限度的認知震撼。然而在人類身上就不一樣了，在我們與本能的便利性之間，嵌入了一層臭氧層似的意識——就我們的首選影響工具「語言」來說，通常會發現意識很難滲透。只有真的非常特別的話語才能克竟全功。

　　當然，問題在於如何塑造這樣的影響力？我們全都有能耐打中說服力的最佳擊球點嗎？或者這只是一小撮影響力菁英的囊中物？

　　你可能會發現答案令人驚訝。我們每個人都是將星下凡，生來就有說服天才；不過隨著我們年歲漸長，這種光芒就慢慢消逝了。

嬰兒的致命吸引力

　　一名住在休士頓的女士剛剛告訴我[1]，她朋友在前天晚上聽到有嬰兒在門廊前大哭，因為已經很晚了，她覺得事有蹊蹺，於是打電話報警。警察告訴她：「妳做什麼都好，就是不要開門。」女士說她認為嬰孩已經爬到一扇窗邊，她很擔心孩子會爬到街上，被車撞到。警察說：「我們已經派了一組人過去了，無論如何，不要開門。」他告訴她，警方認為有個連續殺人魔錄下了嬰兒哭聲，再利用哭聲讓女性誤認為有人遺棄嬰兒，引誘她們走出家門。他說警方還沒證實此事，不過已經接到許多女性來電，聲稱晚間獨自在家時，聽到自家門外有嬰兒的哭聲……

　　「嬰兒無助的哭聲並不微弱、不無能、也不過時。這是自然界最深刻、最強勁的力量。在一位父親或母親初次聽見這種聲音以前，親情是在他們體內沉睡著的……（嬰兒的）哭聲並不是傳入一片虛空，而是深入人類的愛與憐憫深處。」──強納森‧罕納恩（Jonathan Hanaghan），《社會、演化與天啓》（*Society, Evolution and Revelation*, 1957）。

說服界的神童

　　我坐在倫敦南區的一家咖啡店裡，等著和一名男子見面；要是在幾年前，像他這種人絕不會被人看到在這種地方出沒，這一帶多的是他可能流連的三流小酒館，不過這裡？這個充滿公平交易的摩卡咖啡香味、休閒圓領衫和芳香療法傳單的地方？絕不可能。他來了，雖然從沒見過，我卻十分確定就是他。他很高──大約6呎3吋（約190公分），20多快30歲；有著日曬過的深褐膚色，不是去希臘度假曬成的那種，而是酒鬼長期在公園草地上所曬成的那種顏

---

[1] http://www.snopes.com/crime/warnings/crybaby.asp (accessed March 9th, 2008.)

色。他叫戴若（Daryl）。

戴若瞥見了我（我沒看錯，那的確**是**他），朝這邊走了過來。我首先注意到的就是他在發抖；看來他腦中某處對氣候的感覺器官壞了，某幾條腦中傳輸電線也斷了。其次是他的傷疤。再來是那個業餘人士刺的刺青。然後是運動手提袋，他把那袋子丟到我腳邊。我想著，裡面有什麼呢？

幾年以前，戴若屬於這一帶的某個低階犯罪組織。當年他大部分時候都在嗑快克。你想得到的事情他都幹過：從破門行竊、搶劫到取得假護照在內的每件事。

然後在某一天，一切全都走上正軌。

一個週六下午，他走過一處停車場時，見到一名婦人正要把買來的東西裝上車。他抽出一把刀，從背後接近她。不過在她轉身的時候，戴若吃了一驚：在她的身體與臂彎之間夾著一個新生兒。他呆住，她也呆住，他們三個全都呆住了。那嬰兒就這樣盯著他看，戴若也看回去。然後婦人尖叫出聲，他則丟下刀子就跑。接著他就住進了勒戒所。

「我實在不知道發生了什麼事，」他這麼告訴我的時候，我正啜飲著我那杯三倍濃度、無奶泡、加了無糖香草攪拌過的豆奶拿鐵。「不過確實有某件他媽的事情發生了，那孩子實在是個震撼，他看著我的樣子……就讓我覺得，哇，這種狗屁倒灶的事我真的做不下去。我從來不想傷害任何人，我只想要錢。你知道，拿來換點白粉之類的。有那麼一會，我覺得好像那孩子會變成我。一切怎麼會走到這步田地？我想著，我曾是那樣的孩子，那個**我**出了什麼事？」

不可能的任務

新生兒就是一台說服機器，沒有其他更貼切的說法了。未滿月的嬰兒把自身意志強加於他人之身、讓自己稱心如意、玩弄我們於

他纖細指掌之間的能力，絕對是第一名。他所具備的社會影響力技巧，已臻藝術層次。

在任何一種你會想提及的人口統計族群中，大家對嬰兒的反應都相當一致。文化、年齡、性別——隨便你指出任何範圍，反應幾乎都一樣。就拿年齡來說吧，研究顯示，即使年幼到只有 4 個月大的孩子[2]，他們注視嬰兒臉蛋照片的時間，也超過注視較大孩童或成人照片的時間。而 18 個月大的孩子，對於嬰兒臉孔的偏好不但會讓他們增加微笑次數，還會伸手指照片、也會對照片發出聲音。更令人訝異的是，這種事情不只發生在人類身上[3]；在隔離狀態下長大、約 2 個月大的恆河猴（rhesus monkey）也顯示出同樣的偏好：喜好描繪猴子寶寶的圖片，勝過描繪成猴的圖片。新生兒的吸引力是牢牢銘刻在神經裡的。

這些知覺上的偏好在腦海深處迴盪著。牛津大學神經科學家莫頓‧克林格巴赫（Morten Kringelbach）指導的研究顯示[4]，看到新生兒圖片的時候，根據 MEG（腦磁波儀 magnetoencephalography——一種造影技術，監看每毫秒的腦部活化情形）的觀察，替獎勵性刺激（rewarding stimulus）編碼的腦區（大腦皮層額葉中區 medial orbitofrontal cortex）幾乎立刻就有反應：就在這幅景象首次出現後的 1/7 秒內。

克林格巴赫說，我們的腦有一種內建的傾向，會把嬰兒臉孔「標記」成特別的。

確切來說，新生兒為什麼會這麼有說服力，其實不算是什麼難懂的尖端科學，這就像人生中的許多事情一樣，在本質上可歸結為

---

[2] McCall, Robert B. and Kennedy, Cynthia Bellows, "Attention of 4-Month Infants to Discrepancy and Babyishness." *Journal of Experimental Child Psychology* 29(2) (1980): 189–201.

[3] Sackett, Gene P., "Monkeys Reared in Isolation with Pictures as visual input: Evidence for an Innate Releasing Mechanism." *Science* 154 (1966): 1468–73.

[4] Kringelbach, Morten L., Lehtonen, Annukka, Squire, Sarah, Harvey, Allison G., Craske, Michelle G., Holliday, Ian E., Green, Alexander L., Aziz, Tipu Z., Hansen, Peter C., Cornelissen, Piers L. and Stein, Alan, "A Specific and Rapid Neural Signature for Parental Instinct." *Plos One* 3 (2008):e1664.

行銷問題。黑猩猩寶寶大吵大鬧、小海鷗嘎嘎大叫，埋葬蟲（burying beetle）的幼蟲輕敲父母親的腿，在整個動物王國中，新生兒都展現出一種占據父母注意力的完美技巧——一連串兼容並蓄的巧妙關鍵性刺激，藉此誘發撫育行為，並且遏止成年動物的侵略。

這類廣告行為是至關重要的，每個人都曾有過那麼一刻（我們自己不會記得太清楚），孤身一人又缺乏後援，初次拋頭露面求生。這是一種相當冒險的策略，只要想想看我們最初面對的挑戰有多巨大就知道了；從進入這個世界的第一時間起，在沒有思想、沒有語言、甚至連最基本的身體功能都無法控制的狀況下，我們就必須影響身邊的人，讓他們來照顧我們，同時還必須以某種方式說服他們這樣做是值得的。

當然了，現在我們把這一切都視為理所當然，因為我們已經辦到了。我應該補充一句，這不是透過我們自身的任何作為（如果**我們**曾經插手過這檔事，誰知道會搞成什麼樣子啊？），而是透過物競天擇的天分。藉由生物授權委任的力量，物競天擇讓我們走上自己的路，賦予我們不只一種關鍵屬性（製造騷動的能力），而是**三種**；而以三種社會影響力的關鍵性刺激合併作為標準配備，絕對能逗得人急不可耐，舉手投降：

◇ 以嘹亮音效大哭的能力。
◇ 惡魔般的可愛（對幸運到足以維持這種特色的人來說，這招在以後的人生裡照樣有效）。
◇ 與人眼神接觸的催眠式能力。

不管是哪種型態的說服力，沒有一招比前述招數更犀利的了。

這一章裡，我們會更仔細的觀察新生兒影響力的這三種關鍵性刺激，以繼續探索改變他人心意的原始傳承——社會影響力的起

源。到底是什麼讓嬰兒的哭聲如此特別？對我們具有如此魔力的新
生兒面孔特徵又是什麼？

接通聲音線路

　　立即的影響力並非經常發生在人際互動領域中，我們在前一章
裡已經看到了。人和動物不同，對我們來說，事情通常要花時間醞
釀，這大半是因爲我們有大到可以開巴士穿過的腦；我們有能力去
學習、去反省、去做決定，隨後再回頭討論這件事。不過那條巴士
大道沿線潛藏著過去的遺跡：一些古老廢棄的車站，有時可能會復
活。直到現在，歸功於某些溝通模式或互動手段在我們演化史上重
大的重要性，它們仍能讓我們不假思索就做出某些事。在人生中，
有時候我們的腦袋會叫理性滾一邊去。

　　1998 年，五角大廈委託費城莫乃爾化學感官中心（Monell
Chemical Senses Center）的潘‧達頓（Pam Dalton）找出一種不尋常
的東西[5]。源於滑稽電視喜劇中用氣味控制群眾的想法，美國政府讓
達頓負責一個全世界最危險的化學實驗——創造史上首支驅逐用花
束。美國國防部的資深軍官想知道的是，有沒有一種味道，臭到一
釋出就能驅散橫衝直撞的暴民？

　　達頓發現這是有可能的。

　　事實上她發現，這樣的味道不只一種，而是兩種。這兩種同
樣臭烘烘的混合物，不只超越所有已知的個人差異，也超越了所有
已知的文化區隔，這種味道很貼切地命名爲「美國政府標準浴室臭
氣」（US Government Standard Bathroom Malodour，這種氣體的組成
成分是經過濃縮的人類糞便臭味，很令人驚訝吧）。同樣貼切而有點
簡略的另一個命爲「誰啊，我嗎？」（Who Me？這是一種恐怖的
硫分子集合體，模擬腐屍和餿掉食物的惡臭氣味）。對這樣的研究結

[5] Stephanie Pain, "Stench Warfare." New Scientist Science Blog (July 2001).http://www.scienceblog.com/
community/older/2001/C/200113657.html (accessed November 18th, 2005).

果，我們還眞的不能嗤之以鼻。

　　科技上的進步也經常被證明是靈感的泉源。任何人要是曾在颶大風的晚上，被隔壁車道上大響的鄰家汽車警報器吵得輾轉反側，或是被對面某個白癡的預設手機鈴聲弄得精神渙散，就無疑會想知道，是否有關於聲音的類似研究在進行中。的確是有，鼾聲、吵架聲、咳嗽聲跟放屁聲都是這個領域主要的角逐者。

　　對許多人來說，這可能有幾分出人意表。根據 1980 年代的一項研究，園藝用三岔乾草叉劃過石板的刮擦聲，最有可能引起不悅[6]，相較之下，那些更具備「有機」風味的聲音就顯得無害了。不過如同薩福大學（University of Salford）聲學研究中心（Acoustic Research Centre）的崔佛・考克斯（Trevor Cox）指出的，從聲波本身的物理性質來推論其擾人程度，並不像乍看之下那樣直接明確，其中還包含了心理因素。

　　「如果你待會要去參加鄰居的派對，隔壁 hi-fi 音響的碰碰聲感覺就沒那麼擾人。」考克斯說。他說得沒錯，簡而言之，就像許多潛在壓力因子造成的狀況一樣，實際產生的壓力總量要看接收者對環境有（或自以爲有）多少控制能力。「如果你能夠控制噪音，噪音就會變得沒那麼討厭，」考克斯說，「但如果你對噪音源心存畏懼，那麼狀況通常會變得更糟。」

　　英國發明家豪爾・史泰波頓（Howard Stapleton）不久前測試了考克斯的理論[7]，而且就直接用在市場上。他的「蚊子」裝置就像達頓那種擋不住的驅逐用氣味，以驅散來減少反社會行爲。這種裝置會發出一種擾人的高頻鳴聲，超過 30 歲的人則聽不到這個頻率。這種

[6] 對於可厭聲音的性質，詳細的聲學分析請見Kumar, Sukhbinder, Forster, Helen M., Bailey, Peter and Griffiths, Timothy D., "Mapping Unpleasantness of Sounds to their Auditory Representation." *Journal of the Acoustical Society of America* 124 (6) (2008): 3810–3817.

[7] Jha, Alok, "Electronic Teenager Repellant and Scraping Fingernails, The Sounds of Ig Nobel Success." *The Guardian* (Friday October 6th 2006). http://www.guardian.co.uk/uk/2006/oct/06/science.highereducation (accessed October 28th, 2006).

奇妙的機器被命名爲「電機式青少年驅散器」，現在整個英國的主要街道和購物商場都在使用；在對抗野蠻青少年的戰爭中，證明這個裝置就跟它的前輩（華格納的音樂）一樣成功。這個裝置比咳嗽和放屁來得雄壯威武幾分（「蚊子」的聲音有 8.5 分貝，大概跟除草機差不多），但又沒有強到會造成實質的身體傷害；「蚊子」的主要優點在於其擾人的價值，而最近的報告顯示，「蚊子」裝置非常奏效[8]。

哭泣比賽

　　成年人正常的聽力範圍從大約 40Hz（赫茲）延伸到 15KHz（千赫）[9]；人類聲音涵蓋的典型範圍是在 100 Hz 到 7 KHz 之間，而聽力最敏銳的範圍則是大約 3.5KHz 附近。從物競天擇的觀點來看，這點很有趣。有幾種聲音的頻率，就是在大約 3.5KHz 這個目標附近運作（潛艇聲納就是一例），它們都是爲了特定情境而發展出來，其中引起注意的來源會得到高度報酬。

　　然而有另一種聲音，頻率在大概在 200-600Hz 之間，有著稍微長一點點的世系傳承，並在人類所知的所有聲音刺激中，最能吸引我們的注意力：人類嬰兒的哭聲。

　　嬰兒的哭聲是聲音的天才之作，是空氣分子所能碰到最深奧的事情。嬰兒的哭聲在兩種很基礎卻互不相干的影響層次上運作：生理學和心理學層面。跟其他警告或緊急訊號一樣，嬰兒哭聲的聲學性質，是相當名符其實地在黑暗掩護下演化——引起注意、把所在位置傳達給照料者，但同時也要盡可能免於洩漏位置線索給獵食者。（嬰兒聲音的高音頻率，在空氣動力學上不像低音頻率那麼有力，比起在遠方遊蕩的殺手，在附近的同種生物較容易聽見。）

[8] 史泰波頓也運用同樣的科技做出了「安靜鈴聲」——一種只有青少年聽得到、老師聽不到的電話。那應該會讓上課變得更加有意思。

[9] 對於嬰兒哭聲的詳細分析，請見Soltis, Joseph, "The Signal Functions of Early Infant Crying." *Behavioral and Brain Sciences* 27 (2004): 443–490; and Zeifman, Debra M., "An Ethological Analysis of Human Infant Crying: Answering Tinbergen's Four Questions." *Developmental Psychobiology* 39 (2001): 265–285.

　　不過新生兒的哭聲並不只是提供定位線索而已，除了基本的好處外，哭聲中不斷調高的音調信號，會誘發照料者身上的一種本能生理反應：心跳急速加快後的減速（這跟即將發生的行動或干預有關），同時伴隨著胸部溫度升高、出現噴乳反應──這種反射會讓胸部感覺沉重，並刺激母親哺乳。

　　回到我們祖先的時代，嬰兒的哭聲就是終極版的 119，也是披薩快遞的電話。

　　然而弔詭的是，嬰兒哭聲「很刺耳」。雖然新生兒哭聲的聽覺表現還不到「最大限度的聽覺不悅性」（maximum acoustic unpleasantness）[10] 的範圍（此範圍內的高音聲調高到沒辦法傳得很遠，卻又夠低而不至於引起攻擊），但實際上每個人厭惡的聽覺刺激一覽表中，卻都包括這一項（不分男女、父母跟小孩都一樣），這種聲音會激發焦慮、苦惱，還有「出手幫忙」的壓倒性衝動。

　　在聲音和同理移情作用上，嬰兒哭聲的威力等同於「美國政府標準浴室臭氣」。

　　2007 年，德國萊布尼茲神經生物學研究所（Leibnitz Institute for Neurobiology）的克斯汀‧桑德（Kerstin Sander）精確地證明了嬰兒哭聲是何等深入人心[11]。桑德在一組成人（9 男 9 女，共 18 個人）進行功能性磁振造影（fMRI）[12] 時，對他們播放四種不同的哭聲。然後她把這些哭聲打散（把每個錄音切碎成 150 毫秒的片段），重組這些片段，再比較隨後發生的狀況。桑德想知道，在兩種哭泣狀態下，腦部活動的模式會不會保持不變？而打散混合的哭聲會不會造成不同的效果？

　　她的發現證實了物競天擇的高超舞藝天分，結果顯示，

[10] 大約在 2.5—5.5KHz 之間，在 1—16Hz 的範圍間有暫時的調變。

[11] Sander, Kerstin, Frome, Yvonne and Scheich, Henning, "FMRI Activations of Amygdala, Cingulate Cortex, and Auditory Cortex by Infant Laughing and Crying." *Human Brain Mapping* 28 (2007): 1007–1022.

[12] 功能性磁振造影（全名 functional magnetic resonance imaging）這種技術能測量腦中的血氧含量，從而讓研究者確定在某一時間裡哪個腦區最活躍。

相較於播放混合聲音片段的狀況，在播放真正的哭聲時，杏仁核（amygdala，腦中處理情緒的部位）和前扣帶皮質（anterior cingulate cortex，腦部對異常現象敏感的部位）的活動都有戲劇性的成長，而且女性的反應比男性更強烈。桑德認為，這個模式可能反映出女性對學語前嬰兒聲音起反應的一種特殊神經傾向（參見圖2.1）。

圖 2.1A

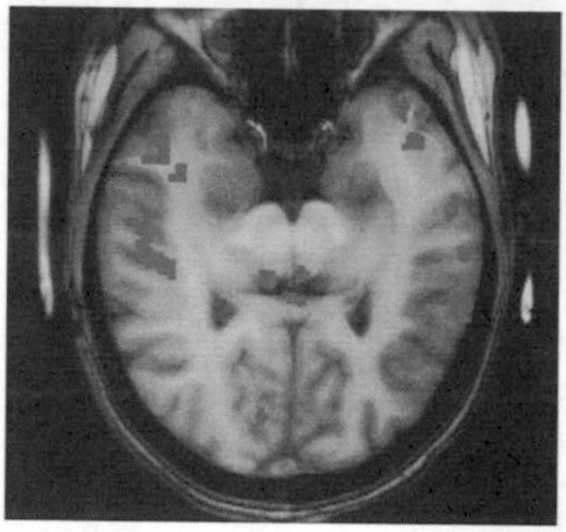

圖 2.1B

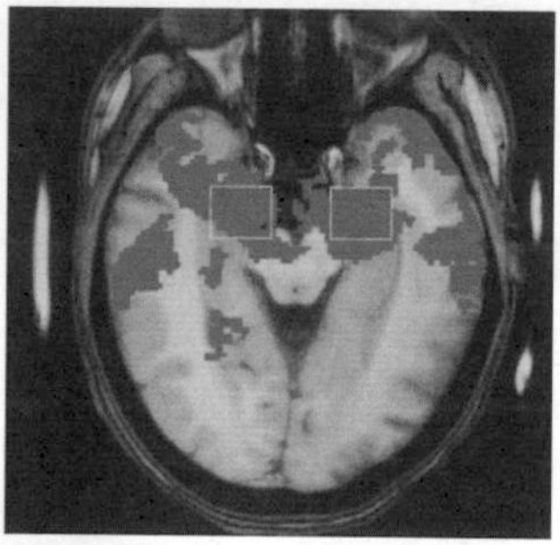

圖 2.1C

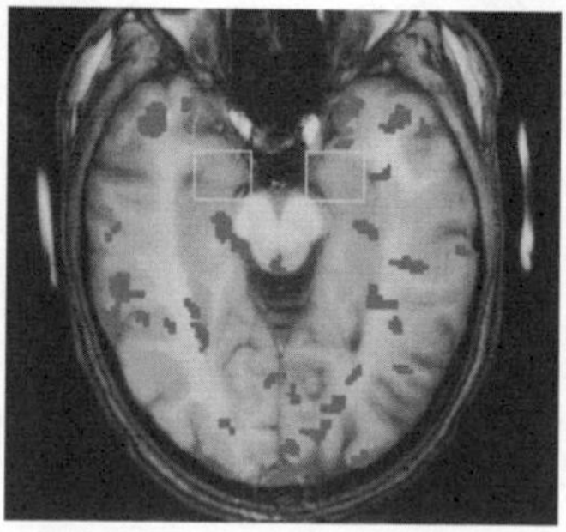

圖 2.1A（左）：聽到成人哭泣的女性腦部活動大致範圍。顏色較深處表示腦部活動增加的區域。

圖 2.1B（右）：聽到嬰兒哭泣的女性腦部活動大致範圍。

圖 2.1C（下）：聽到嬰兒哭泣的男性腦部活動大致範圍。

　　當桑德從她的受試者中抽出一組集合，把自然嬰兒哭聲和自然成人哭聲所引起的杏仁核活動拿來做比較時，她**真的**嚇了一大跳。嬰兒引起的加強反應在此更為顯著：高達 900%。嬰兒的哭聲跟外表相反，並不像乍看那麼簡單。

在奏效與不奏效之間

　　嬰兒哭聲也不是始終如一的。進一步的研究探索得更深入，並揭露出雖然學語期前的嬰兒聲音的確促進了杏仁核活動，卻是突然、戲劇性又意料外的哭泣聲調轉變──稱做「滑音」（gliding）或「顫音」（vibrato）──傳達出最多的情緒，並且誘導出照料者最強烈的情感反應。此外，在音樂方面，也正是同樣出乎意料的變化，才能如此強烈地打動我們，讓我們的背脊傳來一陣寒顫，創造出獨特的「震顫因子」，而並非是**可預測**的和弦終止部分，鬆開蓋在我們情緒上的螺旋蓋。就此而言，喜劇中讓我們發笑的也不是預期的部分，而是出錯時瘋瘋癲癲、讓人興奮狂喜的醜態。

　　以下列狀況為例。在賓州大學（University of Pennsylvania），保羅・羅辛（Paul Rozin）和同事注意到，幽默中存在著一種共同模式──他們稱之為 AAB 模式 [13]。我們都知道這是什麼：

　　（A1）有幾個人正準備接受死刑。警衛帶著第一個人上前，劊子手問他有沒有最後的請求。他說沒有，然後劊子手喊道：「預備！瞄準！」

　　突然這個人大喊：「地震！」

　　每個人都驚恐地東張西望，正亂成一團的時候，第一個人逃跑了。

[13] Rozin, Paul, Rozin, Alexander, Appel, Brian and Wachtel, Charles, "Documenting and Explaining the Common AAB Pattern In Music and Humor: Establishing and Breaking Expectations." *Emotion* 6(3) (2006): 349–355.

（A2）警衛又帶著第二個人上前，劊子手問他有沒有最後的要求。他說沒有，接著劊子手喊道：「預備！瞄準！」

突然這人大喊：「龍捲風！」

每個人都震驚地東張西望，正亂成一團的時候，第二個人也跑了。

（B）最後一個人對這一切了然於心。警衛帶著他走上前，劊子手問他是否有最後的要求。他說沒有，接著劊子手喊道：「預備！瞄準！」

最後一個人大喊：「失火了！」（Fire，同時也意為「開火」）

在這個特別的笑話裡（我還有其他笑話可舉例），違反規則的（B）牽涉到對最後一個字的相反詮釋；預期中那應該是另一個跟災難有關的字眼，不過在實際說出口的時候，卻有一種截然不同、會帶來災難卻又完全切題的潛在意義。然而，或許較鮮為人知的是音樂中的 AAB 模式：

圖 2.2　莫札特 A 大調鋼琴奏鳴曲（作品三三一號），第一樂章（優美的行版）第一至第四小節，起始主題中的 AAB 結構。

在此，我們看到原來五個音符的動機（A1）重複時低了一個音（A2），然後再重複時又更低了（B）。只有在第三個例子裡，這

段旋律才以完全不同的音符序列重複。這樣的「劇本逆轉」，在眾多不同的音樂類型裡都很常見，從古典音樂、現代音樂到百老匯歌舞劇和爵士樂都有。同樣地，像「英國人、愛爾蘭人、蘇格蘭人」和「神父、牧師、拉比」等的無數笑話，就更不用說了，也是以這種模式形成基礎。

是否是這樣明顯的不一致、顯著的違反預期，而構成一種普遍的說服定律？相當有可能。這確實是達爾文提出對立原則（principle of antithesis）時，心中所想的一種成分——這種劇本逆轉對於動物的安撫表現來說相當必要。而且就像我們在前一章裡看到的，在人類身上也是如此。

加州大學腦與認知研究中心（Center for Brain and Cognition）的拉瑪錢德朗（V.S. Ramachandran）寫道[14]：「音樂可能會讓某些原始、熱情的靈長類聲音，產生特徵誇張化（peak shift）的作用，像是分離時的哭號；對這種聲音的情緒反應，可能有一部分是深植在我們大腦裡的。」

大衛·休倫（David Huron）在他的書《甜美的預感：音樂與期待的心理學》（*Sweet Anticipation: Music and the Psychology of Expectation*）裡，又往前推進了一步。

休倫這樣論證：「形成期待，是人類和其他動物賴以生存的作為；只有藉由預測未來，我們才能準備好面對未來。因為大腦保證精確的預測會得到獎勵，當事實證明我們的看法正確時，我們會感覺良好。在預測跟獎勵之間的連結，導致我們持續地尋求結構，並且預測事件會怎麼樣展開。音樂做為一種隨時間而發展的結構，對這類預測來說，就是一種超級刺激物。」[15]

---

[14] Ramachandran, V.S. and Hirstein, William, "The Science of Art: A Neurological Theory of Aesthetic Experience." *Journal of Consciousness Studies* 6 (1999): 15–51.

[15] 引言取自 Lauren Stewart, "Musical Thrills and Chills" *Trends in Cognitive Sciences* 11 (2007): 5–6.

　　換句話說，碰上違反預期的狀況時，我們的大腦（更確切地說，是類似前扣帶皮質、還有顳頂接縫區〔temporoparietal junction〕局部的這類區域）就會被推動去恢復內部平衡，抑制伴隨這種違反行為所帶來的反感情緒。在藝術中（如音樂和喜劇裡）這種情緒也是整套把戲的一部分，不論是我們在扶手椅中的舒服位置，或者前排座位的安全地點，都讓我們心甘情願地把自己託付給表演者。

　　不過在生活中的其他領域，我們所受的待遇就沒這般慷慨。當一件事或者一種刺激讓期望落空的時候，我們被迫對此做點努力：懷疑或徹底抹殺此事，或是重新思考自己的立場。這就是為什麼實際上不可能忽略一個嬰兒的哭聲（對照料者來說尤其如此）。引發反感情緒的不只是聲音本身，還有聲音結構中的深層根本元素。

美女與冠軍

　　你可以在一哩外就看到他們。事實上，可能從外太空都看得見他們──在購物商場裡拿著寫字板的那種人。基於某種理由，這種事似乎總是發生在你趕時間的時候；或者就在前一刻，你剛發現家裡失火了。

　　「可以佔用您幾分鐘時間，回答幾個問題嗎……」

　　面對這樣的困境，許多人都已經發展出細膩的策略。持續地猛咳嗽、手機突然活了過來，或是想像中的熟人自動從馬路另一頭出現。當然了，要是那個拿著寫字板的人是一個身材苗條又迷人的金髮妞／金髮帥哥，情況就大不相同，在這種狀況下，我們才不會為了避開眼神接觸而摳掉自己的眼珠，大多數人都會過去排隊。

　　對於一位社會心理學家、一個熟悉人際吸引力種種變化的人，這麼一件事不會引起大驚小怪，這是人盡皆知的事實：長得好看的人在請願書上能獲得的簽名，多過那些看來一臉顧人怨的對照組；分配到美貌義工的慈善事業攤位，會獲得更多的收入。在法庭裡，

吸引力也能發揮作用，跟相貌平庸的被告相比，好看的被告比較不可能被定罪，而且就算最後被定罪了，判的刑期也比較輕。長得好看的人**就是**好人[16]。

　　要是迅速翻過一打大眾心理學雜誌，你很難不從中看到上百個像這樣的斷言：好看的人比較擅長這個跟那個，長相普通的人做得比較差。對啦對啦，可是證據在哪啊？明尼蘇達大學（University of Minnesota）的史奈德（Mark Snyder）進行了一項研究[17]，研究中讓男學生們看一組資料，其中包括一名女學生的詳細資訊（實際上，這位女生是實驗者的同夥），包括這名女學生的偽造照片，研究人員事先安排了迷人及不迷人的兩種版本。接下來，在討論作業要求的遁詞之下，研究人員刻意安排讓受試者跟他們的「同學」（每個案例都是同一個人）對話 10 分鐘，然後觀察受試者與對方的互動方式。他們想知道的是，吸引力對講電話的方式有沒有影響？

　　答案是有。重大發現來也。相較於相信談話對象並不迷人的受試者，相信自己在跟迷人對象談話的受試者，說話方式會比較溫暖、比較正面。此外，當受試者在對話前應要求記錄自己對那名學生的第一印象時，他們的期待顯然會隨著（對方的）迷人程度而有所不同。看到迷人照片的受試者，預期會跟一位外向、冷靜鎮定、幽默又擅長社交的人互動，拿到醜照片的人可就不這麼想[18]。

---

[16] 這樣的觀察或許可以用所謂的光環效應（halo effect）來解釋：一兩個零散的正面特徵（包括身體上的吸引力）會造就出一種總體性的氣圍，包含良善、專業性、誠實或某種可想而知的其他頂級優點。有趣的是，並非所有犯罪事件中，長得好看的被告都比較不會被判有罪，事實上，在某種類型的犯罪中，美貌被告被定罪的可能性其實還比較高。你想得到可能是哪一種犯罪嗎？答案會在本章結尾揭曉。對於光環效應的早期研究，請見 Asch, Solomon E., "Forming Impressions of Personality." *Journal of Abnormal and Social Psychology* 41 (1946): 258–290; and Thorndike, Edward L., "A Constant Error On Psychological Rating." *Journal of Applied Psychology* 4 (1920): 25–29.

[17] Snyder, Mark, Tanke, Elizabeth D. and Berscheid, Ellen, "Social Perception and Interpersonal Behaviour: On the Self-Fulfilling Nature of Social Stereotypes." *Journal of Personality and Social Psychology* 35 (1977): 656–666.

[18] 要是你有疑問，在此告訴你，反過來做也是一樣。紐約大學（New York University）的蘇珊・安德森（Susan Andersen）和康乃爾大學（Cornell University）的珊卓拉・貝姆（Sandra Bem）操控這個角色扮演情境，讓女性充當受試者，虛構出來的同學則是男性。實驗結果完全沒有分別。Andersen, Susan M. and Bem, Sandra L., "Sex Typing and Androgyny In Dyadic Interaction: Individual Differences in Responsiveness to Physical Attractiveness." *Journal of Personality and Social Psychology* 41 (1981): 74–86.

脫衣舞者的腦筋急轉彎

2007 年，在一項有關於鋼管秀舞者、脫衣舞俱樂部跟性費洛蒙的研究裡 [19]，演化心理學家喬佛瑞·米勒（Geoffrey Miller）發現吸引力的另一種預測因子——這次是在成人娛樂業。在幾個月的時間裡，米勒和研究伙伴布蘭特·喬丹（Brent Jordan）找來 5300 位情色表演者（對，這就是正確的數字），然後分成三組：處於排卵期的、處於生理期的和處於兩段期間的人。問題很簡單：在她們五小時的值班時間結束時，這三組人裡哪一組會賺到最多錢？

根據演化心理學的金科玉律，應該是那些處於排卵期的女孩。在有幸一親芳澤的時候，這組人最有可能受孕。而她們也的確賺得比較多。在形式上的確如此，顧客們覺得排卵期的舞者比較有吸引力，於是吐出鈔票來表達欣賞之意。事實上，實驗的結果好得不能再好。平均來說，排卵期表演者賺到 325 美元的小費，生理期表演者賺到 185 元，而介於兩者之間的，則賺了 260 元。

米勒的研究之所以有趣，有好幾個理由，不過最主要的是：大多數時候，我們能以言語形容為什麼覺得某人有吸引力，就好像我們也能以言語形容為何喜歡某種特定形式的音樂。當然，我們可能會歸因於那種音樂的特殊面向，像是節奏或和聲，不過問題仍然存在，為什麼是那種特定節奏？為什麼是那種和聲？

讓我們在某種程度上暫時逆轉米勒的研究，去觀察關於男性吸引力的預測因子。在圖 2.3 中，妳認為哪張臉比較好看？左邊的還是右邊的？

一般來說，大多數女人喜歡右邊的臉——除非她們正處於排

---

[19] Miller, Geoffrey, Tybur, Joshua M. and Jordan, Brent D., "Ovulatory Cycle Effects On Tip Earnings By Lap Dancers: Economic Evidence For Human Estrus?" *Evolution and Human Behavior* 28 (2007): 375–381.

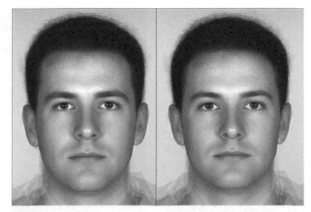

圖 2.3　找出不同之處。[20]

卵期，這時她們會偏愛另一張臉。但是不管排卵與否，她們就是沒辦法指出**為什麼**。另一方面，蘇格蘭聖安德魯大學（St Andrew's University）的大衛‧裴瑞特（David Perrett）就很清楚原因所在[21]：在於神不知鬼不覺的性別增強暗示。裴瑞特的發現對於阿諾‧史瓦辛格和他的同類來說，如同一記足以擊碎下巴的重拳：平均而言，女性其實偏愛男人的臉變得比較像她們自己的模樣。換句話說，就是偏愛**女性化**的男性面孔。在此，右邊臉孔被女性化的程度為30%——這是讓吸引力達到最高的最佳數值。你會注意到，下顎骨變得圓潤、線條平滑，且前額和眼睛的區域也變得柔和。不過在排卵期，這種傾向神祕地逆轉了。事實證明，對排卵期的女性來說，其實**男性化**的臉部特徵更誘人、更強壯、更結實，這些特徵很粗獷地暗示著更強的免疫力——可傳承下去的疾病抵抗力，而具體表現出更多陽剛相貌的臉孔，就有了稍高的重要性（見圖 2.4A）。

[20] Little, Anthony C. and Hancock, Peter J. B., "The Role of Distinctiveness in Judgements of Human Male Attractiveness." *British Journal of Psychology* 93(4) (2002): 451–464.

[21] Penton-Voak, Ian S., Perrett, David I., Castles, Duncan L., Kobayashi, Tessei, Burt, D. Michael, Murray, Lindsey K. and Minamisawa, Reiko, "Menstrual Cycle Alters Face Preference." *Nature* 399 (1999): 741–742.

【圖 2.4A】在排卵期，女性通常偏愛更男性化的臉部特徵，就像布魯斯·威利（左圖）那一種，而沒那麼喜歡女性化的臉部特徵，像李奧納多·迪卡皮歐（右圖）那一類。像英國演員羅勃·派汀森（圖 2.4B）這張臉的加強版吸引力，是在於它同時結合了男性化與女性化特質──注意那細緻的下巴線條、豐滿的嘴唇，還有低而明顯的眉毛。

　　然而從另一方面來說，有一種吸引力的標記幾乎矇騙了所有人，這種標記征服了有意識、無意識運作過程之類的陳腔濫調，而且就像史奈德實驗中的美貌學生一樣，能喚起我們良善的天性。這個標記就是娃娃臉。

你有張最可愛的小娃娃臉

　　1943 年，奧地利動物行為學家康拉德·勞倫茲（Konrad

Lorenz）在他的經典論文〈潛在經驗的先天形式〉（The Innate Forms of Potential Experience）裡，提出了一個激進的概念[22]。他提出：人類有一種內建的偏好，偏愛嬰兒的臉部特徵勝過成人的臉部特徵。他聲稱這種偏好的主要理由，是以照料爲中心。對於新生兒臉孔的先天知覺偏見，增加了人類保護、看顧物種中脆弱成員的誘因。爲了闡明他的論點，勞倫茲製作了一系列的剪影，同時包含人類跟動物嬰兒的臉孔，這兩種臉孔都同樣描繪出一組特殊的臉部特徵子集合──他稱爲 kindchenschema（或稱嬰兒模式 baby schema）：圓潤柔和的形狀，寬廣有弧度的前額，大而圓的眼睛，還有圓鼓鼓的臉

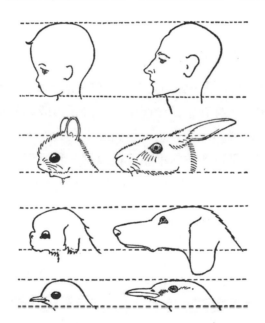

圖 2.5　嬰兒臉部特徵對比成熟臉部特徵的跨物種相似性。[23]

[22] 1943年，奧地利動物行爲學家康拉德_勞倫茲（Konrad Lorenz）在他的經典論文……」Lorenz, Konrad, Die angeborenen Formen möglicher Erfahrung (The Innate Forms of Potential Experience). *Zeitschrift fur Tierpsychologie* 5 (1943): 235 409.

[23] Lorenz, Konrad, "Die angeborenen Formen möglicher Erfahrung (The Innate Forms of Potential Experience)." *Zeitschrift fur Tierpsychologie* 5 (1943): 235–409.

頰（見圖 2.5）。他認為這些特徵本能地引發了吸引力，打開通往同情心的大門。這些是人類撫育行為的關鍵性刺激。

在深入臉部吸引力科學的後續研究裡，又多揭露了幾個這樣的嬰兒模式。像是小小的下巴、短短的小鼻子，還有相對來說「偏低」的眼睛、鼻子跟嘴巴位置，以上所有的特徵都可視為是「可愛」的典型。事實上，因為這類刺激強有力地表現出不成熟的意味，所以這些特徵甚至也能轉移到任意的、無生命的物體上。

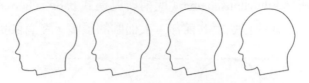

圖 2.6　隨著日益成熟而改變的顱顏側面形狀。[24]

就以圖 2.6 的一連串顱顏側面圖為例來思考：

此處利用了一種在頭顱幾何學上模擬長大成熟效果的數學變形算式，連續地改變頭部的形狀。我們鮮少有人看不出成熟度增加的方向是由左往右進行。然而重點就在這裡，我們不但很容易分辨成熟與幼稚的頭形——我們也很容易分辨成熟及幼稚的**車子**！

圖 2.7　汽車的嬰兒狀顱顏特徵對比成熟顱顏特徵。[25]

[24] Pittenger, John B. and Shaw, Robert E., "Aging Faces As Viscal-Elastic Events: Implications For a Theory of Nonrigid Shape Perceptions." *Journal of Experimental Psychology: Human Perception and Performance* 1(4) (1975): 374 382.

[25] Pittenger, John B., Shaw, Robert E. and Mark, Leonard S., "perceptual Information for the Age Level of Faces as a Higher Order Invariant of Growth." *Journal of Experimental Psychology: Human Perception and Performance* 5(3) (1979): 478 493.

就以圖 2.7 爲例。剛才用來模擬頭顱成熟度的同一種數學方程式，也被應用在福斯金龜車的其中一款上面。

你覺得是哪一個？你認爲哪一輛車代表成長變形階段的「早期」，哪一輛代表「晚期」？哪一輛金龜車比較可愛？

面對責任

2009 年，明斯特大學（University of Munster）神經與行爲生物學研究所（Institute of Neural and Behavioral Biology）的美蘭妮·葛洛克（Melanie Glocker）做了一項實驗以驗證勞倫茲的理論[26]。我們眞的覺得嬰兒模式比較有吸引力嗎？若是如此，這樣的偏好如何反映在腦中？葛洛克運用和克林格巴赫同樣的技術，讓受試者一邊接受功能性磁振造影，一邊看新生兒的照片。只是這次實驗中她又推進了一步，克林格巴赫的研究中總是使用眞正的照片，葛洛克卻用特殊的影像編輯軟體操控這些影像，讓某些照片比其他照片更有「嬰兒臉」（見下圖 2.8）。

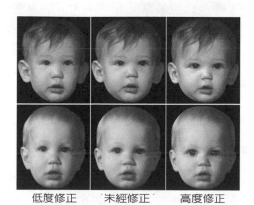

低度修正　　未經修正　　高度修正

圖 2.8　經過修正（低度／高度）與未經修正的嬰兒模式。

[26] Glocker, Melanie L., Langleben, Daniel D., Ruparel, Kosha, Loughead, James W., Valdez, Jeffrey N., Griffin, Mark D., Sachser, Norbert and Gur, Ruben C., "Baby Schema Modulates the Brain Reward System in Nulliparous Women." *Proceedings of the National Academy of Sciences* 106(22) (2009): 9115–9119.

出現的結果就像勞倫茲預測的一樣。分析顯示，嬰兒模式指數越高（也就是說，眼睛比較大比較圓，臉也比較圓），實驗參與者的伏隔核（nucleus accumbens，人類與動物腦中都有的某個部分，負責調節報酬）活動越大。葛洛克發現，不只是嬰兒模式，超級嬰兒模式也有效。

葛洛克深入腦中的大膽嘗試，也有日常生活中的對應版本。假設你在街上看到一個錢包，你會做什麼？向警方舉報？寄回給失主？呃……或是抓著錢包不放？賀福德郡大學（University of Hertfordshire）心理學家李察‧韋斯曼（Richard Wiseman）就向蘇格蘭愛丁堡市的人提出了這個問題[27]。只是其中有個蹊蹺——他是玩真的。韋斯曼在這個蘇格蘭首府的許多街道上留下一堆錢包，每個錢包裡面都包含下列四張照片的其中之一：微笑的快樂全家福、一隻討人喜歡的可愛小狗、一對滿足的老夫婦，或是一個心情愉快的活潑嬰兒。

他好奇的是，哪些錢包最常回到「主人」的懷抱？

他確實得到了答案。每種類型的錢包都有 40 個被丟在路上，滿足老夫婦錢包有 28% 成功找到回家的路、微笑快樂家庭錢包有 48% 回籠；可愛討喜小狗錢包回來 53%、開心活潑嬰兒錢包則達到驚人的尋回比例——88%。

「嬰兒觸發大家心中的溫情。」韋斯曼說。這種對於脆弱嬰兒的撫育本能，發展成未來世代生存的防護措施。

美國的另一個研究則把一張嬰兒臉孔照片貼到飛鏢靶上[28]，藉此來喚起同類的保護心態。受試者拿到 6 支飛鏢，只要有一支飛鏢

[27] Devlin, Hannah, "Want To Keep Your Wallet? Carry a Baby Picture." Times Online (July 11th 2009). http://www.timesonline.co.uk/tol/news/science/article6681923.ece (accessed July 18th, 2009).

[28] King, Laura A., Burton, Chad M., Hicks, Joshua A. and Drigotas, Stephen M., "Ghosts, UFOs, and Magic: Positive Affect and the Experiential System." *Journal of Personality and Social Psychology* 92(5) (2007): 905–919.

射中目標就可以得到 2.5 美元。儘管他們有 6 次「暖身」的機會，可以試射在臉孔形狀的圈圈裡，不過你猜怎麼著？那些受試者瞄準嬰兒臉孔的時候，比先前試射時更射不準。

而且，並不只是跟新生兒有關的研究讓韋斯曼的主張有可信度，跟「娃娃臉」**成人**有關的研究也指出，新生兒的特徵裡含有某種特殊的成分。布蘭戴斯大學（Brandeis University）的席拉·布朗洛（Sheila Brownlow）和萊斯里·齊布洛維茲（Leslie Zebrowitz）針對 150 則電視廣告做了系統分析[29]，探索商品廣告內容如何與代言者做搭配？為了找出答案，他們招募了兩組大學生來幫忙。一組學生只讀廣告的內容腳本，並為每則訊息中反映出的可信度和專業性評分。另一組人則看錄影內容，按照臉部成熟度[30]來為廣告代言人的臉評分，但其中暗藏玄機，關鍵在於這些對臉的評分是在沒有聲音的狀況下提出的，所以造成了兩組人馬所知的資訊之間，有一種「雙重解離」效果。第一組人有訊息，卻看不到臉；第二組人看得到臉，卻不知道其中傳達的訊息。兩者要如何比較？

結果呈現出一個明顯的模式，在說服性的訴求比較不需要仰賴專業性（博學地傳達出客觀有效的事實），而較仰賴可信度（產品使用者真誠的認可）的狀況下，通常會由**娃娃臉**的男女演員擔任廣告主角。然而相對來說，當廣告訴求的味道更偏向「事實」層面時，代言人的臉就會變得更老成。

這種說服力的臉部輪廓並不只出現在廣告界。在政治圈裡，這樣的臉也很有代表性[31]。研究顯示，當選民相信候選人的行動是為了他們的個人利益時，「誠實的」娃娃臉政治家會被認為更具有說服

[29] Brownlow, Sheila and Zebrowitz, Leslie A., "Facial Appearance, Gender, and Credibility In Television Commercials". *Journal of Nonverbal Behaviour* 14 (1990): 51–60.
[30] 這個評分尺度的一端是娃娃臉（與可信度強烈相關，但與專業性關連微弱），另一端則是成熟臉孔（與專業性強烈相關）。
[31] Brownlow, Sheila. "Seeing Is Believing: Facial Appearance, Credibility, and Attitude Change." *Journal of Nonverbal Behavior* 16 (1992): 101–115.

力，超過他們那些「難以測度」的成熟臉同事。然而相對來說，如果被放大檢視的是專業性，那麼看來「精明」又更成熟臉的政治家則會被視為比較有說服力的一方。

　　比較不同政治家的臉孔，看看他們在誠實比賽上的表現如何，其實滿好玩的。回到 2008 年，一個來自肯特大學（University of Kent）的研究團隊[32]找來 100 位社會大眾，請他們按看起來的可信度為一連串面孔評分，分數範圍由 1-5。從資料看來，當時他們吸收了不少我們普遍認為跟誠實有關的特徵：飽滿圓潤的臉孔、柔和平滑的下巴線條、大而圓的眼睛與看起來更柔和的眉毛。這讓你想起什麼沒有？臉上有鬍子被視為極度可疑，不過細緻的鼻子與薄而大的嘴則會得到正面評價。

原始影像　　　　強調可信特徵　　　　強調不可信特徵

圖 2.9A 及 2.9B　布朗與卡梅倫經過數位化修改後的影像

[32] Gill, Charlotte, "Fresh-Faced Cameron Beats Sunken-Eyed Brown On 'Face You Can Trust' Issue." Mail Online (November 17th 2008). http://www.dailymail.co.uk/news/article–1086396/Fresh-faced-Cameron-beats-sunken-eyed-Brownface-trust-issue.html (accessed January 8th, 2009).

　　研究團隊把許多不同政治家的臉孔輸進一個數位式影像強化程式裡，然後檢驗他們（在日常生活中）顯得「正常」時，和他們的可信／不可信化身之間有何不同。這個程式並不是唯一會讓人揚眉一驚的東西。看看圖 2.9A 中卸任的英國首相戈登‧布朗平常的表情特徵，跟他的「可信度上升版」複製人之間有何不同。然後在圖 2.9B 裡，以同樣方式比較新任首相大衛‧卡梅倫（David Cameron）的兩種臉孔。

　　布朗的改造結果比較糟糕，這是因為他的「濃眉、寬鼻，還有嘴巴的大小」；相反地，卡梅倫則有著「健康的氣色，平滑的臉，較寬的嘴和更圓的眼睛形狀」。

　　想利用整容手術讓你顯得更可靠嗎？這只是時間早晚的問題……

　　像這樣的研究只是冰山一角。實際上，研究人員已經發現娃娃臉和成熟臉的人之間的種種不同。或者，更具體地說，是我們跟這些人的互動如何不同。在情感關係中，女性更容易信任娃娃臉的朋友 [33]，勝於看起來更成熟的朋友。在法庭上，娃娃臉被告比較有可能因為行為疏失、非蓄意做出不當行為而被定罪（對於臉孔成熟的人來說，狀況則相反）。在工作場合，娃娃臉的人比臉孔成熟的同事更難得到掌握權力的職位。

　　拿下面出現的四張軍校學生照片為例：

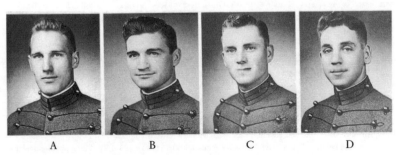

圖 2.10A　出自 The Howitzer, 1950 的肖像照 [34]。

你是否覺得，光憑外表就可以預測他們在所選的職業生涯裡有多成功？你是否認為，你能夠從他們剛進軍隊時的長相，判斷出他們最後的地位？試試看吧。照軍階排列這些臉孔，把你認為會最成功的擺第一個，然後把你覺得最不成功的擺在最後。

你做得怎麼樣？如果你寫下來的是 ACBD，你的選擇跟全部人口中的 80% 相同，是按照娃娃臉程度的相反順序排列照片。臉孔 A 包含了成熟臉孔的典型特徵（較小的眼睛、較低的眉毛、較長的鼻子、看起來「比較嚴峻」又比較多稜角的臉頰，還有比較強硬的下巴）──因此就跟支配地位聯想在一起。另一方面，臉孔 D 包含了娃娃臉的典型特徵（較大的眼睛、較高的眉毛[35]、較短的鼻子、「比較柔和」的臉頰跟較小的下巴）──所以就跟服從連結在一起。

實際上，到頭來這四位軍校生都達到很高的軍階。下面是他們到達生涯巔峰時的相貌，還有他們的身分：

林肯・佛勒（Lincoln Faurer）空軍中將（美國國家安全局局長）。

華萊士・霍爾・納丁（Wallace Hall Nutting）將軍（美國戰備司令部總指揮官）。

約翰・亞當斯・韋克漢 II 世（John Adams Wickham Jr.）將軍（美國陸軍參謀長）。

查爾斯・艾文・蓋布瑞爾（Charles Alvin Gabriel）將軍（美國空軍參謀長）。

圖 2.10B 照片取自美國軍事史學研究院及空軍歷史中心（US Army Military History Institute and the Center for Air Force History）。

[33] 關於娃娃臉性質的好處與壞處，更多內容請見Zebrowitz, Leslie A., *Reading faces: Window to the soul?* Ch. 5, "The Boons and Banes of a Babyface". (Boulder, Colorado: Westview Press, 1997).

[34] Mazur, Allan, Mazur, Julie and Keating, Caroline, "Military Rank Attainment of a Point West Class: Effects of Cadets' Physical Features." *American Journal of Sociology* 90 1 (1984): 125–150. (Cadet photographs from The Howitzer, 1950; later career photographs from the US Army Military History Institute and the Center for Air Force History). Images supplied with permission of Professor Allan Mazur, Syracuse University ©.

[35] 你有沒有納悶過，為什麼女性要把她們的眉毛「畫」到比自然眉毛位置還高？現在你知道了。

危機邊緣的人生

2004 年 3 月，基斯・連恩（Keith Lane）的妻子瑪姬（Maggie）從英格蘭南部海岸的險峻高崖畢奇角（Beachy Head）上跳下，自殺身亡。這對夫婦已經結婚 8 年了。畢奇角是惡名昭彰的自殺地點——光是 2004 年，就有大約 30 宗登記在案的自殺事件。連恩是伊斯特本（Eastbourne）的洗窗工人，在瑪姬尋死的當天稍早，他在工作時接到瑪姬打來的一通電話；他沒發現有任何不尋常的地方，但不久後就接到妻子的死訊。

過了幾天，在起初的震驚沉澱以後，連恩開車出門旅行了一趟。他有一股慾望，想去妻子度過人生最後時刻的地方，他想親眼看看她到底看見了什麼。不過在肝腸寸斷地環顧該地幾秒鐘後，他注意到一名女子：她年紀還輕，大約 20 歲，手上拿著一枝筆和幾張紙，穿著 T 恤，坐在一張長椅上望著大海。

連恩起初沒想太多，她也許是個作家或藝術家。不過接下來他的心思開始飛快運轉，他納悶地想：她到底在寫什麼？她是不是另一個瑪姬？他無法確定，所以決定走過去跟她說話。他一走近她，就發現自己想得沒錯。

瑪姬去世帶給連恩的情緒震盪猶新，畢竟事發也不過幾天而已，即便如此——事實上，事後看來正因如此——他嘗試了書裡寫的每一招，要說服女子放棄念頭，他甚至提到了瑪姬的名字。不過他央求得越厲害，她的決心顯得越堅定。

「我的家人才不鳥我，」她說，「繼續活下去有任何意義嗎？」

最後她受夠了，把寫下的東西塞進長椅的木條間，發足狂奔。連恩追在她身後，而懸崖就在 20 公尺、或不到 15 公尺之外。

「我學生時代打橄欖球的訓練全都回來了，」他回憶道，「這時我撲向她的腿，只能祈禱好運。」

訓練感回來得正及時，連恩成功地抓住對方寶貴的性命。

說得委婉一點，若說那名女子很感激，那也未免把「感激」的意義延伸得太過火了。比較接近事實的說法是，她非常火大。就連幾天後連恩到醫院去探望她，她還讓他吃了閉門羹。不過，最後她回心轉意地感謝他了。

他於是有了個主意，如果他能夠救回一條企圖自殺的性命，那為什麼不救其他人呢？何不專門為此在畢奇角設一個守望站？所以他就這麼做了。

2009 年 11 月，大約瑪姬自殺後 5 年半，我在伊斯特本和連恩談了話。那時對他來說，危機邊緣的人生已經是過去式了，畢奇角守望站（多達 6 名成員，救下了 29 人）也已經解散。守望站跟官方的衝突逐漸為他們帶來不良影響，他們所受的指控亦然[36]。

我問他：「當你看到某人企圖自殺的時候，你會做什麼？你會跟他們說什麼？」

他的答覆很耐人尋味。

連恩回答，說服成功的最佳指標，就是眼神接觸。

他告訴我：「當我看著他們，他們也看著我的時候，我就知道我拉住他們了。」

這不是眾所皆知的事

對曾經嘗試把車開進繁忙十字路口的人來說，連恩的說法並不太令人意外。每個人都知道，訣竅在於跟來車駕駛四目相接，一旦建立了眼神接觸，你得到禮讓的機會就呈指數增加。卻也正因為如此，在陽光普照的天氣下比雨天更難匯入車流；儘管理性顯示，駕

---

[36] 據說海岸巡邏隊（Coastguard）跟畢奇角教牧服務團隊（Beachy Head Chaplaincy Team）都曾指控連恩沒有受過適當的救生訓練，因此很諷刺地讓他和他企圖拯救的人面臨更大的危險。連恩的反應很實際。「分秒必爭，」他說，「要是你在做的是救人性命的事，你通常沒時間打電話求援。你必須行動。」

駛人在陽光普照時心情比較好，但 10 次有 9 次的機率，他們會戴著太陽眼鏡。同樣地，一個人在白天的運氣會比在夜裡好。再換個方式來說，你有多少次意外擋住另一名駕駛的路，而得花超長的時間來迴避眼神接觸？你瞭了吧？眼神接觸就像可愛的外表，是說服人類的關鍵性刺激[37]。

英國影星米高・肯恩（Michael Caine）在職業生涯早期，就直覺地掌握到眼睛的說服力量。為了提升他在好萊塢的形象，肯恩投入殘酷的戰鬥，開始訓練自己不眨眼，以把自己的特寫鏡頭張力強化到最高點（特寫時，他在銀幕上的眼睛可能可以穿越好幾呎遠），並降低導演把鏡頭移走的可能性。肯恩的推論是，觀眾喜歡被關注。而藉由積極努力把觀眾鎖定在他的注視下，他能夠強化他真的覺得他們很吸引人的幻覺；當然，也相對強化了反向的幻覺——讓他們發現他有多迷人。

研究證明肯恩的心機有效。就拿日常的簡單說服為例：想像一下，我在你面前提出一個你不同意的論證，我先對你說了一遍贊成與反對的理由，再試圖把你拉到我這邊，我要如何增加最終贏得你支持的機會？前面已經闡述過，其中一種辦法是增加你我之間的眼神接觸量。有研究顯示，兩個人在對話時彼此注視的時間並不對等，平均來說，傾聽者在 75% 的時間裡直視說話者，相較之下，說話者對傾聽者的眼神接觸只有 40%。但是如果後面這個數字提升到大約 50%（再多就會開始讓對方不舒服了），一股篤定的權威感就會開始滲透進來。

像這樣的統計數字通常對許多人來說都是很意外的[38]，雖然大

---

[37] 這對同理移情作用來說也是必要的成分——建立與他人的融洽關係。我們可以在軍隊環境中看到這種狀況的範例，比方說，在駐伊拉克的維和部隊中，戴著太陽眼鏡的成員跟保持眼神可見的成員相比，前者回報的動亂事件發生率較高，遭遇的人員傷亡也較多。

[38] 對於眼神接觸的動力學詳細討論，請見Michael Argyle. *The Psychology of Interpersonal Behaviour*, 4th edn (Harmondsworth: Penguin, 1983); and Albert Mehrabian. *Silent messages: Implicit communication of emotions and attitudes* (Belmont, CA: Wadsworth, 1971).

多數人要是發現自己在這類情境中成了聽眾，肯定很「瞭」這一點。這樣少量增加的眼神接觸，真的會產生差別嗎？答案幾乎總是肯定的。已有研究顯示，眼神接觸可以解釋一場特定對話中多達 55% 的訊息傳遞，其他訊息中有 38% 屬於「非口語聽覺訊息」（也就是語調），而「正式」的口語內容只占 7%。精神病態者（我們隨後會遇到這些無庸置疑的說服大王）之所以有這等名聲，眼神接觸還只是其中一個理由；平均來說，精神病態者眨眼的次數只比其他人少一點點──這是一種生理學上的異例，通常讓他們有一種令人不安、催眠似的氣質。

英國作家柴斯特頓（G. K. Chesterton）說過，「有一條路從眼睛通往心靈，這條路是不會經過理智的。」

眼中有數

新生兒和精神病態者有許多共同點，去問任何父母都知道，新生兒缺乏同理心，有一種膚淺的魅力，對於自身行為的結果沒有一丁點感覺，而且完全自私自利。不過他們也跟那些超冷酷、超圓滑的對照組分享了一些別的特色──用眼睛迷惑他人的能力。曾經對上嬰兒的眼睛，然後嘗試瞪到他們別過臉的人都很了解後面這項觀察結果。除非你是尤里・蓋勒（Uri Geller）之類的超能力大師，不然還是算了吧。

不過嬰兒不只是隨機地鎖定你的眼睛。一些研究顯示，這樣的知覺傾向實際上是天生內建的──同時內建於他們和我們體內。2007 年，一個來自日內瓦大學（University of Geneva）的團隊[39]藉著在電腦上進行的反應時間作業，比較成人和嬰兒照片造成的「注意力擷取」（attentional capture）程度差異。結果顯示，在嬰兒臉孔

---

[39] Brosch, Tobias, Sander, David and Scherer, Klaus R., "That Baby Caught My Eye Attention Capture By Infant Faces." *Emotion* 7(3) (2007): 685–689.

出現時反應時間比較慢——這表示他們讓人「分心」的性質比較強。

　　反過來說，倫敦大學（University of London）心理學家泰瑞莎・法倫尼（Teresa Farroni）[40] 在 5 天到 2 歲大的嬰兒面前，出示了成對的臉孔照片，其中一張照片裡的眼睛朝向前方，另一張的眼睛卻瞥向他處。她發現的事情很值得注意：嬰兒們花更長的時間看著可以造成眼神接觸的照片，而非那些無法直接對望的照片。另一個後續研究也顯示，4 個月大嬰兒面對直視他們的臉孔時，腦中的電流活動增強了。看來我們從沒真正長大到超越這種偏見。在藝廊裡進行的研究也顯示，每當我們看著人物肖像的時候，注意力主要都導向眼部區域。但是為什麼呢？我們從中得到什麼？為什麼是眼睛，而不是嘴巴或者鼻子之類的？

　　這個問題的其中一個答案跟生存有關——眼睛本身並沒有什麼特別吸引人的地方，比較有關係的是眼神指向何處。在我們的演化史過程中，凝視的眼神突然轉到某個特定位置可能是潛在威脅來源的有力暗示，而對於這種暗示的感受性，在避險時會帶來相當大的好處。

　　為了證明這一點，北達科塔州立大學（North Dakota State University）的克里斯・佛利森（Chris Friesen）和英屬哥倫比亞大學（University of British Columbia）的亞倫・金史東（Alan Kingstone）設計了一項實驗[41]，精準捕捉這種注意力暗示的力量。在第一階段，電腦螢幕中央出現了一個雙眼既缺乏特徵也欠神采的簡圖式臉孔，維持約半秒鐘；在第二階段，眼睛的瞳孔變得具體化，對準下列三種不同方向的其中一個：直視前方、朝左，或朝右（見圖 2.11）；最後到了第三階段，一個字母（F 或者 T）出現

[40] Farroni, Teresa, Csibra, Gergely, Simion, Francesca and Johnson, Mark H., "Eye Contact Detection In Humans From Birth." *Proceedings of the National Academy of Sciences of the United States of America* 99 (2002): 9602–9605.

[41] Friesen, Chris K. and Kingstone, Alan, "The Eyes Have It! Reflexive Orienting Is Triggered By Nonpredictive Gaze." *Psychonomic Bulletin and Review* 5(3) (1998): 490–495.

圖 2.11　盯著不同方向看的簡圖式臉孔，類似佛利森跟金史東所使用的圖片。

在螢幕左手或右手邊（換句話說，跟眼睛望著同一方向或者不同方向）。佛利森和金史東想知道的是，這些朝向不同方向的視線區會對注意力產生什麼影響——特別在面對環境中的資訊時，我們的處理方式會受到什麼影響？眼睛凝視的方向會加快個體指定目標位置的速度嗎？或相反地沒什麼效果？

答案簡單到不能再簡單：工作表現會加速。研究結果顯示，在字母跟圖示一致的狀況下（字母出現在圖中眼睛望著的**同**一方向時），受試個體指出目標字位置（左或右）的速度，比起不一致時（字母出現在目光的**另**一方向）更快。誠如此論文的作者群所指出的——這正是眼中「有數」。

就看你了，寶貝 [42]

佛利森和金史東提出的暗示範式，確實對眼睛的天生知覺偏見提供了看來可信的解釋。不過，我們有從中得知什麼未知事物嗎[43]？回溯 60 年代，當時的社會心理學家史丹利・米爾格蘭（Stanley Milgram）[44] 找來一群人聚集在某處街角，「往上看，」他這樣吩咐他們。然後發生什麼事？街上的其他人也都跟著往上看[45]。但這還不是

---

[42] 譯注：這是《北非諜影》裡的台詞，男主角Rick要送女主角Ilsa上飛機時說的話。本來是敬酒時說的，這裡只能按照字面的look at來翻譯。

[43] 想知道對臉部辨識知覺背後的過程更詳細的討論，請見Fox, Elaine M. and Zougkou, Konstantina, "Individual Differences in the Processing of Facial Expressions." In Andrew Calder, Gillian Rhodes, James V. Haxby and Mark H. Johnson (Eds.), *The Handbook Of Face Perception* (Oxford: Oxford University Press, 2010).

全部，暗示假說是否已經完整說明關於眼睛的一切仍有待商榷。比方說，就想想看自閉症患者身上深奧難解的注意力缺失問題吧。

自閉症嬰兒證明了專注於臉孔視線區域的規則也有例外，他們反而注意嘴巴附近的區域。隨著年齡增長，自閉症患者在認知與情緒的雙重意義上都缺乏看出其他人「怎麼想的」的能力——這種缺失被稱為缺乏「心智理論」（Theory of Mind）。而大多數兒童在 4 歲左右就有心智理論的雛形[46]，如同現在被視為經典實驗的**莎莉安妮作業**的評估結果（見下頁圖 2.12）

在 4 歲之前，小孩子對於這個問題總是會給出**錯誤**的答案：往箱子裡找。因為他們正好知道彈珠的新位置，但他們想像不到其他人可能不知道。不過，從大約 4 歲以後，自覺意識在神經層次運作得隆隆作響，並把我們的心智跟其他人的心智區分開來，正確的答案終於逐漸開始出現了。

也就是說，只有自閉症例外。從臨床角度看，這點很耐人尋味。在美國心理學會（American Psychological Association）印行的 DSM IV（《精神疾病診斷與統計手冊第四版》*Diagnostic and Statistical Manual of Mental Disorders*）中，泛自閉症障礙（autistic spectrum）[47] 是唯一一類特別以「缺乏心智理論」為特徵的疾病；此外，也只有這類疾病的主要診斷特徵是「無法進行眼神交流」。有沒有可能是因為我們對眼睛的先天知覺偏見（這同時也助長了我們察覺威脅的自然傾向），預告了我們「解讀」他人、推論他人心理狀態

---

[44] Milgram, Stanley, Bickman, Leonard and Berkowitz, Lawrence, "Note On The Drawing Power Of Crowds Of Different Size." *Journal of Personality and Social Psychology* 13 (1969): 79–82.

[45] 米爾格蘭也發現，順從的程度隨著群體的大小而有變化。如果只有1個人瞪著天空看，效法此人行為的路人比例固定在40%；如果有3個人在看天空，比例就會升到60%；換成10個人，比例為75%；而有15個人帶頭，比例就變成80%。

[46] Wimmer, Heinz and Perner, Josef, "Beliefs About Beliefs: Representation and Constraining Function of Wrong Beliefs In Young Children's Understanding of Deception." *Cognition* 13 (1983): 103–128.

[47] 心智理論缺陷也被認為跟精神分裂症與精神病態有關，也跟厭食症和憂鬱症有關，不過不到泛自閉症障礙那樣的程度。同樣地，眼神接觸的異常也會出現在其他遺常現象中（例如社交焦慮症跟憂鬱症），不過再強調一次，特色並不像自閉症中那樣明顯。

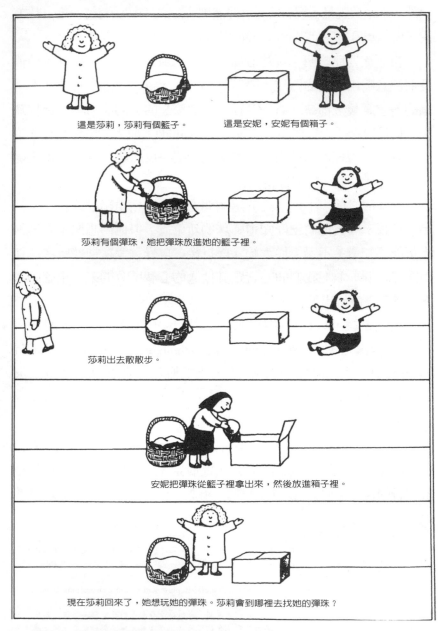

這是莎莉，莎莉有個籃子。　　這是安妮，安妮有個箱子。

莎莉有個彈珠，她把彈珠放進她的籃子裡。

莎莉出去散散步。

安妮把彈珠從籃子裡拿出來，然後放進箱子裡。

現在莎莉回來了，她想玩她的彈珠。莎莉會到哪裡去找她的彈珠？

圖 2.12　莎莉安妮作業。

的能力？

　　暫且先想想看，沒有辦法跟人眼神交會可能會造成什麼樣的潛在長期後果。如果我們沒有能力追蹤另一個人的凝視目光、甚至收集不到最基本的資訊（他們可能在看什麼），那我們怎麼可能理解，他們實際上可能有跟我們不同的觀點？而且，要是我們無法想像這些最基本的自主性層次變化，我們又怎麼能指望測度出他人的主觀感覺，像是他們的希望與恐懼、意圖與動機？

傳達影響力的眼睛

　　對於我們為何會被眼睛所吸引，最常被提出的兩種解釋就是注意力暗示和傳達心理狀態，而且兩者間有不少重疊的領域。然而這兩者是不是就涵蓋了全部的領域，還有待商榷。舉例來說，為什麼進行眼神交流就能讓說服更有效？還有，為什麼我們的雙眼會如此迴異於動物王國中的其他眼睛（至少在外表上），在一片白色汪洋中有著孤立的小小虹膜？

　　我相信這些問題的答案根植於我們剛進入世界時的徹底依賴狀態。我們知道，新生兒對於眼睛有一種天生的知覺偏好。不過這樣的偏好，是否可能比表面上看起來更複雜一點？有沒有可能這不是為了眼睛本身，而是為了其他，嗯，可能更基本一點的東西？像是為了明、暗之間的知覺對比，是否就是這種對比造就出來的特徵？有沒有可能，我們現有的其實根本不是一個單一的過程，而是一種分成兩層的影響模型——知覺上的對比吸引住新生兒的注意，而新生兒像老虎鉗般牢牢地以魅力「鎖定」這個對象？

　　先拿第二點（魅力因子）來說，我們不必捨近求遠，看看新生兒自己就行了。新生兒不只是眼睛跟臉比起來，大得不成比例（臉跟眼睛不同，在出生以後還會繼續長大），瞳孔跟鞏膜（就是眼球的白色外層表面，見圖 2.13）相較之下，也同樣不成比例。

圖 2.13　超級刺激模式下的嬰兒臉孔。請注意過大的眼睛和巨無霸尺寸的虹膜跟瞳孔。

　　下面這個觀察，反映出未成熟視網膜捕捉光線時較無效率，不過也有研究顯示，擴大的瞳孔還有一種完全不同的功能：打造出吸引力的連結。

　　「人體構造的哪個部位在激動狀態下會脹大到正常大小的兩倍？」有位教授這樣詢問她班上那些醫學院預科一年級的學生。

　　接下來是一陣不自在的沉默。

　　「說嘛，」她敦促道，「你們一定有些想法。大膽猜一下。」

　　還是沉默。最後，唯一的男性代表舉起他的手。教授卻只是揮手叫那學生放下。「算了吧，」她說，「是瞳孔啦！」

　　這是一則在醫界間流傳不止的趣聞，而且，或許不太令人驚訝的是，在女性成員之中特別有名。不過我心裡偷偷懷疑，要是這位教授拿這個問題去問 16 世紀的義大利婦女，她可能會得到超乎預期的答案。在當時，義大利女性習慣在自己眼睛裡滴上幾滴顛茄染劑（顛茄抽取液），以放大她們的瞳孔，讓自己在潛在追求者面前顯

得更有吸引力。她們確實知道自己在做什麼；不過我懷疑她們是否知道這是怎麼運作的。

　　當我們面前出現相同臉孔的兩張照片，一張瞳孔擴大了，另一張則沒有，然後要我們評估哪一張比較有吸引力時，大多數人會選擇瞳孔放大的那一張臉（見圖 2.14）。不過若要我們為自己的選擇提出具體的理由，我們似乎說不出個所以然。就直覺來說，我們會覺得其中一張臉比另一張「更好」；也許是更有吸引力，或者更友善。不過講到這件事的時候——嗯，這就隨人臆測了。

圖 2.14　哪一張臉比較有吸引力？

　　如果一定要做選擇，你會覺得這兩張臉的哪一張比較有吸引力？大多數人「認為」是右邊那張臉。不過在被逼問的時候，大家都完全不知道該怎麼解釋原因。現在看看那雙眼睛吧。

　　事實上，我們會覺得瞳孔擴大的臉比沒擴大的臉更有吸引力，理由在於**互惠性**。我們的瞳孔在激動時會擴大，這時我們碰上的刺激要不是很「悅目」，就是會讓我們希望多知道一點。在像這樣的場合裡，我們會盡可能拚命讓更多的刺激「進來」。不過，不只這樣的瞳孔反應是自動發生的（在我們意識控制的範圍之外），我們對其他人身上的這種反應，也是全自動地接收。所以，每當我們看到一張

照片上的臉孔有著放大的瞳孔，我們就會無意識地推斷對方覺得我們很迷人，這時候互惠定律就介入了。我們會反過來發現自己更受到他們的吸引。

　　順便一提，這點也解釋了我們為何覺得燭光晚餐之約比麥當勞晚餐更浪漫。（不管怎麼說，這的確是理由之一啦。）在光線微弱的狀況下，我們的瞳孔會放大，以便補償我們周遭環境降低的明亮度，讓周圍更多的微光能進入我們的視網膜裡。所以（要是你覺得納悶的話）為什麼在許多速食店裡，亮得幾乎得要戴上太陽眼鏡才能坐下來吃東西，現在你懂了吧。這是因為重點在「**速**」上面。別那樣依依不捨地看著薯條！

在黑白之間

　　新生兒的眼睛看起來就像是特別打造來解除他人心防的。眼睛與臉的不相稱比例和引起潛在同理移情作用的水汪汪潟湖，作用都如同注意力吸鐵──把我們吸引到他們閃閃發光、純潔無瑕的眼底深處。不過這個等式的另一邊又是如何？是否天生有一種對於對比的偏好，讓他們不但能迎向我們凝視的目光，還能夠不費吹灰之力地鎖定？在此，證據同樣令人信服。已經有研究顯示[48]，當新生兒看到兩個並排的形狀──圖中一個是卵形圖案裡的黑圈圈（眼睛的象徵），另一個則是方形圖案裡的黑圈圈──從偏好方面來說，兩者之間可供選擇的差異很小，然而當這兩個圖樣分別放在一個單獨的卵形圖案或方形圖案旁邊時（也就是說，裡面沒有那個黑圈圈了），浮現的就會是不同的畫面了。嬰兒對前一組那種更「搶眼」的刺激，有強烈的偏好（見下圖 2.15）。

---

[48] 更多關於視覺對比跟眼睛色彩的內容，請見Sinha, Pawan, "Here's Looking At You Kid." *Perception* 29 (2000): 1005–1008; Ricciardelli, Paola, Baylis, Gordon and Driver, Jon, "The Positive and Negative of Human Expertise in Gaze Perception." *Cognition* 77 (2000): B1–B14; and Kobayashi, Hiromi and Kohshima, Shiro, "Unique Morphology of the Human Eye." *Nature* 387 (1997): 767–768.

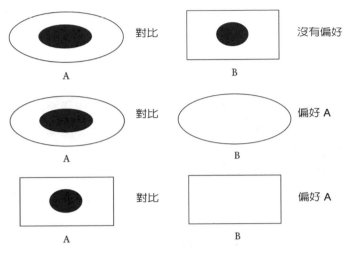

圖 2.15　嬰兒對形狀和對比組合的偏好程度。

　　這樣的發現似乎暗示，眼睛本身沒有什麼特別抓住新生兒注意力的地方，而是這種刺激的「新鮮感」——這種刺激出現時固有的知覺對比——讓這種刺激顯著到不尋常的地步。更重要的是，這種對比越大，越容易描繪出傾向性。

　　「我們有種不尋常的能力，」美國動物行為學家 R 戴爾·葛斯里（R. D. Guthrie）說[49]，「能確定一個人凝視的確切位置，就算他是在房間的另一端也一樣——光靠一個圓形圖樣（虹膜）在一個球體（眼珠）上的對稱排列位置，就能下判斷。白色鞏膜暴露的部分，對於那種能力也有相當大的幫助。（鞏膜）讓眼睛能夠傳達出相當精確的訊息。」繞了一圈，這讓我們又回到簡圖式的臉孔和目光凝視和對視覺暗示的注意力所帶來的適應性效益。

　　所以，瞬間說服術的天分是否能解釋新生兒對眼睛有著無法自拔的愛好，就像他們的哭聲和可愛得要命的模樣？我們在新生兒身

[49] Guthrie, R. D., "Evolution of Human Threat Display Organs." In Theodosius Dobzhansky, Max K. Hecht and William C. Steere (Eds.), *Evolutionary Biology* 4 257–302 (New York, NY: Appleton-Century Crofts, 1970).

上，是否找到了最純粹的說服力？（就是這種把訴求傳達出去的最原始能力：「我好脆弱，我好無助，而你呢──對，**就是你！**──你應該要做點什麼吧？」）

從我們在這一章看過的證據來看，論證肯定可以這樣進行：新生兒行為的背景配樂和劇本都經過巧妙的安排，在物競天擇的指引下，一心只有一個簡單的目標──立即誘發扶養與保護。對於動物式說服的關鍵性刺激來說，單純性與同理心極為必要；這種元素也會出現在嬰兒身上。新生兒的哭聲，再加上他們的長相，構成了一個保證 100% 有用的原始說服原型。另外，也要注意知覺不協調如何在此軋一腳：在外表方面，是寬而過大的眼睛；在哭聲方面，是那些突如其來、戲劇性又預料不到的音調轉移。

我們雖然在出生的那一刻處於最脆弱的狀態，然而出於演化上的精密設計，我們當下也處於說服力的高峰。

我們在本章開頭見過的那名倫敦南區的街頭搶匪戴若，肯定不會反對這一點，因為要不是跟世界上最強說服家之一對過招，現在他熟悉的地方絕對不是販賣強調公平交易的摩卡星冰樂的咖啡吧台，而是以吃牢飯代替喝咖啡的監獄鐵窗放飯餐檯。

摘要

這一章我們藉著觀察嬰兒不尋常的說服力，繼續探索影響力的生物學基礎。新生嬰兒來到這個世界時，只有兩個簡單的目標──維持安全和營養，而且他們有極其強大的動機要達成兩者。然而新生兒上路時沒啥裝備，他們沒有進行細膩溝通所需的神經系統科技，在面對眼前的挑戰時，看來驚人地缺乏準備。少了語言，他們怎麼會有存活下來的希望呢？

就像動物的例子一樣，答案在於關鍵性刺激：難以抵抗的哭聲、製造眼神接觸的基本傾向，以及輕易就能表現出來的可愛性

質，全都匯聚成一種影響力上的精神雷射光，瞄準了我們腦部的獎賞系統。史上沒有一個社交閒聊專家能拚得過嬰兒。我們的說服力，從來就沒有比我們剛出娘胎那天還強過。

　　下一章，我們會稍微改變路線。我們一方面固守「即時而敏銳的影響力」這個主題，另一方面也把注意力轉移到另一種關鍵性刺激上。這種刺激不但衝擊到古老的皮質下獎賞系統，也衝擊到認知歷程：也就是我們大腦評估世界的方式。

　　如同先前所看到的，在說服力方面，動物跟嬰兒有兩項勝過其他人的顯著優勢：第一，他們不能思考；第二，他們不會講話。不過，認知跟語言有自己專屬的影響力高速公路，而且它們就跟之前的其他方法一樣迅速。

　　我們即將看到，我們可以學會被說服。

問題：如果你長得好看，哪種罪名在你身上更有可能成立？

答案：牽涉到詐欺和偽造的犯罪。這正是因為光環效應：好看的外表是詐欺犯最有力的其中一項武器。

第三章

心靈獵車手

1

　　一名男士一手拿著釣竿，一手提著手提箱，出發去釣魚。就在登機的時候，空服員攔住了他。空服員問道：您的釣竿有多長呢？男士回答 5 呎。空服員說：先生，很抱歉，超過 4 呎長的物品不能帶上飛機，您可以把釣竿折起來嗎？男士拒絕。空服員說：那麼恐怕您得把釣竿留下來了。男士非常生氣，他想，釣魚之旅要是沒了釣竿還有啥用？不過，正當他打算認命取消旅行的時候，他想到了一個主意。幾分鐘後，他跟釣竿都順利地上了飛機。他是怎麼解決這個問題的？

捕人的漁夫

　　在充滿街頭智慧、精神病態的騙子身上，精彩的表現並不只是靠著自信、魅力與外貌（雖說具備前述特質也不算吃虧啦）。你不信？那麼來見見基斯・巴瑞特（Keith Barrett）吧。

　　巴瑞特在大半的 80 年代和 90 年代早期是個詐騙慣犯，也的確厲害得要死。他是「大型騙局」的大師，這種細膩複雜的臥底騙局通常（雖然不是全部）局限於公司部門，會牽涉到大筆金錢。然後有一天，他的氣數盡了。夜路走多了，總會碰到鬼，一場價值好幾百萬甚至更多的複雜都會騙局，讓他強迫休假了幾年。5 年後出獄時，他正跟一位獄中的心理學家談戀愛，看待世界的觀點也已經有所不同。嗯，他發現上帝的存在了。

　　從他還是學生的時候起，巴瑞特就一直很擅長讓人為他做事。他自視為一個科學家，人類的心靈則是他的實驗室，而大多數心理學教科書中包含的準則，他都靠著自己的力量，從第一條原則起一一推導出來。

　　你可以說：他是說服界的神童。

---

[1] 譯注：章名 Mind-Theft-Auto 應該是諧仿一個名為 Grand Theft Auto「俠盜獵車手」的電玩遊戲，主角是職業罪犯，必須完成一些包括殺人、搶劫在內的犯罪任務。

　　所以在他加入地方教會 6 個月以後，捐獻數字毫無意外的爆增到史無前例的水準，欣喜若狂（可能還有幾分困惑）的年輕牧師認真地考慮遷到新會所。多虧了巴瑞特，保險箱裡有搬家的充裕基金。當牧師輕聲呢喃時，與其說是巴瑞特找到上帝，反而更像是上帝找來了巴瑞特。

　　對巴瑞特來說，事實有幾分不同，這可不是教會要建立一個新的開始、只是適時出現了一扇新的機會之窗，是一組用來嘗試舊有實驗的全新設備。

　　「說服在過去是一種癮，現在也是，」他說，「我得了不騙人就會死的病。我就靠讓別人做出其他狀況下不會做的事，來得到快感。而且，為了達成目的必須克服的抗拒越大、我的快感越強。每個人都會讓狂熱傳教士吃閉門羹，對吧？所以我暗自想著：我很擅長做那門行當、我是那一行的佼佼者，我有天分。這說不定是老天爺賞飯吃？只是以前我都用這種天賦來達成自己的目的。所以為什麼不偶爾做一點好事呢？」

　　他露出微笑。

　　「無論如何，我是這樣告訴那位牧師。那浮誇的呆子只要有機會在會眾面前提升形象，什麼都願意照單全收！」

　　巴瑞特的技巧不只不合正統、還徹底的違法。他揚棄了往日服裝講究的華麗風格（絲質領帶、Gucci 名鞋、Armani 襯衫、要價 2,000 美金的訂製西裝），開始穿得很樸素；他穿著牛仔褲、運動鞋跟運動衫：低調休閒風的典型。像這種返樸歸真的服裝改變（他俏皮地承認，這是刻意違背自己天生的男性服裝直覺），強調出對於細節的異常關注，還有這位頂尖說服大師如肉食性動物般冰冷敏銳的頭腦。

　　我曾與另一名職業騙徒維克‧史隆（Vic Sloan）談過，他對於服裝的合適與否會同時考量到顏色與風格，還有粉紅上班日襯衫的

隱藏說服效果：

「大腦對於粉紅色反應很好，」他解釋，「這是科學事實。粉紅色是一種讓人鎮靜的顏色，會製造出一種別無分號的腦波型態。這是來自演化的結果。古人會在日出日落時看到天空中的粉紅色──因為當時的這種環境光線和 24 小時的循環節奏，使得粉紅色跟睡眠與放鬆連結在一起。所以如果你想要穩定情勢，周遭有粉紅色是很好的。」

事實顯示，史隆對此的見解可能正中紅心。根據幾份科學研究的紀錄，有一種特別的粉紅色──貝克米勒粉紅（Baker-Miller Pink），常見的稱呼是「醉漢拘留所」粉紅──能成功地讓狂暴的犯人心情平復下來。根據報告，不管是在平民還是軍事拘留中心，拘留者在漆上這種顏色的房間中都降低了焦慮程度，心臟收縮壓與舒張壓也下降了 [2]。愛荷華大學也進行了一個實驗：客隊的更衣室被塗上了貝克米勒粉紅，好讓他們的選手變得沒那麼好勝，在這個實驗之後，西部運動聯盟（Western Athletic Conference）適時通過了一條法規，明白禁止在更衣室的內部設計中再採用任何類似的偷吃步。這條官方命令再清楚不過了，其中寫道，將來地主隊跟客隊兩方的更衣室愛漆啥見鬼的顏色都行，只要兩邊顏色一樣就好。

不過我扯遠了。巴瑞特整頓過衣櫥以後，打扮得宜地開始工

---

[2] 根據美國生物社會學研究院（American Institute for Biosocial research）的亞歷山大・紹斯（Alexander Schauss）的說法，暗棕色或中性的灰色地板是最好的，而最理想的明亮程度是大約一百瓦左右──「能放出一種較溫和的低度照明，而且這種光線的演色性（color-rendering，譯注：指在某種光源照射下，物體色彩忠實呈現的程度），在紅橘色範圍內達到失真的巔峰」。至於這種效果底下的科學機制為何，目前還在推測中──正在進行的研究焦點，在於血清素和正腎上腺素這類神經傳導質、或者在下視丘（腦中監督情緒控制的部分）作用的荷爾蒙之中的新陳代謝變化。粉紅色似乎正是自然界的百憂解。Schauss, Alexander G., "The Physiological Effect of Colour On The Suppression of Human Aggression: Research on Baker-Miller Pink." *International Journal of Biosocial Research* 7(2) (1985): 55–64. 關於貝克米勒粉紅的效應，更多資料請見 James E. Gilliam. "The Effects of Baker-Miller Pink on Physiological and Cognitive Behaviours of Emotionally Disturbed and Regular Education Students" *Behavioural Disorders*, 17, (1991): 47–55; and Pamela J. Profusek and David W. Rainey, "Effects of Baker-Miller Pink and Red on State Anxiety, Grip Strength and Motor-Precision." *Perceptual and Motor Skills*, 65, (1987): 941–942.

作；他要施展一種技巧，他形容這是運用社會影響力中的「3A」：注意力（attention）、處理手法（approach），和親和性（affiliation）。根據巴瑞特的說法，這種混調的雞尾酒組合會把許多心理學效應送進腦袋的血流中，讓接收者面對說服時完全失去抵抗力。這種順從效果等同於羅眠樂（rohypnol）[3]，而且得來全不費功夫。

巴瑞特有系統地瞄準目標：一組事先挑選出來的富裕社區。他會在某一段時間裡（比如6個星期中）偷偷撬開居民的車子，把側燈打開，然後施展出「好鄰居」的把戲，去敲門通知那些人注意他們的「疏忽」。等他在對話中發掘種種需要的訊息後（巴瑞特就像他眾多的同類一樣，能夠賣刮鬍泡沫膏給塔利班神學士），巴瑞特會設法解釋他為什麼只是「剛好經過」，然後可能就請對方捐點小錢。他10次有9次會得到贊助，但這番要求的時機是經過準確拿捏的，是在巴瑞特要**離開**時才會（態度淡然地）提出。這時候要更注意細節。

巴瑞特解釋道：「如果他們必須把你叫回去，那麼他們得要非常積極、要求你刻意停下來；他們渾然不知，比起站在那裡被動等待他們捐獻的你，他們這樣做表示許下了更大的承諾。」

一陣子之後，居民們會接著看到為教會募款的廣告，這是巴瑞特事先說服牧師在地方報紙上刊登的。接下來，心理學定律就會接手後續流程。先前捐過一筆錢的事情，會引出地方居民對於教會的一種象徵性承諾。然後（真見鬼了）其中某些人就會去教堂看看。容我提醒你，不是所有人都會去，不過有些人會。如果先前大家只是看到廣告而沒有捐獻，就不會有那麼多人去了。

如同他們說的，事情就是這樣，很簡單，就像從嬰兒手上搶走糖果一樣。教會擠滿了人，巴瑞特則賺到他那份錢。

好吧，好心的上帝確實是以神秘的方式行事。而且讓我告訴你，這些方式沒有比巴瑞特更神秘的了。

---

[3] 譯注：俗稱的迷姦藥丸。

正確的線條

　　巴瑞特是一個邪惡而深不可測的天才。他是精神病態者、是演化造就出的雙面間諜和獵殺的心靈駭客，一生志業在於攔截並解碼自由意志的精神 DNA。他腦袋裡的燈泡開關，跟其他人腦中的配線不一樣，而且他的神經系統處於難以預測的晴時多雲偶陣雨狀態。然而巴瑞特也開創了不同的局面，他既是個無情冷酷的騙子，也是這一行裡頂尖的說服專家。通常對精神病態專業騙子有效的方法，對我們其他人來說也有效。

　　我研究社會影響力的原則至今已超過 15 年。在這段時間裡，我碰到過好幾種分類系統，像是心理學界的弦論（string theory），號稱已經能把說服的科學轉化成某種可以任意塗在 T 恤上的東西。我承認其中一些說法優於其他，不過你知道嗎？巴瑞特的「3A」（注意力、處理手法和親和性）確實在最好的說法之列，也為我自己的影響力模型（我們稍後就會碰上）提供了經驗背景。

　　巴瑞特說：「你知道報上看到的那些名人漫畫速寫吧？靠著最少的細節，你幾乎可以憑空認出誰是誰。只要在正確的地方畫下幾筆

關鍵的線條（可得畫在正確的位置）然後就會發現『嘿嘿，我懂了！』。說服也是一樣，你只需要知道腦部的施壓點在哪裡、人的精神盲點又在何處。」

　　巴瑞特這套針對漫畫的言論當然是對的，看看圖 3.1 的例子。

　　我們都知道這是誰，對吧？再看看這寥寥幾點構成要素傳達出多少訊息、又如何把一個人的整體相貌壓縮到幾筆有技巧的不規則線條中。正如巴瑞特所

圖 3.1　精簡的藝術：鋼筆簡單幾筆，就勝過千言萬語。

說，重點不在於你能放進多少細節，而在於**你是怎麼放的**。

關於施壓點，他也說對了。接下來，我們將會看到一兩個例子，同時將會破解巴瑞特那種模糊的街頭心理學的秘密，並利用他的 3A 做為嚮導，從騙子的角度來看要如何讓大腦俯首稱臣。

注意力

任何時刻都有好幾千個外在環境的刺激蜂擁進入我們的大腦，然而我們只會察覺、注意其中一些。舉例來說，想想你正在做的事：讀這本書。當你的眼睛在文本上移動時，你注意到字句和印著字句的紙，但在我提起以前，你可能不會注意到這本書在你手上的感覺。沒注意的理由很簡單，大腦有個部門替資訊排列優先順序，只有當下對我們所做的事情有明顯重要性的資訊，才能被放行讓我們知道，其他的就進了碎紙機。

有好幾種辦法可以駭進大腦的情報局並操縱接收進來的訊息，這是自古皆知的事實。舉例來說，在催眠狀態中，催眠師就像調整神經心理學上的碟型天線一樣，轉動意識上的種種旋鈕，這種能力對於導入恍惚狀態來說是不可或缺的。魔術也一樣，岔開注意力的作法很常見。

不過認知上的擾亂，也是說服的一部分。就像在魔術表演中一樣，重點在於誤導，只不過是語言上而非肢體上的。熟練的說服家就像大師級的魔術師，不但擅於控制我們「往哪兒看」，更重要的是會控制我們「往哪裡想」。事實上，有時魔術與說服術之間的界線（還記得第一章裡的道爾提醫生和那隻蜥蜴嗎？）實在太難劃分了。

傻瓜與金錢

三個室友走進一家電器行，想替客廳添購一台便宜的二手電視機。他們看中一台喜歡的型號，問店主多少錢。店主告知 25 英鎊，

他們決定平均分攤，每個人交 10 英鎊，然後店主走進放收銀機的店鋪後方，去拿要找的零錢。

不過正在找錢的時候，他想到一個主意：我要是告訴他們我搞錯了，那台電視是 27 鎊，我就可以賺到多一點利潤，沒有人想得出比我更聰明的作法了。所以店主就這麼做：他把 3 張 10 英鎊鈔票放進收銀機裡，拿出 5 張 1 鎊鈔票，其中 2 張放進自己口袋，然後告訴這三個人說他搞錯了，電視的價錢是 27 鎊，而不是先前說的 25 鎊，說著便遞給他們一人一張一鎊鈔票。

三名室友離開店鋪時仍相當滿意，畢竟到頭來電視還是很便宜，而店主也很高興從他們手上多騙到兩英鎊。每個人都是贏家。

不過等一下，這裡確實有問題吧？我們再走一遍全部的流程。

三個室友交給店主 30 鎊，店主把兩英鎊收進自己口袋，然後還給他們一人一鎊，再算一次，這表示每位室友爲這台電視花了多少錢？沒錯，9 英鎊。

$3 \times £9 = £27 + £2 = £29$

突然間，我們就搞丟了一英鎊。

這個問題既惡名昭彰得棘手，又有種邪惡的單純。許多人（對，包括我在內）都被這個狡猾的心理算數打敗了。但是爲什麼呢？爲什麼有這麼多人弄錯最簡單的事情？這個問題的答案，客氣點的說法是很有「提神醒腦」的警惕作用：我們經常卡在這種問題上，是因爲我們具有一種等著被騙的「心理準備」──一種著實令人印象深刻的被騙天分。

事情的運作方式如下：在演化史歷程中，我們的大腦透過重複吸收數以百萬的細微資訊碎片，學會了運用「實用經驗法則」（rules of thumb）抄捷徑，而非從頭開始解決每一個問題。在此創造個新說法：大腦可說已經「見識過一切」了。我們會做各種關於世界的推論來形成某些預期。把拉普拉斯（Pierre-Simon Laplace）的名言倒

過來說，大腦就是把計算轉換成常識[4]。而在這種預期的基礎下，我們很難招架心靈的詭計。

作家馮內果說過：「人生過得太快，你幾乎來不及思索。」

物競天擇理論也同意這個看法。

一英鎊失蹤案的功效該歸功於巴瑞特口中的注意力「病毒」，我們的大腦在哄騙之下，看了不該看的地方，然後砰！就像催眠一樣，那不可置信之事就在我們眼前發生了。同樣的例子更是不勝枚舉。就拿柴契爾夫人在圖 3.2 裡的兩張照片為例。好，我知道這兩張照片是上下顛倒的，不過除此之外，你認為哪一張照片比較像本人？左邊的還是右邊的？

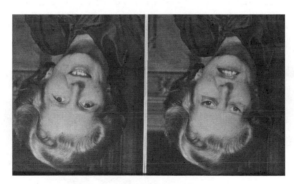

圖 3.2　柴契爾錯覺圖[5]

再想想下面這個問題：在 1 到 100 之間，有多少個 9？

上啊，把那些數字挑出來──9，19，29……

最後，讀一讀下面這段話。用正常的速度讀一遍，並在讀的時候，數數看字母 F 出現的次數。記得，只讀一遍。

---

[4] 譯注：拉普拉斯有句名言：「機率論到頭來不過就是把常識化約成計算。」

[5] 圖片 3.2 取自 Thompson, Peter, "Margaret Thatcher: A New Illusion." *Perception* 9(4) (1980): 483–484. Figure reproduced with permission from Pion Limited, London ©.

FINAL FOLIOS SEEM TO RESULT FROM YEARS OF DUTIFUL STUDY OF TEXTS ALONG WITH YEARS OF SCIENTIFIC EXPERIENCE

（最後幾頁看似出自多年來對文本的盡責研究，再加上多年來的科學經驗）

好，你數到幾次？5次？6次？7次？

實際上，正確答案是8次。

如果你數錯了，不必擔心，你在人多勢眾的這一邊，一大堆人都是這樣。就算你再看一遍，還是很可能答錯。事實上，大多數人至少數了3次才數對。

9的問題也一樣。你算到幾個？10個？11個？如果我告訴你正確答案是20個，你可能不會相信我。那麼再算一次，有沒有數到90、91、92、93……？

同樣詭異的是所謂的「柴契爾錯覺」。要是你還沒動手的話，現在試試看把鐵娘子的照片倒轉過來……

至於本章開頭提到的那位釣客呢？呃，來點畢達哥拉斯定理，什麼問題都能解決。這就叫做跳「進」框架內思考：

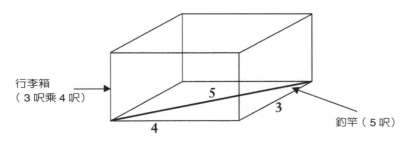

圖3.3　3：4：5的三角形。

意料之中的困惑

這些認知上的香蕉皮和大腦老是踩上去滑一跤的不幸傾向，跟心理學上所稱的「心向」（mental set）有關。在日常語言中，心向一詞可以粗略地翻譯成「心境」，並且指涉到我們進行日常事務時常常不自覺進入的「自動駕駛」狀態。

In trems of the way in wchih we process lagnguage, for istnance, scuh a state of atuo-piolt reveas the paomnnehal pweor of the hmuan mnid. Aoccdring to rschearch at Cmabridge Uinertisy, it deosn＇t mttaer in waht order the ltteers in a wrod are, the olny iprmoatnt tihny is that the frist and lsat ltteer be in the rghit pclae. The rset can be a taotl mses and you can sitll raed it wouthit porbelm.

（舉例來說，就我們處理言語的方式而言，這樣的自動駕駛態狀顯示出人類心智驚人的力量。根據橋劍大學所做的研究，一個彙詞裡的字母順序並不重要，唯一重要的是第一個與最後一個字母放在對的位置，其他部分即使完全亂成一團，你還是能毫無問題地懂讀那句話。）

Tihs is bcesuae the human mind deos not raed ervey lteter by istlef, but the wrod as a wlohe. Tihs is epsceially the csae wiht retlviaely cmomon, so-claled‘fuctnion’words lkie‘of’- wchih maens that one is lses lkiley, in scuh exmalpes, to process the idnvidaiul cmpnonoets. Amzanig, huh?

（這是因為人類的心智不會逐個字母判讀，而是讀整個字。尤其是那些比較普通的所謂「功能」字，像是「的」（of）更是如此；這表示在這樣的例子裡，一個人比較不可能處理這些個別組成要素。聽來起很驚人吧？）

心向也解釋了為什麼像巴瑞特這種精神上的竊賊，常常可以說

服素昧平生之人，讓對方為一些不夠充分的理由而做出令人愕然的事情。哈佛大學心理學教授艾倫・蘭格（Ellen Langer）所做的實驗為此提供了經典證明[6]，她以圖書館的一台影印機旁做為實驗地點，因為她知道，所有人都討厭插隊跟影印（要是人類學家不久後宣布，除了亂倫與謀殺以外，插隊跟影印是另外兩種普世禁忌，我完全不會覺得意外），她發明了兩種不同類型的藉口，特別設計來讓某位共謀者能插隊到影印隊伍的前方。第一個藉口是，這個人急如星火，且要印的只有一張紙（標準但有效的屁話）。第二種藉口則是：拜託，讓我先用影印機，因為我得用影印機。

　　讓人難以置信的是，結果證明後面這種鬼扯淡就跟第一種藉口一樣有效！這決定性的證據顯示：在某些狀況下，人腦對理由的處理方式，完全就跟處理「的」這類攻能字一樣。在許多情況下，只要有理由，我們就不會再深入探究這些理由的組成性質，只要表面看來有理就夠了。一言以蔽之，這些理由是日常生活語法中不可侵犯的一部分。（你看到錯字了嗎？往回數 4 行吧。）

新娘與噪音

　　我們三不五時會受心向這類注意力病毒影響，不光是在等著用影印機的時候。如同稍早看到的 F 跟 9 的例子，大腦會在某個生活場景中變得妄自尊大——搶在我們反應之前自行做出決定！

　　吉姆和艾莉・李奇（Jim and Ellie Ritchie）透過慘痛的經驗發現了心向的意義。在蘇格蘭一家時髦的旅館裡，他們的婚宴進行到一半時，伴郎突然發現禮物不在當初放置的地方。分別問過服務人員以後，接待櫃臺的一個女孩終於釐清了狀況。大約一小時前，有幾個男人開著一輛卡車到現場，那些人穿著制服，亮出一紙文件說，

[6] Langer, Ellen J., Blank, Arthur and Chanowitz, Benzion, "The Mindlessness of Ostensibly Thoughtful Action: The Role of 'Placebic' Information in Interpersonal Interaction." *Journal of Personality and Social Psychology* 36 (1978): 635–642.

別擔心，一切都安排好了。接著他們就把裝滿禮物的卡車開走了。

　　伴郎問道：「安排？妳說的安排是怎麼回事？」櫃臺小姐開始慌了，她說：「就是那些禮物啊，他們會把禮物全部送到家。」伴郎問：「送到誰家？」「啊，我不知道，」接待小姐說：「我想……也許……」她哭了出來，「新郎家？」眞他媽的糟，伴郎心想，這對快樂新婚夫婦可是住在 700 哩之外啊。

　　稍後一切總算水落石出，原來是因爲櫃臺小姐沒有檢查身份證件。就在那些騙子大搖大擺走進來的同時，她正忙著跟 308 號房的客人通話，處理客房服務方面的問題，所以她只是揮揮手就讓那些騙子走了。此外她也提出，她爲什麼應該懷疑這些人呢？他們舉止得宜，不但看起來**像**他們所扮演的角色，而且根本就**是**那樣的人，怎麼會錯呢？

　　這對吉姆跟艾莉來說誠屬不幸，不，那些人是騙子，308 號房的客人也不是眞的，房間確實是由一位史密斯先生訂下，不過你猜對了，在他抱怨旅館服務生時，房間還是空的，史密斯還沒出現。實際上，他根本一直都沒有現身。

　　這種聲東擊西的犯罪手法可是一般騙子的謀生之道，你甚至不必一臉好人樣。當我告訴巴瑞特這件事時，他笑了。他猜測，這些人應該是搜尋地方上的報紙，密切注意像吉姆跟艾莉夫婦那樣的婚禮，然後就放手去搏一搏，一切非關個人恩怨，完全是在商言商。只要演得看起來滿像回事，加上點信心，再靠著大腦直接跳到結論的可靠能力，一切全都在「不需」踏實苦幹的一個工作天裡完成。

　　（想知道櫃臺小姐一時的不留神，如何讓我們直接跳到結論？想看實例嗎？去做做看本章結尾的測驗吧。）

　　不過三思之後，我們或許不該對那位櫃臺小姐太嚴苛，畢竟又不是她帶著禮物跑掉，如果要指責的話，眞正的搶案策動者其實是那個騙徒史密斯——308 號房的神秘客。史密斯的作用是吸引

注意力：就像一個專注力磁鐵，利用具體的問題使櫃臺小姐分心，讓她把所有能運用的心理資源轉移到不存在的問題上。舉個類似的例子，一名假冒的維修人員可能會亮一下假的識別證，隨即展開對話（如果同時進行更好），他也許會說你的髮型很好看，或是停在門前的車子很酷。但你接下來就會發現，你負債了，銀行信用卡部門的人打電話來找你。話語（特別是甜言蜜語）就是絕佳的認知迴路阻斷器。

命運之輪

分心對於決策能力所產生的影響，證明我們必須在壓力下保持警覺，要檢查維修人員的識別證，核對關於他的詳細資料。認知資源就像其他資源一樣，是有限的。這顯然牽涉到我們分配資源的方式。當你在報上讀到或在電視上聽說這些人的事蹟時，你是否納悶過，為什麼許多世界上最厲害的騙子，也常常是世界上最有魅力的人？這是有道理的：享受甜言蜜語得來不易，腦部要維持這種狀態得付出很高的代價，而且不同於相反的作法──「查核事實」，這樣做構成更大的認知負荷（cognitive load）[7]，這也就表示，以我們有限的認知基金而言，當我們舔食著這些恭維時，我們也把有利資產給吃掉了。所以，能夠投資在批判思考上的「資金」就更少了。

「認知負荷」原則：在任一時間內，大腦必須執行的任務越多，可用資源就越吃緊。這可用一項簡單的注意力練習來說明，首先用一張白紙把下面兩個圖形蓋住，然後露出左邊的圖，找出圖裡的粗體「X」；再露出右邊的圖，重複同樣的動作。

你覺得在找粗體 X 的時候，是第一種還是第二種陳列方式比較容易？我猜是第一種。理由呢？在第二種方式裡，大腦注意力資源

---

[7] 關於認知負荷與視覺搜尋研究，詳盡又易懂的說明請見Treisman, Anne M., "Features and Objects: The Fourteenth Bartlett Memorial Lecture." *Quarterly Journal of Experimental Psychology* 40A (1988): 201–237.

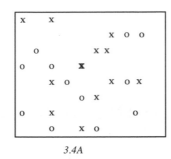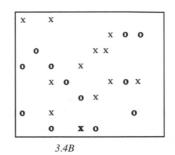

圖 3.4A 與 3.4B　以 X 標示定點。

的要求是第一種的**兩倍**；第一張圖裡，大腦只要分辨粗細對比，但在第二張圖中，除了要分辨粗細，還要分辨形狀。

　　然而認知負荷也可以為我們所用。說來諷刺（因為這可是騙子最愛的騙術），讓大腦處於有點壓力的狀態──增加大腦必須完成的工作量──在你想扭轉局勢時，可能滿有用的：可以藉此看出某人是不是在撒謊。你仔細想想就會發現這其實很合理，你提供越多要仔細考慮的事情，對方腦中能幫忙掩蓋事實的資源就越少。事實上，在警方訊問跟軍隊調查裡，這是標準作法：像是彼此交換「全都知情」的眼神、縮短身體的距離、強硬的處理態度、讓被捕者的位置搆不著像開關和門把等「控制裝置」、以出現「新資訊」為藉口把審問官叫出房間、把「控訴用證據」（有時只是白紙）正面朝下擺在桌上、什麼都寫了就只有嫌犯姓名不清不楚的卷宗，這一切如果適時引進，全都會成為「牽制性」說服的有力導管。

　　在此只是讓你了解一下。下次小心。

處理手法

老派經驗主義者常告訴我們，世界上沒有兩個人是一模一樣的。他們說得沒錯，個體之間的確有知覺上的高低階差異。然而另一方面，要是說到對世界的整體看法，我們之間的共同點遠比想像的要多。

舉例來說，想像某人拿出樂透彩票，上面有數字 1、2、3、4、5、6，以下兩種情景中的哪一種，會讓你覺得更有趣？

如果中獎號碼順序是 4、14、22、33、40、45 ？

或者是 7、8、9、10、11 跟 12 ？

幾乎每個人都會說後者比較有趣（除非那些沒中獎的彩票是他的）。不過這是為什麼呢？其實兩組號碼中獎的機率都是一樣的。

再舉另外一個例子，想像是你買了彩票，中獎號碼是 672，你在什麼情況下會覺得比較忿忿不平？是拿到 671 號彩票，還是 389 號彩票？

這兩個例子揭露了大腦某個相當有趣的面向。大腦是懶惰的慣性生物，與其從頭開始用當季、新鮮的材料來做判斷，大腦寧可採用現成的諸多選擇──塞得滿滿的猜測、假設，以及事先分裝好、冷凍乾燥過的推論。

這樣的訊息一旦被對手掌握可就危險了；在體育界，解讀你的對手、弄清楚他們的行為模式、知道他們可能會如何應付某一場比賽，是每個參賽者的目標。

在說服方面也完全一樣。

天花亂墜的故事

想像你在為一家行銷公司工作[8]，並且正在整理一系列的市場調查問卷，完成這些問卷的是隨機取樣的美國成年男性，其中一名

自稱身高超過 6 呎 5 吋（約 196 公分）的受試者，在回答受雇狀況的問題時不怎麼精確。你不清楚他到底勾選的是選項上的「銀行經理」、還是下一項「籃球選手」。現在要你替他決定，你會猜他是做哪一行的？

如果你選擇「籃球選手」——恭喜！你跟劍橋大學 78% 的大一學生選了一樣的答案。可惜的是，你跟他們一樣選錯了。

讓我先問你一件事：在美國的一般大眾之中，你認為哪種人會比較多——職籃選手還是銀行經理？我想你會同意，答案是銀行經理。讓我們分別為兩種職業推估一個數目吧，假設有 300 名職籃選手和 15,000 個銀行經理。

好，在這 300 個職籃選手中，你覺得會有幾個身高超過 6 呎 5 吋？60%？70%？就算是 70% 好了，這表示根據我的計算，全美有 210 名職籃選手超過 6 呎 5 吋。

再來看看銀行經理。在這 15,000 名經理中，你覺得有多少人高過 6 呎 5 吋？在這個狀況下，我們最好估計得保守一點，就說 2% 好了。

然而就算只有 2% 的銀行經理超過 6 呎 5 吋，總數仍然有 300 人，這表示超過 6 呎 5 吋的銀行經理比籃球選手多出 90 個。

喔，天哪。

剛剛發生在籃球選手和銀行經理身上的事情，引進了巴瑞特的第二個關鍵影響力成分——處理手法。在巴瑞特的系統裡，處理手法指的是我們對這個世界的態度和信念，或者講得更具體些，是指**這些態度與信念如何影響我們做決定**。我們進行這類練習時表現會那麼差的原由相當單純，一切都跟大腦處理外界資訊、把文書作業歸檔的方式有關。

---

[8] Beyth-Marom Ruth and Dekel, Shlomith, *An Elementary Approach to Thinking under Uncertainty* (Hillsdale, NJ: Erlbaum, 1985).

在上述範例中，大腦必須解決一個謎團，這時就要動用大腦的偵探技巧。「罪證」是超過 6 呎 5 吋的身高，「嫌犯」則有兩個──銀行經理和籃球選手。根據這個初步資訊，大腦在自己的資料庫裡做了一回初步測試──「長官，只是例行公事」──在這麼做的時候，某件頗有意思的事情便從螢幕上冒出來，籃球選手有一些犯下這種罪行的「前科」，但相較之下，銀行經理沒有這項紀錄。所以，面對像這樣的「證據」，大腦會怎麼做？唔，就像許多身經百戰的偵探，大腦會把籃球選手拉進來盤問，並且決定不費事去打擾銀行經理。

把大腦類比為法庭資料庫（Forensic database）並不是一種常在心理學教科書上看到的說法，也許別的地方會有更好的理由能解釋這一點。但就目前的目的來說，這個比擬很恰當，因為我們的大腦就像這樣的系統，會根據意識到的機率和已知相關因素，把進入的資訊歸檔。大腦致力於快速的推論，或像做這行的人所說的，大腦運用了**思考策略**（heuristics）。

舉例來說，在身高的範疇裡，6 呎 5 吋或更高的身高，是籃球選手的「已知同夥」，於是這兩者搭檔的可能性高於「6 呎 5 吋」與銀行經理的搭配。以更正統的認知心理學語言來說，我們在過往經驗的基礎上，形成了一個關於籃球選手和銀行經理的基模（schema）或聯想網絡（associative network），也就是對於「他們是何許人」的一種整體概念，而那些基模得到某些醒目的形容詞語認可，像是「高的」或是「穿襯衫打領帶的」。一旦這樣的範例輸入系統，在檔案中「符合描述」的那些人，就會被標示為得更仔細檢視的人。然而如同我們先前看到的，這有時反而讓真正的罪犯逃過法網。

魔術方塊

思考策略在日常生活中是不可或缺的[9]。我們在第一章裡看到

的動物固定行為模式（某種關鍵性刺激出現所觸發的自動行為，短促而劇烈爆發），對應到大腦皮質層就是思考策略。這些思考策略提供了一條穿越意識的地下交流道，讓大腦即使遇到意識的尖峰時刻，仍能在匆忙中順暢穿過整個城鎮。不過這些交流道是有危險性的，像巴瑞特這樣的騙子就對這些路徑瞭若指掌。這些路很快、也很暗，上面還覆蓋著心理上的透明薄冰。自然如同先前所見的，意外是家常便飯。

巴瑞特說：「大腦就像個蛇梯棋盤（snakes and ladders board）[10]，你可以繞遠路踩過每個數字，也可以登上第 9 格的梯子直達99。」

而他常常都能登上梯子。

從演化的觀點來看，我們沒辦法避開這招。除了倫敦希斯羅機場的某些新型自助登機機器外，人腦可能是所能見識到最複雜的機器。然而我們還是天生注定容易受騙。奇怪的是，如果把一切都考慮進去，會發現這種瘋狂之中卻又自有條理。不管我們的大腦有多優秀，我們都沒辦法複查自己想到的每件事到底有多確實，畢竟人生實在太短暫。此外，就像醫生診斷疾病（或像偵探破案）一樣，我們必須仰賴資訊超豐富的關鍵性刺激所引發的「屢試不爽」的症狀表現，來引導我們的行為。這可不像銀鷗身上的紅點或路易斯安納州鐘蛙的哐哐叫聲，而比較像是習得聯想（learned associations）累積起來的深刻智慧。而且有時候，我們會因為大腦有抄捷徑的不幸傾向而得到錯誤的答案。

---

9 關於認知捷徑，更進一步的資訊請見 Kahneman, Daniel and Tversky, Amos, "On the Psychology of Prediction." *Psychological Review* 80 (1973): 237–251.

10 譯注：蛇梯棋上有1到100的格子，還有一些跨越不同格子的「蛇」和「梯子」；玩家的目標是從第1格走到第100格，按照擲骰子點數前進；但是如果走到「蛇」頭所在的格子，就會從蛇頭滑到蛇尾（相當於後退）；走到「梯子」尾則可以跳到梯子頭（相當於前進），有時在梯子和蛇身上也有分格，按照擲骰子所得數字而進退。

對葡萄酒的期待

先前那個銀行經理跟籃球選手的情況，在心理學裡被稱為**代表性思考策略**（representativeness heuristic）：這是一種實用經驗法則，大腦藉此考量現有的資料與某假設是否相符，然後推論這個假設成立的可能性。相信我，這種策略不只是在我們填表格時出現。

加州理工學院的希珥克・普拉斯曼（Hilke Plassman）和同僚[11]為了一項預期心理對味覺影響的研究，偷偷調換了一種次級紅酒的價格標籤。他們告訴一組自願受試者，這瓶酒值 10 美元，而另一組則被告知一瓶 90 美元。這種價格上的差別會讓紅酒品嘗起來的口感不一樣嗎？

相信你會賭有差別。

得知這瓶酒值 90 美元的受試者給這瓶酒的好評遠遠超過認為這瓶酒只值 10 美元的人。

這還不是全部。隨後在功能性磁振造影下，普拉斯曼發現這種簡單的心理詐術其實還反映在生理上 —— 在腦袋深處的神經活動上。不只是「較廉價」的紅酒嘗起來比較劣，「比較貴」的紅酒嘗起來也……嗯，比較貴 —— 後者激發了內側前額葉皮質（medial orbitofrontal cortex）的反應，這是腦中對愉悅經驗有反應的部位。

同樣的結果也在專家身上驗證[12]。法國一般酒類實驗室（General Oenology Laboratory）的認知心理學家佛萊德希・布霍歐（Frederic Brochet）把一瓶中級的波爾多酒，裝在兩個不同的瓶子裡端上桌，一個瓶子是極品葡萄酒瓶，另一個則是最低檔的日常餐酒瓶。

瓶身對於品酒專家精純的味覺會有影響嗎？或者這些精通酒道

---

[11] 實驗詳見Plassman, Hilke, O'Doherty, John P., Shiv, Baba and Rangel, Antonio, "Marketing Actions Can Modulate Neural Representations of Experienced Pleasantness." *Proceedings of the National Academy of Sciences of the United States of America*, 105 (3), (2008): 1050–1054.

[12] 參見Brochet, Frederic. "Chemical Object Representation In The Field of Consciousness." *Working Paper* (2001): General Oenology Laboratory, France.

的人可以察覺蹊蹺？

他們沒這等運氣。

就像在普拉斯曼的研究裡呈現的，雖然他們喝的確實是同一款酒，這些專家對於不同瓶裝的酒，也有不同的評價。極品瓶裝酒被形容為「令人愉悅，有木質香氣，風味多變，平衡而圓醇」，日常餐酒瓶的評價就沒這麼有益身心了──「貧弱，風味不足，不夠醇厚，平淡無味而有缺陷」。

普林斯頓大學的約翰・達力（John Darley）與保羅・葛羅斯（Paul Gross）則把這個實驗再推進一步[13]，在一個關於社會階級的研究中證明了這種效應。他們請實驗參與者評估一個小女孩解答一連串數學問題的表現。參與者被分成兩組；一組人得知的是這孩子來自低社經地位（socio-economic status，簡稱 SES）的背景，另一組人則得知相反的訊息：她出自高社經地位的環境。

你覺得哪一組人會認為這孩子比較聰明？答對了──那些得知小女孩來自高社經地位的人。更有甚者，這個簡單的偏差信念影響範圍還不只是在數學方面──甚至足以解釋對小女孩整體智能程度的判斷。那些認為小女孩屬於低社經地位的人，把她的表現評估得低於同齡的平均值，然而以為她屬於高社經地位的人，就認為她的表現高於平均值。不論是紅酒、人或任何事物的社經地位都構成處理手法上的一種關鍵性刺激，同時，讓我們染上有色眼光的程度比自我認知到的還多[14]。

心頭有事

當然，預期心理並不只會影響人對於行為表現的看法，還可以

---

[13] Darley, John M. and Gross, Paul H., "A Hypothesis-Confirming Bias In Labeling Effects." *Journal of Personality and Social Psychology* 44 (1983): 20–33.

[14] 在本章末的附錄裡，你可以自己測驗看看，拿這些簡短的特徵速寫和後面的印象形成作業給你朋友做。你會很驚訝地發現，某些看似單純的事物（像是你住什麼樣的房子）會對其他人傳達了哪些關於你的訊息！

影響行為表現本身。就以學術表現來說吧，如果在進行美國研究生入學資格考（GRE 測驗）前就告訴黑人受試者，這些測驗能夠指出一個人的智商水準，那麼他們的應考表現就會明顯變差。這類的發現，反映出眾所周知的「刻板印象威脅」——對其所屬**族群**的劣等看法，會顯著地影響到**獨立個體**的能力——相對來說，「刻板印象提升」描述的就是反面的現象：族群內的優越感實際強化了表現。

哈佛的施華維博士（Margaret Shih）在一項研究中實際證明了這一點[15]。在一個針對亞裔女性所做的研究中，施博士發現，如果事先讓那些女性自視為「女人」，她們在數學測驗上就會表現得比男性差——因此也就落實了常見的「男性腦／女性腦」刻板印象。然而相較之下，如果她們自視為「亞洲人」，她們其實會表現得比男性好——在刻板印象中，亞裔人士的數學能力通常被認為高於其他族裔。亞利桑納大學的傑夫・史東（Jeff Stone）教授[16]在運動方面也有相同的發現。當高爾夫球被當成運動能力的測驗時，黑人高爾夫球選手會表現得比較好，不過當它被描述成認知策略的展現時，這種趨勢就神秘地逆轉了：白人會做得比黑人好。種族，就像社經地位一樣，是處理手法上的另一種關鍵性刺激。

與代表性的概念相關的，是可用性的概念。假如代表性指的是我們的大腦對於各種變數（如職業與身高、社經地位與學術能力）之間的關係，做出**機率上**的推論，那麼可用性所描述的就是一種比較「暫時性」的推論：我們常會把某事件發生的「頻繁程度」與想起同類事例的「容易程度」混為一談。

為了闡明這一點，請想想以下這些「愉悅」的聲明[17]：

[15] Shih, Margaret, Pittinsky, Todd L., and Ambady, Nalini, "Stereotype Susceptibility: Identity Salience and Shifts In Quantitative Performance." *Psychological Science* 10 (1999): 80–83.

[16] Stone, Jeff, Lynch, Christian I., Sjomeling, Mike and Darley, John M., "Stereotype Threat Effects on Black and White Athletic Performance." *Journal of Personality and Social Psychology* 77(6) (1999): 1213–1227.

[17] 這些例子取自 Slovic, Paul, Fischhoff, Baruch and Lichtenstein, Sarah, "Cognitive Processes and Societal Risk Taking." In John S. Carroll and John W. Payne (Eds.), *Cognition and Social Behavior* (Hillsdale, NJ: Erlbaum, 1976).

死於槍枝的人多過死於氣喘的人。

死於癌症的人多過死於中風的人。

死於意外的人多過死於肺氣腫的人。

死於謀殺的人多過死於洪水的人。

　　上述的推論你同意幾項？也許你全都同意？如果是這樣，你站對邊啦，大多數人都這麼想。不過，你其實是來迎接驚喜的，上述所有評估都是錯的，有些還錯得離譜。現在自問這個問題：剛才描述的各種致死原因中，你最常聽到哪個？哪些死因在你記憶中最「隨手可得」？

　　沒有具體的例子，很難傳達可用性思考策略的力量[18]。所以現在就來看個例子吧。下面是一張名單，仔細讀一遍，一讀完就用一張紙把名單蓋上：

伊麗莎白・泰勒（Elizabeth Taylor）

馬克・雷德克里夫（Mark Radcliffe）

蜜雪兒・歐巴馬（Michelle Obama）

希拉蕊・柯林頓（Hilary Clinton）

安德魯・馬爾（Andrew Marr）

瑞蒙・卡佛（Raymond Carver）

阿嘉莎・克莉絲蒂（Agatha Christie）

史都華・羅斯（Stuart Rose）

安潔莉娜・裘莉（Angelina Jolie）

瑪丹娜（Madonna）

諾曼・福斯特（Norman Foster）

艾美・懷絲（Amy Winehouse）

伊安・波特（Ian Poulter）

瑪格麗特・柴契爾（Margaret Thatcher）

雪洛・科爾（Cheryl Cole）

克里斯・馬丁（Chris Martin）

歐普拉・溫芙瑞（Oprah Winfrey）

安東尼・艾登（Anthony Eden）

史帝夫・賈伯斯（Steve Jobs）

保羅・賽門（Paul Simon）

羅伯・佛洛斯特（Robert Frost）

凱特・摩斯（Kate Moss）

羅恩・威廉斯（Rowan Williams）

布蘭妮（Britney Spears）

詹姆斯・耐斯比特（James Nesbitt）

芭芭拉・史翠珊（Barbara Streisand）

達米恩・赫斯特（Damien Hirst）

布魯斯・查特文（Bruce Chatwin）

茹比・瓦克斯（Ruby Wax）

南丁格爾（Florence Nightingale）

雷諾夫・費恩斯（Ranulph Fiennes）

戴安娜王妃（Princess Diana）

---

[18] 關於思考策略的易懂說明，請見Charles G Lord, *Social Psychology*, 49. 99, Ch. 2 (Fort Worth, TX: Harcourt Brace, 1997).

好。現在你已經讀過這些名字，試著盡可能回憶他們的名字，越多越好。然後猜猜看名單上的名字是男人多還是女人多。

等到你猜完後，才可以往下看……

你猜完了嗎？太棒了，結論是？女多於男？很好，大部分人會這麼說。不過現在再看名單一眼，數數那些名字。很妙吧？性別比例是一樣的，名單上的男性剛好就跟女性一樣多。你還有注意到什麼嗎？那些女性都比較有名？

在此還有另一個例子，給你 60 秒，盡可能多想幾個符合這個形式的單字：□□□□□ n □。等你做完以後，再重複一次這個測驗，不過這次要找出有這種形式的字：□□□□ ing。

很有可能你在第二輪測驗時想到的字比第一輪多，對吧？不過實際上，你原本不該如此。再仔細看一次，你會注意到第一個範例其實跟第二個相同，只是字母「i」跟「g」被遮掉了。這表示任何符合第二個範例的字，一定自動符合第一個範例。沒錯，意思是符合第一個模式的字其實更普遍。

但是，符合第二個模式的字比較容易想到。

易與之輩

我們內建的傾向——直接跳到結論，完全以直覺回應我們可能稱為「概念式」關鍵性刺激的事物（例如包含高度代表性及可用性的組合概念）——讓鯊魚般的社會影響力很容易就找到掠奪目標；而且，當然啦，正如巴瑞特有幾分冷血地挑明，對我們來說也是如此，如果你知道梯子在哪裡，又能操縱骰子，遊戲（對這些人來說，這就是一場遊戲）很快就會結束了。

就拿夏菲克・罕（Shaffiq Khan）為例，他就像巴瑞特一樣，是另一個超圓滑的精神病態者。不過罕跟巴瑞特不同，他顯然把他的

殺手級說服力集中於對付個人，而非大公司。罕的行事動機在於享受上流生活。「每一種層次的奢華，我都想達到。」在倫敦一間時髦餐廳吃午餐時，他這麼告訴我。從他的排場來看（勞力士錶、保時捷和亞曼尼），你很難跟他爭辯。

　　罕的工作模式簡單得讓人戒心全失。他以一位迷人企業家的身分（從某方面來說，我猜他確實是這種人）往來全球各地，對於做表面工夫的藝術，展現出高度堅定的奉獻精神。他住最高檔的旅館，經常混跡於最時髦的酒吧，搭飛機總是坐頭等艙。而也就是在這世界上最排外的場所裡，他勤奮地從事他那要命的勾當。他先吸引繼而勾引那些女性機組員，有時則對同樣搭機的旅客下手，這些人隨後全都被他吃乾抹淨。

　　罕對於他的勾引技巧含糊其詞。不過他提出發人深省的見解：

　　「觸碰很重要──身體上的觸碰。你可以在靈長類動物互相理毛的時候看出這一點。這是逢迎討好的辦法──你幫我抓背，我就會幫你抓背。在人類來說，通常是地位低的人迎合地位高的人[19]。靈長類動物確實就像這樣。這是演化所內建在我們體內的機制。他們會嘗試搭起橋樑，藉著觸碰累積小惠。所以我們的大腦被設定成期望地位低者更感情用事。推翻那種期待心理──也正是我所做的事：我總是先開始接觸，輕碰一下手臂或是往背部一點（這樣做效果非常強大），這樣就表示：你對我來說是很重要的，而非相反。而對方也會想『為什麼我對他會很重要？他已經得到他需要的一切了。他一定是真心喜歡我。』」

　　雖然表面看來很平凡，罕以雙手做到的事情其實相當讓人陶

---

[19] 就像史隆和他的粉紅色襯衫，罕在此所說的話可能也頗有見地。史丹利‧E‧瓊斯（Stanley E. Jones）在他的書《恰到好處：了解並運用肢體接觸的語言》（*The Right Touch: Understanding and Using the Language of Physical Contact*）裡，描述了在某公共衛生組織進行的一個實驗。他寫道：「研究的目標群是一個戒癮診所，酒精上癮者在此接受治療。對於社會地位、性別角色與觸碰等的研究來說，這裡都是理想的環境……研究顯示出兩種清楚的趨勢：第一，平均來說，女性先開始觸碰男性的狀況比相反的狀況來得多。第二，**觸碰在社會階級中通常是由下往上進行，而非由上而下。**」（強調為作者所加。）

醉。對逢迎拍馬的人來說，代表性與可用性思考策略兩者都牽涉到地位低者巴結地位高者。不過混淆那種期待，丟進一點相反的東西，就像在超高速的認知公路上打開警示燈一樣，突然間，我們就得很戲劇性地猛踩煞車了。我們總得先解開這團混亂吧。

蒙茅斯大學（Monmouth University）的心理學家大衛・史特梅茲（David Strohmetz）已經和同事一起證實了某條原則 [20]。跟罕所應用的原則十分相似，只是史特梅茲的目的不在於詐騙他人，而在於增加一間餐廳的小費收入。史特梅茲依據一餐結束時得到的甜點多寡，把用餐者區分成三組。侍者給其中一組用餐者一份甜點、另外一組則得到兩份，至於第三組，重點來了，侍者是這麼做的：首先他給送上一份甜點，然後走開，接著又轉身回來（就像是三思後的結果），補上了另一份。所以有一組人得到一份甜點、有兩組人得到兩份；不過這兩組人是以不同方式得到甜點的，懂了吧？

是否就像史特梅茲預測的一樣，甜點的數量以及甜點送來的方式，會影響小費的多寡？

當然有。跟一群根本沒有甜點的對照組（神來之筆！）相比，得到一份甜點的人給的小費平均來說多了 3.3%。對於這種不到一角錢的花費，算是不賴的投資。同樣地，得到兩份甜點的人，平均多留了 14.1% 的小費在桌上。這樣又更好。不過在所有組別中增加幅度最高的，是那些先拿到一份、之後再得到第二份甜點的客人——慷慨程度有驚人的上漲，達到 23%！

那種無法預期、看似無法解釋的心意轉變（嘿，就為了你們，甜點不只一份，而是兩份喔），讓這些人甘心打開荷包，就像刀切過奶油一樣（罕正是以同樣的方式，運用突如其來、看似無法解釋的觸碰，讓那些毫無戒心的受害者打開錢包。）

---

[20] Strohmetz, David B., Rind, Bruce, Fisher, Reed and Lynn, Michael, "Sweetening the Till: The Use of Candy To Increase Restaurant Tipping." *Journal of Applied Social Psychology* 32 (2002): 300–309.

　　另一方面來說，演化已經在我們的大腦裡植入一種直通成功的程式：也就是認知思考策略，像是代表性及可用性思考策略。不過它也同時替大腦配備了另一個更專門的程式：一種理解世界的內建能力——用來解讀這些資訊，把運氣與隨機事件轉換成樣版。而藉著違背人的預期心理，可以造成這些程式彼此衝突，系統就會暫時當機。如果你正在跟類似罕的人打交道，此時可是危險的時刻啊。

親和性

　　一位國王某次到監獄巡視，專注地聆聽一個又一個囚犯自稱清白，懇求被釋放。突然之間，國王注意到一名孤僻沮喪的囚犯，正獨自坐在牆角。

　　國王走近他，開口問：「你為什麼看起來這麼憂心忡忡？」

　　「因為我是個罪犯，」男人回答。

　　「是這樣嗎？」國王問道。

　　「是，」男人說道，「事實如此。」

　　國王對這個男人的誠實印象深刻，就下令釋放他，並且表示：「我不想讓這個罪犯跟這些清白之人為伍。他會把他們帶壞的。」

　　「沒有人是孤島」，詩人約翰・但恩（John Donne）曾如此寫過。雖然對庫爾特・勒溫（Kurt Lewin）[21] 不太好意思，不過但恩真應該被尊為社會心理學之父。自古以來，我們自身的行為就一直免不了要跟身邊其他人的行為交織在一起。對我們來說，最大的影響力都是來自他人。

群體中的影響力

　　人類本來就被預設好要彼此團結，形成團體。不只如此，我們也被預設好要支持自己的團體勝過外人。

---

[21] 德裔美籍心理學家，公認的社會心理學之父。

而且，不必有明顯的理由。

這樣說可能看起來很怪，卻是真的。回溯到我們祖先的時代，身為團體的成員就構成了史上第一張壽險保單，相信我，不管我們是否真的需要，我們自此就一直在續繳這筆古老的保費。

1971 年，已故的布里斯托大學（University of Bristol）教授亨利‧泰弗爾（Henri Tajfel）曾做過一個實驗[22]，確切地闡明了我們與物競天擇之間的協定。說真的，因為這個實驗太有啟發性，從此便被視為經典，實驗的名稱**最簡群體實驗典範**（minimal group paradigm）也因而被引用到社會心理學中。

泰弗爾所做的事情如下。首先，他取樣一組高中生，讓他們看一個上面有許多小圓點的圖。

「你們在眼前的螢幕上看到多少個小圓點？」他個別詢問每一名學生。

因為數量不少（我指的是那些小圓點），讓他們看的時間又不到半秒鐘，這些學生對於自己的估計值能有多準確毫無概念。不過他們還是提出了估計值。而這種刻意的操縱讓泰弗爾把學生以完全武斷的方式拆成兩組「最簡群體」：低估者群與高估群。因為這種範疇劃分，是根據微不足道、完全不存在的差異硬分出來的，所以稱為「最簡」。至於「群體」，是因為每組有好幾個人。

範疇一劃分好，泰弗爾便要求每個學生分配點數給他們在研究中的另外兩位同僚，並告知他們點數相當於錢。但要辨識另外這些學生的身份，只能靠代碼（換句話說，他們是匿名的），和以下兩種標籤：「跟你同組」或「屬於另一組」。

這些學生屬於同組或另一組，這般簡單的事實會影響他們分配點數的偏好嗎？答案是會，泰弗爾跟他的同僚正確地預測到了。而

[22] Tajfel, Henri, Billig, Michael G., Bundy, Robert P. and Flament, Claude, "Social Categorization and Intergroup Behaviour." *European Journal of Social Psychology* 1 (1971): 149–178.

且影響還不小。

　　於是我們看到，得到金錢報酬的良機積極地大量湧現在同組的成員上，而流向另一組人的只能說是涓滴細流（如果有的話）。而且，儘管受試者在參與實驗前，彼此都素昧平生，研究結果卻仍是如此。此外，實驗中沒有絲毫的跡象顯示他們會再做類似的事。因此，並不是「你幫我抓背，我就會幫你抓背」，而是簡單純粹地根據標籤發放獎賞：我這夥人跟你那夥人不一樣。

走錯路

　　只要看看這個世界，就不難體會內團體偏見（in-group bias）的力量；只需打開電視看場足球賽，就了解得夠多了。不過讓人驚訝的是，這種團體成員身份的影響力，遠超過只是表面上的偏袒。其實，這類影響還延伸到我們實際上怎麼**看**事情。

　　就以圖 3.5 所示的簡單問題為例，A 圖中的 3 條垂直線裡，哪一條跟 B 圖中的線等長？

　　很簡單，對吧？中間那一條，2 號線。如果你弄錯的話，你就該去檢查眼睛了。可是你知道嗎？我敢打賭，我就是可以說服你弄錯答案——只要使用一種很簡單的手段。你不信？幸運的是，你不

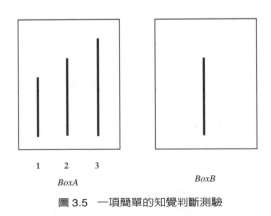

圖 3.5　一項簡單的知覺判斷測驗

是非得相信我不可。

1955 年，美國社會心理學家所羅門‧艾許（Solomon Asch）在一個針對**從眾性**（conformity）之力的早期經典證明 [23] 中，就達到了這種效果。艾許所做的事情如下：首先，他找了 9 個人一起聚集在一部投影機前。其次，他讓這組人進行一系列跟圖 3.5 類似的線條判斷作業，總共 18 題。再來，在作業開始之前，他指示 9 位組員中的 8 位（他的邪惡同夥），在 18 題作業的其中 6 題裡，回答事先設定好的相同**錯誤**答案。最後，他坐下來看那第 9 個人會說什麼。面對這樣全體一致的異議時，他會堅持己見，給出正確（而且明顯）而且呼之欲出的答案？還是他會屈服於同儕壓力，違背來自自身感官的證據？

艾許的發現很令人震驚。參與這項研究的人中，有 76% 的人在實驗過程中，至少答錯過一次。稍微想一下，竟有超過 3/4 的人，會答錯這麼一個如前所述的簡單問題。結論既清楚又嚇人：我們融入群體的慾望這麼大，以至於連自己親眼見證的東西，都準備好不去相信，免得引人側目。**多數意見是宇宙中最強大的一種力量。**看來在我們之中，幾乎沒有人具備堅持抗拒的心理力量 [24]。

你覺得為什麼配音的罐頭笑聲在電視喜劇裡這麼普遍？或者，為什麼在選戰活動中，不是所有掌聲都像表面看來那樣有自發性？這類的手段走後門悄悄溜進我們的腦袋裡，操控我們的情緒投入某種神經上的啞劇。這些技巧說服我們（或者更確切地說，是幫助我們說服自己），所有我們看到的人事物，都比實際上更幽默、更令人

[23] Asch, Solomon E., "Opinions and Social Pressure." *Scientific American* 193 (1955): 31–35.

[24] 瓦西里‧克魯查瑞夫（Vasily Klucharev）最近在荷蘭奈美恩拉德邦大學（Radboud University Nijmegen）的當德斯大腦、認知與行為研究所（Donders Institute for Brain, Cognition and Behaviour）所做的一個研究，揭露了從眾性可能跟神經系統有某種關連性。在一個臉部吸引力判斷作業中，克魯查瑞夫及其同儕發現，個人與團體意見產生衝突時，會同時引發前扣帶皮質和腹側紋狀體（〔ventral striatum〕，這個腦區關係到不尋常環境下的錯誤偵測與決策）的活動增加。（請見Klucharev, V., Hytonen, K., Rijpkema, M., Smidts, A., & Guillen, F. (2009). "Reinforcement learning signal predicts social conformity." *Neuron*, 61(1), pp.140-151.）

愉悅或更有趣。我的意思是，如果其他人每個都在大笑、鼓掌或訕笑，那我們為何不加入？

不過這齣啞劇裡隱含更多的玄機，觀眾對訊息傳播者表示肯定或貶抑的態度，會影響我們的看法；不只是我們覺得他們有多好笑多逗趣，還有他們的影響力多大，以及他們有多適合從事公職。這時候事情就開始變得嚴肅了。

沒幾個關於影響力的例子比下面這則研究更好[25]：這是在1993年，布希與柯林頓進行第三次總統辯論會時進行的研究。研究者謹慎地根據學生們的政治忠誠對象，分成分別由30名學生組成的三組群體。第一組（實際上只有20個「真的」參與者——混合了親共和黨和親民主黨的學生）隱藏了10個研究人員的同謀，為布希喝采卻訕笑柯林頓。第二組也只有20個「真的」參與者，裡面也藏了10個串通好的共謀，他們為柯林頓喝采卻貶低布希。第三組是控制組，那10個人保持中立。

個別來說，這兩個事先串通好的遊說團會怎樣影響「真」參與者對候選人的評價？

從親柯林頓遊說團（10個支持柯林頓卻貶低布希的共謀者）得出的結果，顯示在圖3.6中。事實證明，這真的讓人大開眼界：

在柱狀圖裡，在真正的柯林頓支持者中，當布希被嘲笑、柯林頓得到歡呼的時候，我們觀察到柯林頓的評分直上雲霄。這不令人意外。不過看看左邊的柱狀圖，這是處於相同條件下的親布希陣營。讓人難以置信的是，甚至連「真實生活」中的布希支持者，在布希被噓、柯林頓大受讚賞的時候，他們對柯林頓的表現評價都會高過自己原本支持的人！這樣看來，有時我們看待他人的方式，也不過就只取決於其他人怎麼看罷了。

---

[25] Fein, Steven, Goethals, George R., Kassin, Saul M. and Cross, Jessica, "Social influence and presidential debates." Paper presented at the American Psychological Association convention, 1993.

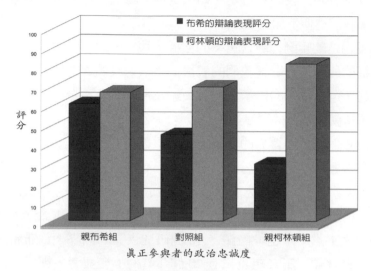

圖 3.6　觀眾反應對政治忠誠度的影響。

一鎊還一鎊

　　像這樣的例子在影響力科學中廣為人知，被當成**社會認可**（social proof）的範例。巴瑞特可能會形容社會認可是一種親和性病毒，會出現在模稜兩可的社會處境下，這種時候我們無法決定到底什麼才是「合宜的行為」。我們全都有過這樣的經歷。據我猜測，經典的範例就是坐下來享用某套包含 35 道大菜的超講究晚餐時，竟發現餐具的擺法跟在手術室裡看到的陣仗驚人的相像，我們要做什麼？要從哪開始？哪一把刀是奶油刀？擺在有小勾子的奇怪利器旁邊的那個奇怪用具是什麼？我們之中大多數人會採用游擊隊戰略，假設坐在旁邊的那個傢伙經驗老到，我們會用眼角餘光仔細檢視他，觀察他的手指頭落在銀器上的哪一處……然後自己也抓住同樣的工具 —— 全然沒察覺我們那位見多識廣的生活美學家，剛才正花了 5 分鐘時間斜眼偷瞄我們。

　　不久前，社會認可的力量才剛在美國的電視上表演過一次引人入勝的示範。柯琳・索特（Colleen Szot）是一位「資訊式廣告」（informercial）寫手，她光是把某句家喻戶曉的廣告詞改掉幾個字，就完全改寫了一個家庭購物頻道的屹立近 20 年的銷售紀錄。當然，那個購物頻道的特色包括所有常見的行銷配備：名人加持、好記的宣傳詞，還有一群看起來好像吸了安非他命的觀眾。然而很明顯的是，最後不是上述這些特徵讓銷售量高到破表，反而是因為狀況變得**更糟**——或者該說是表面上看似如此。

　　索特的神來之筆，是把號召觀眾行動的標準用語「接線生在等了，請現在就撥號」改成「如果接線生忙線中，請再撥一次」。乍看之下，這樣的細微差別似乎會造成災難。警告顧客有可能面臨不便（同樣的該死號碼要一撥再撥），這樣怎麼可能增加銷量呢？不過在這個狀況下，邏輯不怎麼管用，而且也無法解釋社會認可的魔法。

　　你想想看。當你聽到這個句子：「接線生在等了，請現在就撥號」，你腦中冒出什麼樣的景象？大批無聊的接線生瞪著半空發呆？若是如此，那麼儘管有一整套華麗炫技的促銷過程，你對這個產品的印象仍是負面的，因為這是一種低需求、低銷售量的印象。如果根本沒人要買，那你為什麼還要買呢？

　　現在再問自己，當你聽到：「如果接線生忙線中，請再撥一次」，你會怎麼想？一間忙碌的電話客服中心，擠滿了過勞的員工，拚命要跟上顧客需求的速度？這樣就比較像話了！如果每個人都採取行動了，那你就絕不能落於人後！

　　同樣的原則在 eBay 網站上也奏效[26]。分析線上拍賣能揭露消費者行為中某種原始、深刻而基本的瘋狂之處：如果你想賣掉那幅在閣樓上發現的林布蘭，就要以 10 塊美金起標！這裡的心理作用很直接，以較低的起標價錢做為開始，會吸引到更多人參與競標，接下

---

[26] Uhlhaas, Christoph, "Is Greed Good?" *Scientific American Mind* (August/September 2007).

來就會讓人更想要那件商品，這樣又會引來更多的競標者……隨著出價水漲船高，他們增加的不只是自己對這項商品的經濟投資，連情緒投資也增加了。

　　我有一位教決策科學的朋友，每年都示範這一點。他不是用林布蘭的畫來示範，而是用一英鎊錢幣。在冬季學期開始的時候，他站在擠滿講堂的新生面前宣布，他要來拍賣……一枚一英鎊錢幣。他問大家出價多少？這場拍賣有兩個簡單的規則：規則一，就像任何拍賣一樣，誰出了最高價就得到那枚錢幣，這點沒問題；規則二，誰得到第二高價就要把那筆錢交給賣家，這也沒問題——只要你是贏家就 OK。

　　自從幾年前第一次進行一英鎊拍賣以來，我朋友的學生們在神經經濟學的層面上，都不受這兩條並置的規則影響。個個如此，毫無例外。他們每次都把這種並列規則當成是無本生意的大好機會。或許不能算是無本生意，不過至少本錢低於一英鎊。他們想，老師一定瘋了。第一個出價通常是一便士，喔，不意外啦。然後就是兩便士。接著三便士，然後如此繼續下去，每個人都加入了。沒有人表現得比別人聰明。然後等到競價戰爭達到了 50：51 的階段時，大家突然就開竅了：我朋友會有盈餘！想想看吧，要是拍賣就停在這裡，根據遊戲規則，他已經確定會賺到一便士了。這真是詐欺行為啊！

　　不過當然了，拍賣並沒有到此為止。競價繼續下去。事實上，一英鎊錢幣最後以兩英鎊成交並不少見，這表示相對於最初的投資，淨收入大約是三英鎊（兩英鎊得標價，再加上 1.99 英鎊第二高價者的罰金）。剛開始好端端的老式貪欲，很快就轉移成一種醜惡、相互**依賴**（然而又同時相互**排斥**）的突襲行為，破壞了損害控制機制。我們不但爭著要替自己贏得最大利益，同時也讓自己的**損失**（誰又想得到呢？）達到最高。

施於人

　　1993 年，英國足球隊曼聯（Manchester United）贏得 26 年來第一次的聯賽冠軍。這是曼聯在傳奇性的蘇格蘭裔總教練亞利克斯‧弗格森爵士（Sir Alex Ferguson）指揮下贏得的第一個冠軍杯，至今已經有 11 個（而且還在累積中）。弗格森至今仍在指導曼聯，現在是英格蘭任職最久也最成功的足球教練。但是 1993 年時的狀況完全不同，在他們拿下第一個聯賽冠軍以前，曼聯的獎杯櫃已經蒙塵好一陣子了！而且弗格森擔心，這麼小小一只銀器翩然降臨，可能會讓球員們樂昏頭，該怎麼做呢？

　　某些教練可能會乾脆放手，讓球員們沉浸在辛苦得來的榮耀之中。中肯地說，弗格森在某個程度上也這麼做了，不過這個精明的格拉斯哥人並不會因為一個獎杯就心滿意足，他已經從歷史紀錄的角度來看待這件事了。所以，他想出一個計畫，要讓他們走上正途：一招簡單的神來之筆，不只讓球員們拚出最佳表現，還把他們嚇得半死。

　　弗格森這般回憶道 [27]：

　　我說：「我已經寫下 3 個名字放進信封裡了。那 3 個名字是下個球季會讓我們失望的 3 位球員。」然後他們彼此面面相覷，說道：「呃，那不是我吧！」所以下個球季我又重施故技……**當然啦，那個信封從來就不存在**……不過這對他們來說是個挑戰，因為應付成功並不容易。

　　弗格森的策略很有殺傷力。曼聯不但第二年繼續衛冕，在他的監督下，16 年來已經奪下總共 22 場主要賽事的冠軍寶座。成功確

---

[27] 這是由葛倫‧摩爾（Glenn Moore）進行的採訪。（*The Independent*, June 3rd, 2008）.

實沖昏球員的腦門，不過卻是以一種建設性的方式，讓他們想要的**更多**。為什麼呢？因為弗格森釋出了一股毒性超強的說服術，每個人都中招。這招直攻他們原始的天生需求：想做團隊中的成員。而這就只是一招簡單的騙術。

　　我的一位警察朋友在工作上也採用同樣的策略對付一些有問題的小鬼。理查・紐曼（Richard Newman）是劍橋青少年犯罪小組（Youth Offending Team）的一員，他指出，青少年對於同儕壓力特別敏感，而且在威逼哄騙都失敗的時候，「你會把每個人都害慘」這種台詞通常會有效。為了說明這一點，他回憶起幾年前集體到動物園出遊時發生的一件事。

　　廂型車裡有 15 個孩子，其中一個真的非常難纏，他不肯繫上安全帶。我說：「蓋文，繫上你的安全帶，馬上就繫上！」他不肯聽。所以我停到路邊，然後告訴他，我想跟他到外面說句話。「那就來吧，」他說著下了車，「揍我啊！」我說：「蓋文，我不會揍你，不過我告訴你，你如果不繫上安全帶，我們就哪兒都不去。」

　　然後我往廂型車裡一指。

　　「現在你在那裡的 14 個同伴都想去動物園。」我說，「我們站在這裡講越久，我們到那裡以後剩下的時間就越少。所以你要不要乾脆繫上安全帶，然後我們繼續前進？」這招幾乎是立刻見效，他想了五秒鐘左右就回到車上。之後他就乖得很。

無歸屬，毋寧死

　　紐曼這種作法的智慧對他的執法同僚來說並不意外。沒錯，並不是所有青少年都像其他人一樣容易引導。一則最近的研究顯示[28]，那些不易引導的青少年，實際上有著細微的神經構造差異：當他們面對跟社會性有關的刺激時，腦部關於運動準備、計畫與注意力

控制的部位（右背側前運動皮質區 right dorsal premotor cortex 跟左背外側前額葉皮質區 left dorsolateral prefrontal cortex）活動會減少，而且在這些區域和觀察及處理行動的顳葉皮質區之間，有更多功能上的連結。儘管可能會有人（與不計其數的家長站在同一陣線）對此提出不同看法，不過這股趨勢是很難忽視的。

年輕男性症候群（young male syndrome）[29] 是法醫心理學家跟警探都很熟悉的一種行為模式。人口中最有可能殺人或被殺的子集合，是由青少年到 25 歲左右年輕男子所組成的年齡層。原來這也正是求偶競爭最激烈的時期。

對於偶爾觀察世界的人來說，謀殺和重傷害怎麼會跟表面上很瑣碎的爭執有著難分難解的關連？乍看常常難以想像。然而我們不該這麼訝異，在此有著演化上的「能量線」（ley lines）在運作，從貧民區酒吧的撞球桌跟舞池開始，一路上溯到我們以往活動的森林與熱帶莽原：這是一種原始耳語的鬼魅呼喚，重點不在於我們怎麼看自己，而在於**其他人怎麼看我們**。其實只要思量一番，就會覺得這話頗有道理。週末夜的倫敦或紐約市中心跟原始時代東非莽原的週末夜相比，基本上沒什麼不同。我猜不過就是現在排隊的人比較多罷了，就本質上來說是同樣的動力。

事實上，20 來歲的男性被謀殺的機率是同年齡層女性的 6 倍。更有甚者（這裡正是關鍵），這樣的謀殺大多數是發生在大庭廣眾之下，在大街上、在酒吧、或在俱樂部裡。這些罪行就像廣告宣傳一樣，但這究竟為的是什麼？

距今數年前，我訪問了一個拿尖刀逼姦一名女子的性侵犯，當時他的兩個朋友也輪番上陣施暴。我問他，你為什麼這麼做？他帶

[28] Grosbras, Marie-Helène, Jansen, Marije, Leonard, Gabriel, McIntosh, Anthony, Osswald, Katja, Poulsen, Catherine, Steinberg, Laurence, Toro, Roberto and Paus, Thomas, "Neural Mechanisms of Resistance to Peer Influence in Early Adolescence." *Journal of Neuroscience* 27(30) (2007): 8040–45.

[29] Buss, David M. and Duntley, Joshua D., "The Evolution of Aggression." In Schaller, Mark, Kenrick, Douglas T. and Simpson, Jeffry A. (Eds.), *Evolution and Social Psychology* (New York, NY: Psychology Press, 2006).

著精神病態者典型的冰冷疏離態度，聳聳肩膀。

「這就好像在酒吧買酒喝一樣，」他說，「你會得到一種認同感，一種群體情誼。」

這樣的觀點在文學中也有迴響，沒人會否認（我們也夠常看到了）群體認同感跟暴力之間的潛在關連性，而這兩極也可能倒過來，也就是說，暴力行為可能會有助於促進群體凝聚力。

臨床心理學家尼可拉斯・葛羅斯（Nicholas Groth）寫道[30]：「在輪姦行為中有一種獨特的動力模式，是共犯群之間的和諧感、同伴意識和合作關係所形成的體驗。看起來就好像犯罪者把受害者當成跟其他男性互動的工具……採取他自認為符合他人期待的行動……以證明自己參與群體活動的正當性。」

在男同志社群裡，也可以發現同樣的現象[31]。「自殺式性交」（suicide bumming，某人與我交談時用的詞），指的是健康的人刻意透過性交感染 HIV 病毒的行為。他們藉著跟一連串 HIV 感染者進行預先安排好、有系統的插入性行為，來達到這個目標。一個做過一個，然後堵住直腸，避免精液流出。在事件現場，他們稱這動作為接受「禮物」。

在舊金山的一間酒吧裡，我問某人為什麼這麼做。

他毫不猶豫地告訴我。

「我不知道怎麼形容，你會覺得更有跟萬物融合的感覺吧，」他說，「就像是更有歸屬感。」

某個朋友（年輕俊美，也感染 HIV）走過來加入談話。我問他同樣的問題，他露出微笑。

---

[30] Groth, A. Nicholas and H. Jean Birnbaum, *Men Who Rape: The Psychology of the Offender* (New York, NY: Plenum Press, 1979).

[31] 我第一次聽說「禮物」或「表態」（posing up），是2007年史蒂芬・佛萊（Stephen Fry）主持的BBC紀錄片〈HIV與我〉（HIV and Me）中（http://www.telegraph.co.uk/culture/tvandradio/3668295/Last-night-on-television-Stephen-Fry-HIV-and-Me-BBC2-Great-British-Journeys-BBC2.html.）雖然這不是很常見的作法，我在舊金山的經驗證實了佛萊的發現—這在同志社群中是一小批少數派的習俗。

「這是一種承諾的象徵，」他說，「代表團結。這會把負面的事轉變成正面的，就像刺青一樣，不過是刺在體內。這是一種免疫系統上的刺青。」

摘要

在這一章，我們藉著跨越意識邊境，繼續進行「影響力的關鍵性刺激」之旅。我們進入知覺和社會認知的領空，然後發現，神經發展精緻化並不足以杜絕我們在動物身上看到的那些迅速本能的反應組合。意識可能很好用，卻很慢：對一旁等候的生命來說，有時實在太慢了；所以為了彌補這個鴻溝，大腦應用思考策略——靠著過往的經驗和過去的刺激中學會的聯想所產生的實用經驗法則。意識要是有長輪子，就會有 18 個那麼多，而且會是一台大到你必須申請停車許可的拖車。在急著穿越城市的時候，這樣實在不太理想。

我們採納一位精神病態天才騙徒的建議（何樂不為？），檢視認知過程的三個區域——注意力、處理手法和親和性。在每個區域中，我們都看到如何降服大腦，速度之快就跟我們在動物界裡看到的固定行為模式一樣。利用一些簡單的影響技巧，我們發現如何駕馭大腦的衝動為我們所用；而在天才說服家手中，同樣的這些技術會如何讓我們付出寶貴的代價。

下一章，我們會把研究聚光燈的照射範圍拉大。在我們沉浸於社會影響力的妖術（black arts）以後，我們現在要進入白色的部分，並觀察像是律師、廣告人、推銷員還有宗教領導人（那些跟我們一起合作，而不是跟我們作對的人），看這些心理學上的竊賊，如何瓦解我們神經上的思維密碼。這比你想像中更容易，大腦的保全並不是完全滴水不漏，而且你要是熟知自己正在做什麼，你甚至可以在幾秒鐘內如入無人之地的進出大腦。

記憶測驗

你有 10 秒鐘可以看下面的文字。10 秒過後，翻到下一頁，回答下方的問題。再翻回本頁，繼續讀下面的報告……

酸的　糖果　糖　苦的　好的　嚐　蜂蜜　汽水　牙齒　美妙的　豌豆　巧克力　蛋糕　心　水果塔　派

好。有多少人會回答是「回力棒（boomerang）」？說啊，誠實點！如果你有，你跟多數人站在同一邊。不過再看一眼，你會發現「甜的」這個字也不在清單裡！這件事情的進行方式如下：大腦喜歡把秩序強加在世界之上，讓事情變得比較美妙又容易處理。當有鴻溝出現的時候，大腦喜歡把溝填平；我們會有某種預感，一種對於事物的直覺。

再讀一遍這張清單，你注意到什麼？沒錯，出現在清單上的每個字，都跟「甜的」這個字有某種關連性，要不是語意上的（像是巧克力），就是語言形態上的（像是「甜」心）。這樣會讓你誤以為那裡有不在清單上的字。

你的大腦下了賭注，最後付出了代價。幸運的是，在這個狀況下，事實證明你付的代價並不高。

〔問題〕從下面的四個字裡，找出沒有出現在上一頁的字：糖、嚐、甜的、回力棒。

附錄　關鍵性刺激與刻板印象：社經地位

下面這兩種人格速寫差別只在於最後一個項目。在速寫 A，瓊斯先生住在有游泳池的大房子裡；在速寫 B，他住在一棟高風險公寓大樓裡：

速寫 A	速寫 B
1. 瓊斯先生 43 歲。	瓊斯先生 43 歲。
2. 他結婚了，有兩個小孩。	他結婚了，有兩個小孩。
3. 他的嗜好包括賽馬跟健身。	他的嗜好包括賽馬跟健身。
4. 他經常在佛羅里達度假。	他經常在佛羅里達度假。
5. 他住在鄉間的大房子裡。	他住在高風險公寓大樓裡。

給一群朋友看速寫 A，另一群朋友看速寫 B，然後請他們在心裡想像瓊斯先生可能是哪一種人。

在他們花時間釐清自己的想法時，給他們下面這個印象形成練習，並且注意每一組人的反應模式 [32]。你應該會看到相當大的差別！

---

[32] 請確定兩組的成員在回答問題時不會彼此商量！

　　從下面的每組陳述句中，指出你認為比較可能適用於瓊斯先生的句子。

陳述句 A　　　　　　　　　　　　陳述句 B
1. 大致上是樂觀主義者　　　　　　大致上是悲觀主義者
2. 對工作很草率　　　　　　　　　對工作很盡心
3. 花時間跟孩子在一起　　　　　　放任孩子自生自滅
4. 善於理財　　　　　　　　　　　亂花錢
5,. 很少做家事　　　　　　　　　　通常會做家事
6. 大致上對現在從事的事情　　　　會計畫未來
　 充滿活力
7. 對妻子很體貼　　　　　　　　　傾向於把太太的付出視為理所當然
8. 相當喜歡賭博　　　　　　　　　反對賭博
9. 自立更生　　　　　　　　　　　依賴他人
10. 有點不修邊幅　　　　　　　　　習慣一絲不苟
11. 大半時候自我中心　　　　　　　關心他人
12. 活躍的教會成員　　　　　　　　不理會宗教事務
13. 嗓門大又吵　　　　　　　　　　安靜而含蓄
14. 跟妻子分享她的興趣　　　　　　丈夫跟妻子各行其是
15. 左派　　　　　　　　　　　　　右派
16. 慢條斯理且慎重　　　　　　　　敏捷而衝動
17. 有幾分野心　　　　　　　　　　沒什麼野心
18. 相當愛國　　　　　　　　　　　不是非常愛國
19. 跟鄰居關係良好　　　　　　　　傾向於獨善其身
20. 完全誠實　　　　　　　　　　　不反對睜隻眼閉隻眼

　　當然，在影響社會觀感的資訊中，你住哪裡只是其中一個元素。藉由上述的實驗（改變兩種人格速寫和印象形成練習中的項目），有可能會揭露出更多其他的因素。試試看吧，你永遠不知道可能會發現什麼！

第四章

說服的本能

　　一位律師某天早上抵達辦公室時，意外發現桌上有一個包裹。他把外包裝拆掉後，發現裡面是一盒最上等的哈瓦那雪茄──一位客戶為了感激他某次特別精彩的表現而送他這份禮物。因為這種雪茄頗為稀有，價格又不便宜，律師決定為雪茄投保 2 萬 5 千美元。接下來的幾個月裡，他開始一根接一根抽雪茄（總共有一打）；到了某天晚上，他在滿足地抽著最後一根時，萌生了一個念頭：他為這商品投保，不正是為了讓它們免受現在的命運？呃，被火燒毀的命運？

　　律師想試試手氣，就向保險公司申請理賠。而保險公司也不意外地決定打官司。案件上了法庭，你相信嗎？律師佔了上風。法官表示，就算這個主張看似荒謬，在合約附屬細則上似乎沒有任何一條排除掉損害賠償。所以判決對索賠者有利。律師離開法庭時多了 2 萬 5 千美元的財富──如果拿得到，的確做得漂亮。

　　幾星期過去，這件事迅速被遺忘，或者該說是乍看如此。然後有天早上，風雲變色。一封來自保險公司的信被丟進律師事務所的信箱，他們控告律師縱火罪──一共 12 件，而且聆訊日期已經訂好。當然，這次占上風的是另一方。法官指出，如果律師現在的說詞與上次勝訴的論證相互矛盾，就會構成空前的違紀，所以這一回，法官判決應該把損失及訴訟費用賠給保險公司，總計 4 萬美金。這個案子可說是「無『火』不生『煙』」。

　　「廣告可說是一門科學，研究如何長時間吸引人類心智，以便從中取利。」 ── 史蒂芬‧巴特勒‧李科克（Stephen Butler Leacock），《愚行花園》（*The Garden of Folly*, 1924）

好故事的藝術

　　什麼能造就出一位好律師？我指的是**真正**好的律師。在法庭表現精采的人跟只有普通水準的人，差別在哪裡？那些法庭明星有什麼過人的條件？第一次思考這些問題時，我對答案毫無概念。不過我知道某人會有。

　　麥可‧曼斯菲爾德（Michael Mansfield）是全世界最頂尖的律師之一，在 40 年的執業生涯裡，他締造了一種名聲：敢於挑戰其他律師不敢碰的案件。曼斯菲爾德的案件紀錄中充滿了偽善與不義的醜惡面，讀起來就像是現代英國社會史概要：「血腥星期天」調查（Bloody Sunday Inquiry）[1]，「女侯爵號」災變（Marchioness disaster）[2]，伯明罕六人冤獄（Birmingham Six）[3]，史蒂芬‧勞倫斯（Stephen Lawrence）謀殺案[4]，多迪‧法耶德（Dodi Fayed）與黛安娜王妃車禍案，以及最近的案件：瓊‧夏利斯‧德梅內塞斯（Jean Charles de Menezes）誤殺案[5]。

　　我在他位於倫敦中區的事務所與他見面。他是個短小精悍的 67 歲男子，及肩的頭髮往後梳，還有著氣度寬廣、鋼鐵般灰藍色的眼睛。他穿著一件暗色細條紋西裝，和一件寬格子布的開襟襯衫。襯衫是粉紅色的，他的頭髮則是銀色的。這讓我想起巴瑞特，只是這回是站在法律上**對**的那一邊。

　　我問麥可，是什麼造就出大律師的偉大。

　　他用低沉有磁性的聲音說道：「案件的輸贏並不只是看事實的

[1] 譯注：下述案件在英國都是極受矚目的大案。「血腥星期天調查」是指1998年英國首相布雷爾下令重新調查1972年1月30日星期天在北愛爾蘭發生的事件，英軍射擊抗議民眾，造成29人受傷、14人死亡。

[2] 譯注：「女侯爵號」事件發生在1989年8月20日早晨，這艘遊艇與一艘挖泥船相撞，造成51人死亡。

[3] 譯注：伯明罕六人組被指控犯下1974年11月21日伯明罕酒吧爆炸案（21人死亡，182人受傷，一般認為是愛爾蘭共和軍所為），1975年在不公平審判下入獄，三度上訴後終於在1991年平反並獲得賠償。

[4] 譯注：史蒂芬‧勞倫斯是一名非裔英國青少年，1993年4月22日在等公車時，因為種族歧視因素被刺殺，起初檢方還聲稱證據不足，拒絕起訴嫌犯。

[5] 譯注：德梅內塞斯是一名巴西青年，在2005年7月22日遭倫敦警方槍殺，他們誤以為他跟前一天發生的倫敦地鐵爆炸案有關。

強度，而是看印象。有很多事情是透過暗示的力量達成的。有經驗的律師會在法庭裡說故事，並且微妙地牽引陪審員跟隨他走上一段故事之旅。陪審團成員在法庭中感受到的第一件事，就是一種本能直覺。他們是以心靈來做決定的。所以訣竅就在於以「證實最初直覺」的方式呈現證據。這跟日常生活中一樣。要說服某人他一直是對的，會比讓他相信自己一直是錯的容易多了！好的訴訟律師也是好的心理學家。這不只是跟呈現證據有關，這是與你**如何**呈現證據有關。」

　　說法一致是所有說服術的基本原則之一。不只在法庭裡如此，在會議室、競選活動，或者就只是在日常生活中也都一樣。法蘭克‧倫茲（Frank Luntz）是一位美國作家兼民意調查專家，也是政治說服術專家。在他職業生涯的早期，倫茲為初次競選總統的獨立候選人裴洛（Ross Perot）工作，當時裴洛正處於權力高峰，聲望也處於最高點。倫茲回憶，有一回在底特律，他組織了一個焦點團體以便判斷裴洛各種的電視廣告吸引力如何。廣告總共有三種：傳記式的、裴洛的演講，以及其他人的證言。

　　當倫茲以傳記、演講、證言這個順序播放廣告時，他發現裴洛在焦點團體中的聲望，跟來自外部、對一般大眾所做的民調相符。

　　這不令人意外。

　　不過某次他不小心用「錯誤」的順序播放廣告──證言、演講、傳記，奇怪的事情發生了，突然之間，焦點團體中的人就不再那麼喜歡裴洛；脫離個人經歷背景脈絡後，他的主張就顯得太過火了。對此，倫茲的忠告是，「你給予資訊的順序，決定大家怎麼想」[6]。

　　我的一位朋友羅茲（Roz），對於說服術的「順序效應」，提供了一個絕佳範例。羅茲的媽媽茉莉（Molly）已經85歲了，非常強悍獨立，從我認識她到現在，茉莉連最基本的家務協助也都頑抗到

[6] Nicholas Lemann. "The Word Lab." (*The New Yorker*, Oct 16th, 2000.)

底，雖然事實上她現在自己換衣服有困難、記性也不如從前。可憐的羅茲，她曾無數次央求她母親講講道理，至少考慮一下找人幫忙的可能性，還補上一句：「這樣會真正改變你的生活，就跟住轉角的麥金泰爾太太一樣。」不過她是白費力氣。

後來有一天，就像倫茲一樣，她把說話的順序倒過來。

她先說起住轉角的凱（麥金泰爾太太）在引進家庭照護服務以後，看來似乎開心多了。然後她才建議她媽媽也可以找一個。

新的說法奏效，茉莉對這個想法讓步了。

「這就好像有人揮動一根魔杖，」羅茲回憶道，「要是以前，她會抵死反對這個想法，可是沒想到她就只是說：『嗯。好吧，我想我們應該試試看，我早上可能的確需要一點幫助，要是這樣對凱有效，就不會有什麼害處吧。』」

影響力的光彩，就是以凱這層「底漆」為基礎。

確切來說，我們有多容易受到影響，一個好故事如何能夠打動我們，可以從下述事件裡看出來。而且請記得，在法庭之中，這種判斷很重要。

請你閱讀下面的情境，然後回答後面的問題：

約翰在速限 30 哩的地區開到 40 哩，然後撞上十字路口的另一輛車，撞擊點是駕駛側。另一輛車上的駕駛多處受傷，包括撕裂傷、鎖骨、手腕骨折，約翰自己則毫髮無傷。約翰之所以超速，是因為他不慎把要送給父母的結婚週年禮物遺留在廚房的桌子上了，所以急著趕回家把禮物藏好。他在開往路口時經過一條漏油路面，讓意外後果更加嚴重。

問題：在 1-10 的評分表上，1 表示完全無過失，10 表示需負完全過失責任，你認為對於導致這起意外，約翰要負多大程度的責

任？在下面的量表裡圈選你的答案：

1　2　3　4　5　6　7　8　9　10
完全無過失　　　　　　　　　負完全過失責任

把下面描述的情境拿給一位朋友看，然後同樣請對方下判斷：

約翰在速限 30 哩的地區開到時速 40 哩，然後撞上十字路口的另一輛車。衝擊點是駕駛側。另一輛車上的駕駛多處受傷，包括撕裂傷、鎖骨骨折及手腕骨折，約翰自己則毫髮無傷。約翰之所以超速，是因為他急著趕回家藏匿他不慎留在廚房桌上的一包古柯鹼，免得被父母看到。約翰在開往路口途中經過一條漏油路面，讓意外後果更加嚴重。

現在我很樂意打個賭：你跟你的朋友對於這個案例會有點意見相左。而我也猜測，對於約翰的駕駛技術，你朋友的看法會比你更悲觀。不過等一等，這是為什麼？為什麼當約翰回家藏的東西是古柯鹼時，他的肇事責任就更大？不管約翰不小心留在廚房桌上的是什麼東西，他仍然是在速限 30 哩的地方開到時速 40 哩了，不是嗎？

到了這時候，你可能覺得自己好像被陷害了。你並沒有。在俄亥俄大學心理學家馬克・埃力克（Mark Alicke）所做的實驗[7]中，有一部分就是把這兩種情境提出來給一群大學生看。你知道嗎？他們的反應正符合你跟你朋友的反應。在約翰回家藏匿週年慶禮物的狀況下，有一半人認為事故起因「跟約翰有關」，另一半人則認為是「跟情境有關」（也就是漏油）。不過在約翰回家是為了藏匿毒品時，就完全是另一回事了。這**全都是**他的錯。不知怎麼的，約翰在事發

[7] Alicke, Mark D., "Culpable Causation." *Journal of Personality and Social Psychology* 63 (1992): 368–378.

前的意圖，讓他整體看來更加「有罪」。而我們越是認為某人有過錯，在他的行動產生惡果時，我們就越容易為他的行為賦予一種內在的、「性格上的」起因。

以貌取人

某男士正處於籌備婚禮諸事的最後階段。每件事都很順利，就只有一件小事情例外，跟他未婚妻那個異常火辣的妹妹有關。在距離婚禮只剩一星期的某天下午，他發現自己跟小姨子在屋裡獨處。她悄悄溜到他身邊，建議趁著他最終安定下來、享受幸福婚姻生活以前，一起到樓上去。男人慌張了起來，他迅速思索一遍所有選擇，衝出了屋外；到了前院的花園，他才發現女孩其餘的家人都在那裡等著他，他一露面，他們就給他一輪盛大的歡迎喝采。

「恭喜，」他未來的岳父說道，「你通過考驗了。你證明自己是正直又有榮譽感的男人，我很高興能把我女兒嫁給你。」

準新郎幾乎難以置信，他大大地鬆了一口氣。他的未婚妻在他臉上烙下一吻。

故事的教訓是什麼？一定要把你的保險套留在車裡。

在社會心理學中，你剛才可能犯下的那種錯誤和我們先前落入的那種「約翰、毒品和週年慶禮物」的陷阱，都能夠佐證一種相當於家庭代工（cottage industry）的研究，了解大腦是怎麼耍我們的。在極短暫的時間裡，世界上最複雜的電腦可以用這種方式，在我們的眼皮底下，變成世界上最複雜的搞笑放屁坐墊（whoopee cushion）。這種認知上的「膨脹」——一種免不了的心理傾向，讓我們評估個人行為時，優先考慮內在的、性格上的因素，而非外在的、情境性的因素（尤其特別適用於我們本身所為、而且恰巧是好事的行為；或是別人所為、又恰巧是壞事的行為）——這在心理學上有個名稱：基本歸因謬誤（Fundamental Attribution Error）。這樣

命名很有道理，就如同名稱所暗示的，這種謬誤很基本。

　　史丹福大學社會心理學教授李‧羅斯（Lee Ross）在一項研究[8]中揭露這種謬誤到底有多基本。配成對的大學生先抽籤，以此決定在一場模擬猜謎比賽中由誰扮演出題大師、誰扮演參賽者。接下來，每個出題大師分配到 15 分鐘，以提出一連串「關於世界的常識」問題。不過其中有陷阱，這些問題會經過特別設計，除了出題大師以外，任何人都不太可能知道答案。一如預料，進行猜謎的時候，大多數參賽者都被痛宰了。哼，沒啥了不起。只不過這其實不是研究的重點。倒是在猜謎結束之後，每一個參與其中的人——出題大師、參賽者、再加上幾位沒有實際參與、而只是在場旁觀的觀眾——都被要求評估每位參與者的常識程度。

　　結果顯示在圖 4.1：

　　如同圖中看到的，出題大師——要不是透過裝出來的謙遜，就是對環境條件的限制有適切的認知——只把自己估得比參賽者更

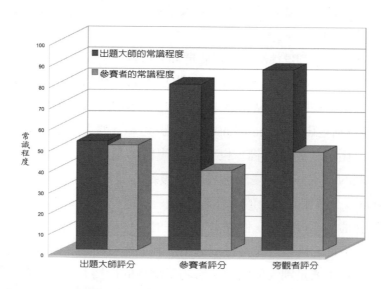

圖 4.1　坐而言不如起而行—就算行動是經過安排的也一樣。

博學多聞一點。這點可能是真的，也可能不是。不過參賽者跟旁觀者——呃，他們就完全是另一回事了。就看看圖表中間跟右邊的部分，出題大師跟他們的「受害者」之間的知識基礎有多大的差異吧。

　　就算參賽者在一旁清楚地聽到研究人員的指示，知道這些問題其實應該是來自出題大師才知道的特殊知識範圍……就算他們清楚記得出題大師跟參賽者是經過抽籤決定的，所以在另一個平行宇宙裡，角色可能輕輕鬆鬆就對調了……就算他們親身經歷（而且完全明白）那股針對他們的壓倒性情境劣勢……他們還是無視於這些不利因素對比賽結果可能產生的影響。

　　出題大師**裝出**一副聰明相，所以相應的推論是他／她必然**是**聰明人。事實上，在旁觀者的評估中，出題大師比全校 80% 的學生都更見多識廣！

　　基本歸因謬誤提供我們一個絕佳的例子，當曼斯菲爾德談到印象與故事的力量時，所指的就是這個。就以強姦案為例，在法庭上，強姦通常會變成說服柔道賽的修羅場，雙方法定代理人的爭執目標，與其說是陪審團的腦袋，還不如說是他們的心。讓我們輪流一窺兩造的作法，先從檢方這邊開始。

　　檢察官知道，對於任何行為，當注意力焦點在於行為的**主體**時，人會優先歸咎於性格上的因素（個人責任），然後才歸咎於情境（外在影響）。這就是在模擬猜謎比賽時發生的事。聰明（出題大師或是行為主體的性格傾向）重於實驗上的協議（主體行動時的情境）。而且這種反應相當自發性，我們就是忍不住。我們有一種強大的內建偏好，預先讓我們傾向於以某種方式思考：也就是說，我們之所以做出所做的事，是因為我們就是會做那些事的那種人！這是演化上的實用經驗法則，物競天擇花了好幾百萬年把這套省時的

---

[8] Ross, Lee D., Amabile, Teresa M. and Steinmetz, Julia L., "Social Roles, Social Control, and Biases In Social Perception Processes." *Journal of Personality and Social Psychology* 35 (1977): 485–494.

機制灌入我們腦中。如果對於每一個行為，我們都別無選擇，只能曠日廢時地調查每種可能造成影響的因素，你覺得我們能有多少發展？確實如此。所以我們反過來從個人身上開始。

　　有經驗的檢察官很清楚這條原則。正如曼斯菲爾德所說的，他們既是律師也是心理學家。所以他們做了什麼？他們的攻擊計畫是什麼？嗯，是像這樣子的。檢察官會試圖做到的是，把陪審團的注意力完全集中在那位強姦嫌犯身上；檢察官操縱陪審員進入某種狀態，在此不得不自問：**他為什麼會做這件事**？他們會專注於被告過去跟女性的關係（或許他過去展現過攻擊傾向？），或事發當時他的心理狀態（他喝醉了或受到藥物影響？）；有了這一些，再加上隨之而來的強調：強姦是一種暴力行為（與情慾行為相反），就說出了一則簡單而融貫的「故事」——這則故事正好暗合基本歸因謬誤的狀況。當陪審員的注意力全都放在被告身上，並且被迫替他的行為尋求解釋的時候，從陪審團的角度來看，合理的結論只有一種。他們會假定他有罪。

　　不過反過來說，被告這方會盡力讓陪審團只注意**受害者**的行為，讓他們自問：**為什麼她會被強姦**？他們會把焦點放在如下面這些因素，像是她的打扮如何（很煽情？）、她在被攻擊以前可能有過什麼舉止（有挑逗性？），還有她先前的性生活史（雜交？）。有了這類因素，再加上反向的強調——強姦事件中可能有的情慾成分，就出現了一則完全不同的「故事」——可能產生相反的推論：她自找的。

　　要是你覺得奇怪，先前的性生活史跟這起事件到底有什麼關係，不幸的是，答案是「關係很大」。關於模擬陪審團的研究已經顯示[9]，歸咎於強姦者的過失責任有多高，通常同時取決於受害者的

---

[9] Jones, Cathaleene and Aronson, Elliot, "Attributions of Fault to a Rape Victim as a Function of the Respectability of the Victim." *Journal of Personality and Social Psychology* 26 (1973): 415–419; Luginbuhl, James and Mullin, Courtney, "Rape and Responsibility: How and How Much is the Victim Blamed?" *Sex Roles* 7 (1981): 547–559.

特徵與強姦事件本身，兩者同等重要。舉例來說，比起攻擊一名修女，攻擊上空舞者的強姦犯會被認為罪責較少。而攻擊離婚婦女的強姦犯，會受到的譴責又少於攻擊已婚婦女的強姦犯。

這就跟約翰、藥物與週年慶禮物的案例一樣。

用這個角度來看它

在許多媒體猜測賓拉登已死之後，賓拉登決定親筆寫信給歐巴馬，證明他還在世。在信件開頭，歐巴馬發現以下這串密碼：

370HSSV-0773H.

雖然經過好幾小時詳細的檢查，總統卻完全被難倒了，所以他把密碼打出來，寄給希拉蕊·柯林頓。

希拉蕊跟她的助理同樣沒輒，所以他們接著把密碼寄給中情局。這次運氣也沒更好。所以隨著時間過去，這則訊息一路被送到國家安全局、麻省理工學院、美國國家航空暨太空總署、最後到了特勤部門，還是沒有人能夠破解。最後在絕望之中，特勤部門把訊息傳遞給倫敦的軍情六處（MI6）。

他們說：「這則訊息即使美國最頂尖的頭腦也解不出來，對希拉蕊來說也是。做為最後手段，我們希望你們或許可以看出它的意義。」

五分鐘以後，一封越洋電報傳到白宮：「叫總統上下顛倒過來看。」[10]

就像剛才透過密碼所看到的，還有日常生活的部分。我們在爭訟中看到的心理詭計，研究社會影響力的學生都很熟悉。這招甚至還有個專有名稱，**框架效果**（framing），而且絕對不只出現在法庭之中。當然，曼斯菲爾德跟他的伙伴可能在他們那行是佼佼者，不過還有其他人也同樣在別處反應敏捷。比方說，有的行業會利用暗

---

[10] 譯注：上下顛倒過來看，就是：HELLO-ASSHOLE。

示這門簡單的藝術，而廣告、政治跟推銷只是其中幾種而已。

紐約聯合學院（Union College）心理學家喬治‧拜澤（George Bizer），曾研究過框架效應在政治界所扮演的角色[11]；更具體地說，是在選戰中的角色。拜澤的疑惑是，投票者表達觀點的方式是否會影響他們的信念強度？

為了查明這一點，拜澤要求一群大學生閱讀關於兩名虛構候選人的簡短「新聞報導」（保守派的瑞克和自由派的克里斯）。然後他把學生分成兩組。一組必須在「我支持瑞克」或者「我反對瑞克」兩種陳述中選擇一個；另一組人必須以相同方式對克里斯做出抉擇。同時在這個階段，每一組人也都在一道量尺上指出自己對兩位候選人的偏好，量尺一頭是「強烈支持」，另一頭是「強烈反對」。

接著，陷阱就來了。

在登記他們對瑞克和克里斯的支持度以後，兩組人會讀到一篇後續報導，公開貶抑他們偏愛的候選人。接下來又重新評估一次兩組人的支持度。

參與者起初對這兩位候選人形成的概念框架，會對他們在第二輪投票時的意見變化有影響嗎？

結果答案是肯定的。

整體來說，有些學生是以**反對**「另一個」候選人的概念，來表達自己對「這一個」候選人的支持（例如：自稱「我反對瑞克」而不是「我支持克里斯」），這些學生抗拒改變的程度，勝過那些以**正面**方式形成概念框架的學生（也就是說，前一類學生更有可能在克里斯受到攻擊時支持他）。

「框架上的簡單改變，引導大家根據自己反對的對象而非支持的對象來做評估，」拜澤說，「這樣會導致更強烈、更有抵抗性的意

[11] Bizer, George Y. and Petty, Richard E., "How We Conceptualize Our Attitudes Matters: The Effects of Valence Framing on the Resistance of Political Attitudes." *Political Psychology* 26 (2005): 553–568.

見。」

　　當然，框架效應並不只是處理情緒層面。就像巴瑞特的說法一樣，這主要是一種注意力病毒。給你一個例子，拿下面的問題去問你的朋友：

　　要用掉多少公升柴油才能替一架巨無霸客機加滿油，是**多於還是少於 500 公升**？

　　然後問另一個朋友相同的問題，只是有個細微的變化：

　　要用掉多少公升柴油才能替一架巨無霸客機加滿油，是**多於還是少於 50 萬**？

　　現在依次請這兩個人具體估計一下，替一架巨無霸客機加滿油，實際上要用掉多少公升的柴油（實際數字大概是 22 萬公升）。在他們的回答模式裡，你可能會注意到一件相當有趣的事：你問的第二個朋友（多於或少於 50 萬公升），想出來的估計值會高於你問的第一個朋友（多於或少於 500 公升）。

　　這種差異的理由跟所謂的**定錨**（anchoring）**效應**有關。發生的事情如下：兩位朋友完全照著你灌輸到他們腦袋裡的數字（500 對 50 萬），來做為參考框架（定錨點），他們的判斷就以此為基礎。這些數字甚至不必跟眼前的議題相關（在巨無霸客機的例子裡，我們可以同樣輕易地改說是 1 公升對 1 百萬公升）。這些數字只要出現在那裡就行；光是出現就具有說服力了。

　　2006 年，兩個德國心理學家佛立茲·斯特勞克（Fritz Strack）跟湯瑪斯·慕斯韋勒（Thomas Mussweiler）為定錨的力量提供了一個經典證明[12]——說來有趣，這個證明是在法律界，斯特勞克跟慕斯韋勒找了一群老練的法官，請他們讀某個案件的概要，案件牽涉到一名強姦罪名成立的男子。等到這些法官熟悉案情之後，他們就

---

[12] Englich, Birte, Mussweiler, Thomas and Strack, Fritz, "Playing Dice With Criminal Sentences: The Influence of Irrelevant Anchors on Experts' Judicial Decision Making." *Personality and Social Psychology Bulletin* 32 (2006): 188–200.

被分成兩組。第一組要想像下列狀況：休庭的時候，他們在法官辦公室裡接到一名記者的電話，提出了下面的問題：刑期會高於或低於 3 年？另一組人面對的情境則稍有不同，他們也得知會有個記者打電話來，只是這回記者問的是：刑期會高於或低於 1 年？

這種數字上的些微差異，3：1，會對於法官量刑的實際年數有影響嗎？

當然會。就如同定錨假說所預測的，第一組法官判的刑期平均是 33 個月。第二組則是 25 個月。

藏在細節裡的魔鬼

當然，我們最明顯會碰上定錨效應的地方，就是在行銷業。我們都曾為某樣東西討價還價——而且是從一個我們知道必須修正的數字開始。不過比較沒那麼明顯的是，某些更精緻的說服策略（我們甚至不會察覺到的技術）可以輕輕鬆鬆地扒竊我們的腦袋。就以定價為例，你有沒有納悶過，為什麼你最喜歡的美髮產品定價是 9.95 美元，而不是 10 美元整？佛羅里達大學的克里斯·雅尼謝夫斯基（Chris Janiszewski）與黃丹（Dan Uy）最近正好考慮過這樣的問題[13]，並且得到一個驚人的結論，這不是因為「9 就是看起來比 10 便宜」（大多數人對於這個問題都會這樣回答），實情其實還更複雜一點。

雅尼謝夫斯基跟黃做了一連串的實驗，在實驗中，志願參加者會面對假設性的賣場情境。在每個情境中，志願者想像他們正要以某個特殊的**零售**價格買進一項商品（例如說高解析度的電漿電視）。然後他們被要求猜測賣家的**批發**價。「顧客」被分成三組，第一組被告知這台電視要花 5000 美元，第二組所知的價格是 4988 元，第三

---

[13] Janiszewski, Chris and Uy, Dan, "Precision of Anchor Influences the Amount of Adjustment." *Psychological Science*, 19(2) (2008): 121–127.

組則是 5012 元。

這些不同的定錨點（跟總價相比是可忽略的差異），對於實驗參與者的整批報價會有影響嗎？

影響很明顯。

拿到 5000 元價格標籤的買家，對於批發價的估計明顯低於那些要推敲更精確數字的人。而且，拿到 5000 元標籤的人以整數估計批發價的傾向，遠遠大於那些拿到零頭數字的人。

不過這是為什麼？

為了解釋他們得到的結果，雅尼謝夫斯基跟黃去推測大腦計算這種差異時，可能在做些什麼——也就是精確分析這個比較流程。或者更具體地說，要推測大腦的測量單位。有沒有可能這些測量單位是可以改變的，並且會隨著初始價格的某些特徵而變動？就舉例來說吧，我們進入一家店鋪，看到一台展示中的鬧鐘收音機標價 30 美元。看到這台收音機的時候，我們很可能會暗想：這收音機實際價格大概是 28 或 29 美元吧。**整數**。然而另一方面，如果我們看到收音機的零售價是 29.95 美元，我們可能還是相信它的價值低於要價——不過我們用來評估這種差異的衡量標準是不同的。這次間距比較小。我們不是以整數美金來思考，反而是以不明確的零頭來思考。我們會認為，或許 29.75 美元或 29.5 美元是「真正的」批發價——**這種差距比我們採取整數思考時來得小，讓這項商品顯得更便宜划算。**

為了測試他們的理論，雅尼謝夫斯基跟黃走出實驗室，進入真實世界。確切來說，是走進了佛羅里達州的阿拉楚阿郡（Alachua County）。他們在那裡觀察房地產，比較房屋的要價跟實際賣出的售價。正如他們的預測，房屋定價較精確（比方說，596500 美金就比 60 萬美金精確）的賣家，跟訂出整數價格的賣家相比，總是以更接近要價的價格售出。還不只如此，在市場不景氣的狀況下，那些

在廣告上定出整數總價的房子，比「精確定價」的住宅貶值得更厲害──這一切就發生在短短幾個月的時間裡。

著迷

在像是飲食廣告這類更訴諸感覺的廣告模式裡，框架與邏輯推論通常是完全分離的。在此，公司行號的宣傳策略直接攻向神經生理學──在低調的感官知覺中插入鬼鬼祟祟的無意識轉移。就以飲料業為例：切斯金（Cheskin）這家以加州紅木岸（Redwood Shores）為基地的市場研究機構，測試過不同底色的七喜汽水罐。有些罐子比較黃，其他的罐子則偏綠，但裡面裝的飲料都是一樣的。如果顧客沒瘋，在七喜總部的老闆們可能看得出這件事好笑的一面。採購黃罐裝七喜的人回報，內容物有一種陌生的「檸檬」味；買了綠罐裝七喜的人則抱怨（你猜對了）混合配方裡有太多萊姆。

「在我們決定食物味道好不好的那一瞬間裡，」切斯金執行長戴瑞爾 K.・李雅（Darryl K. Rhea）表示 [14]，「我們不只是針對來自味蕾和唾腺的證據做反應，也針對來自我們雙眼、記憶跟想像的證據做反應。」

大衛・迪爾（David Deal），聖地牙哥的迪爾設計集團的創意總監也同意這一點。想像你要辦一場派對；我們全都做過這種事──明明旁邊就有一瓶 10 英鎊的熟悉品牌伏特加，我們卻抓了一瓶以前根本沒看過的 30 英鎊的品牌。但是為什麼呢？我們真的認為自己嘗得出差別嗎？我可不覺得。對我來說，伏特加喝起來沒味道。沒味道的東西（即使一瓶要 30 鎊），能夠變得**很有味道**嗎？

迪爾找到了答案──而且答案跟味道無關，反而跟**感受**有關，跟這一行裡所說的**感性品牌行銷**（emotional branding）有關。

「他們賣給你的是這種體驗 [15]：置身於一個時髦派對裡，你喝

[14] Michelle Meyer, "Good Things Come In New Packages." *Arrive* (November/December, 2007)

的馬丁尼是用芬蘭內陸冰層中挖出的伏特加調製的，」他解釋道，「如果你把一個漂亮瓶子擺在消費者身邊，他們會說這對品味有幫助。」

根據以華盛頓為基地的產業集團，銷售點國際廣告公司（Point-of-Purchase Advertising International）的說法，這就解釋了為什麼我們有多達72%的購買選擇，是當下的決定。立刻就做，自然而然。還有為什麼光是換個顏色，或選錯一個字眼，就能讓我們跟**愛上**一個品牌一樣容易地**揚棄**一個品牌。

英國企業家傑若‧萊特納（Gerald Ratner）是英國萊特納珠寶連鎖店的創始人，他的著名事蹟，就是在董事學會（Institute of Directors）的一次會議中失言釀成大禍，然後眼睜睜看著他那價值數百萬鎊的事業灰飛煙滅。萊特納（他有個名符其實的稱號——閃亮亮蘇丹，Sultan of Bling）發表下面這番英明見解，說明為何他店裡的東西如此便宜。

「因為那是垃圾。」

他還進一步闡述他們某些耳環的品質——說得很尖銳，很流暢，而且極端漠視含糊其詞的藝術：「比馬莎百貨（M&S）的明蝦三明治更便宜，不過保存期限可能沒那麼長。」

萊特納珠寶銷售暴跌。這並不是因為有某種陰暗晦澀的秘密終於敗露。（還不知道18K金鑲鑽錶通常不會只賣19.99鎊的人，應該去檢查一下腦袋。）

不。這不是因為大家突然間明白，他們買的東西是垃圾。

而是因為大家突然間明白，**其他人都知道**他們買的是垃圾。

施與受

框架及定錨只是其中兩種能夠增進說服力的技術，還有其他

---

[15] 出處同前。

的技巧——對於這一點，恐怕「電話推銷員」帕特‧雷諾茲（Pat Reynolds）是知道得太清楚了。

　　在他加入電話推銷公司的第一個星期，雷諾茲把別人教他的每件事，都歸入一個稱為「屁話」（這是他的用詞，不是我的）的大檔案夾，而另外發展他自己頗為特殊的商品推銷風格。過去幾年裡，這樣的推銷方式帶給他一台 BMW Z4 Roadster 敞篷跑車、價格不菲的輕型飛機駕照，和購買某公寓的豐厚頭期款。他服務的公司是處理建築與翻新工作的公司。他的祕訣何在？那是一種魔鬼般的結合，一方面逗人笑，另一方面又同時積極地尋求**拒絕**。套用雷諾茲自己的話，事情是這樣運作的：

　　「大家稱之為『電話冷行銷』（cold calling），不過我要是有做好我的工作，在 10 通電話裡只會有一通真的很冷。我一開始會逗他們笑。『你迷信嗎？』這是我會問的其中一件事。如果某人突然打電話給你，又問你那種問題，你會很好奇，對吧？比起我一開口就說『我是某某單位的某甲』，至少這樣你比較不會掛電話。

　　「那是第一個關鍵。你必須讓他們保持通話。你不可能賣東西給撥號音。所以大多數人會說不，他們並不迷信。那接下來我就說，『嗯，那你會給我 13.13 英鎊嗎？』10 次有 9 次，這句話會刺激出反應。通常他們會笑著說道：『您**哪位**啊？』

　　「然後我就進入狀況了。不過我不會試圖賣任何東西給他們。那樣做太沒腦。我做的是完全相反的事。我說：『聽著，我知道你想去看**東區人**〔EastEnders〕（或**加冕街**〔Coronation Street〕——總之在肥皂劇開始前 15 分鐘打電話去最好，這樣你就可以用這句台詞：這會讓他們認為你跟他們一樣，這種感覺對推銷來說總是好的），而且我知道你可能並不真的想找人做什麼建築工作，不過你有沒有認識誰可能需要——任何朋友、家人、或者朋友的朋友？』

　　「因為我先前讓他們笑了，而且因為他們也認為我高抬貴手，讓他們免去一場強迫推銷，他們通常會告訴我幾個名字，或者要我等他們打過幾通電話以後再回電。而且我會特別先問他們，這樣做可不可以。我說：『我可以再回電給你嗎？』他們會說：『可以。』這聽起來很瑣碎，不過很重要。這樣感覺起來就像是訂了契約，在某種程度上鞏固了約定——就像口頭上的握手。

　　「棒透了，不是嗎？在電話上講個兩三分鐘以後，**他們就替我工作了**！也許我應該考慮分紅給他們。所以你打的下通電話就不再是『冷』的了。這是一種彼此關照，就像是善有善報之類的……。」

　　嚴格說來，雷諾茲屬於前一章的範圍。或者不是？我沒辦法決定他到底是一流騙子，或者只是極端擅長他的工作。也許兩方面都有一點。不管是哪一樣，他招攬生意的策略，讓一種全新風格的框架技巧浮上檯面——這種病毒跟注意力無關，而是**處理手法上的病毒**。不幸的是，像這種專屬於推銷業的病毒，是訴諸於人性的光明面：一種**情緒上的勒索**。

　　在推銷業中（跟婚姻相反），情緒勒索必須手法細緻。在商品展示間裡，說教、訓話、懇求與威逼，就跟煙霧警報器上的暫時靜音按鈕一樣「有用」。反過來說，成功的推銷員步步為營，就像雷諾茲一樣。

　　姑且看一下雷諾茲怎麼做的吧。雖然雷諾茲一副虛張聲勢的樣子，一身街頭討生活的無賴式魅力，他卻是個認真的玩家。並不是每個在電話推銷中心工作的人都靠著實際收入學開飛機，也不是所有人都從閃亮亮的車庫前院開出一輛敞篷跑車。在有一大堆人失敗的地方，他卻賺了一大堆的錢。怎麼辦到的？靠著回歸第一原則，回到說服力還沒有觸及語言的時期；從人類演化的深淵中，釋出人類所知最強大的影響力精靈之一：**互惠原則**。

亞利桑納州立大學心理學與行銷學傑出教授羅伯特‧齊亞迪尼（Robert Cialdini）[16]，已經在一項研究中精確證明互惠性的吸引力有多強大、在頂尖說服家彈藥庫中的地位有多理所當然；這項研究（至少在表面上）觀察的是利他行為在個人層次的差異。事實上，這其實跟服從性有關。

實驗是這樣進行的。首先，齊亞迪尼跟他的同事在路邊隨機攔住路人，然後把他們區分成兩組。接下來問每組人一個問題。第一組人會被問道，他們有多大意願監督一群少年觀護所學員去動物園一日遊。這真是夠奇怪的了，沒多少人感興趣，只有 17% 的人願意。然而對於第二組人，施加影響力的工具經過細微的重新調整，這些參與者首先被問到一個大不相同的問題：會不會考慮在接下來幾年裡，一星期花兩小時在觀護所裡當顧問義工？這一回，說怪不怪，完全沒有人接受。

不過接下來相當詭異的事情發生了。

當齊亞迪尼和研究同僚面對這種拒絕時回問：「好，如果你不願意當顧問，那麼你願意監督一群少年觀護所學員去動物園一日遊嗎？」——這正是他們問第一組人的問題——結果第二組人同意這個要求的比率暴增至 50%。是前一組人的三倍。

當然，用不著找個天才來也知道這裡發生了什麼事。齊亞迪尼的結論是：互惠的力量延伸到遠遠超出散播禮物與恩惠之外。**如果你拒絕我比較大的要求，而我在表面上退而求其次，從較大的要求退讓到較小的要求，那你就有可能做出某種讓步，「稍微遷就一下」。**

這就表示，如果我追求的一直就只是讓你同意較小的要求，那我就得到我想要的了。對吧？

[16] Cialdini, Robert B., Vincent, Joyce E., Lewis, Stephen K., Catalan, Jose, Wheeler, Diane and Derby, Betty L., "Reciprocal Concessions Procedure For Inducing Compliance: The Door-In-The-Face Technique." *Journal of Personality and Social Psychology* 31 (1975): 206–215.

心靈合約

雷諾茲依據互惠原則所做的安排，從科學的角度來看，幾乎算是完美了。就算他像齊亞迪尼團隊一樣，即使忝爲某個精心控制的心理學實驗中的一員，他也不可能做得更好了。因爲他替他的「顧客」省下了強迫推銷的麻煩——對於他們的困境（在他們最愛的電視肥皂劇就要開演的時候，偏偏接到電話），他也感同身受，而且「很體貼」、甚至滿懷歉意地問起，他們是否剛好認識任何人對他的服務感興趣——他們會覺得有義務要介紹某人給他。他們恰巧（從雷諾茲的角度來看是如此）忽略的事情是，他才不是充滿騎士風範，根本就是煩人至極：他這位主廚，端出的是雙層折磨鬆糕——一開始先打電話給他們，然後又在廣告或者隨便別的什麼時候，把他們從扶手椅上挖起來搜查電話簿，爲了弄到合約到處翻箱倒櫃。

而且故事還沒完。原來互惠性並不是雷諾茲在他顧客身上孵育的唯一一種處理手法病毒，還有另外一種——**認知一致性**病毒。就像雷諾茲自己指出的，當場要求稍後回撥電話的許可，完全不像表面上那樣偶然，差得遠了。這是一種純粹而原始的古老說服策略。要是再打電話來的要求得到許可，對顧客而言，就像是提醒他們要堅持諾言——兌現**他們**那一方的「交易」，並且盡責地招攬生意。

而這招奏效了。迅速、隱密、在大腦皮質之下奏效。事實上，對於服從的行家來說，互惠與一致性是相當標準的組合。這兩種關鍵成分通常會一起出現。如果說互惠的演化根源，可以追溯到勞力分工與促進內團體的凝聚力（打獵、運送大型物件和建築遮蔽住所，都牽涉到團隊合作），那麼一致性與承諾的心理特質，就可以視爲進入這種涵蓋範圍的「門禁卡」。這些都是能保證可靠性的屬性，對團體發出訊息，指出我們確實是跟我們的話語一樣好。

　　表現出一致性的慾望，對於我們的行爲到底能施展多少影響力 [17]？要是有人設法切入這樣的古老演化頻率，到底能掌握多大的說服力？這些事情可以從下面的事例中看出來：這個隱藏性說服的出眾範例，是來自芝加哥的一位餐廳老闆高登‧辛克萊（Gordon Sinclair）。在 1990 年代晚期，訂位後爽約的客人讓辛克萊很煩惱。這是每個餐廳老闆都必須處理的狀況，也是這門工作眞正不愉快的其中一個面向──某位顧客透過電話訂位，後來卻沒出現，事前毫無預警。按照當時的狀態，在辛克萊的餐廳裡，沒打電話就放鴿子的比例在 30% 左右徘徊。不過才一下子，他就把那個比例砍到只有 10%。

　　辛克萊發現，問題的關鍵在於他的接待人員在電話上怎麼說。或者，這樣講也許更精確：關鍵在於她沒說的話。在辛克萊插手以前，每次有顧客來電訂位時，接待人員都會說出下面的指示：

　　要是您必須改變計畫，請您來電通知。

　　然而在辛克萊的調整之後，她輕微修正了這句話，變成下面這個簡單的要求：

　　要是您必須改變計畫，**能否請您**來電通知？

　　然後她會停下來，等來電者回答。

　　就只多加三個字，還有那個最重要的停頓時間，就改變了整個問題的面目。

　　爲什麼呢？

　　因爲這個問題要求**有答案**，而這股沉默──就像電話中的所有沉默一樣──需要被塡滿。「要是您必須改變計畫，能否請您來電通知？」對這個問題回答「好」的時候，來電者也給自己一個顯著的心理方格座標：一個定下方向的契約里程碑。突然之間，先前的承諾闡明了未來將採取的行動。而且顧客一旦做出承諾，責任所在的

[17] Robert B. Cialdini. "The Science of Persuasion." *Scientific American Mind* (February, 2001).

位置就微妙地轉移了。現在顧客所面對的前景不只是讓餐廳失望，而是讓自己也失望。

辛克萊的技巧，在影響力研究文獻中有個名稱[18]——**一腳先進門**（foot-in-the-door）——而且早在 1966 年的某個實驗中就已經正式被發現；這個實驗實在太過怪異，以至於研究主導者強納森・佛利德曼（Jonathan Freedman）與史考特・福瑞澤（Scott Fraser）在科學研究紀錄中達到一種稀有的成就：他們甚至嚇到了自己。事情的開端是在加州帕羅奧多市（Palo Alto）一處時髦、富裕的社區。研究人員的一名同謀扮成一個志工，開始到處敲門，然後用這個相當異常的提議襲擊此地居民：要在他們前院草皮的正中央豎立一個特大號的公益看板，上面寫著：**小心開車**。

為了幫助他們下決定，居民們會看到一張看板豎立後的示意圖——看板會放哪裡，看起來會是什麼樣——這畫面並不好看。看板大如房屋，還會佔據草皮的大半空間。說來不意外，大多數人（73%）都以頗為確定的口氣，告訴研究人員他們能夠怎麼處理。那也漂亮不到哪去。只是有特定的一組人例外：其中 76% 的人實際上**默許**豎立這個看板了。你能相信嗎？讀到這個紀錄時，我也不敢置信。所以這一組人到底有什麼特別之處？他們瘋了？還是收了賄賂？有什麼能夠導致他們這樣不顧自己的理智，讓他們的澆水器停工、告別他們的繡球花？

其實答案非常簡單。在共謀者拜訪前兩個星期，有個不同的「志工」也來敲過他們家的門。然而這一回的要求比較無傷大雅——在住戶的前窗上放個 3 吋見方的標示，上面寫著：**做個安全駕駛人**。這個部分沒什麼問題，實際上，這個要求顯得如此微不足道，也跟敦親睦鄰的情緒很合拍，所以幾乎**每個人**都同意了。

---

[18] Freedman, Jonathan L. and Fraser, Scott C., "Compliance Without Pressure: The Foot-In-The-Door Technique." *Journal of Personality and Social Psychology* 4 (1966): 195–203.

　　然而長期來說，事實證明代價高昂。那個微不足道的要求——當時同意了，後來早就忘記——卻替一陣漣漪起了頭，然後演變成要命的承諾海嘯，促使居民默許在不遠處等著他們的另一個要求，雖然調性相符卻更加重大：接下來那個大了幾百倍的公開告示牌。

　　全世界的雙層玻璃推銷員突然間都坐直身體，全神貫注。現在祕密已經出籠了——炫耀著它的蛇皮靴和破爛的牛仔帽。**要讓一個人簽名放棄自己的生命，你就要讓他從一次放棄一天開始。**

難以到手

　　在推銷業界，有一種跟**一腳先進門**相關的技術，人稱「低飛上鉤」（low-balling）[19]。我第一次碰上低飛上鉤策略，是在學生時代打工賣電視的時候。例行公事如下：顧客慢慢走進門，拖著腳步朝電視機那裡走去，店員（很可能就是我）走近顧客，先來幾句關於天氣的閒聊，然後告訴他們有個優惠特價，價格遠低於附近其他店家的售價，顧客欣然接受。不過經理卻有別的想法；顧客不知道的是，經理無意實現這個承諾，我們也都沒這個意思。無論如何，我們不會以起初說的價錢賣出。這是個誘餌；一種心理上的舞台魔術，用來引誘顧客決定要買東西。

　　不過這還只是開胃菜。接下來還有拜占庭式的繁複結帳儀式——之所以設計出這種流程，沒別的理由，就是為了堅定顧客的決心：完成複雜的合約。（盡可能累人地）讓對方了解迷宮式的財務協議，然後大方地鼓勵顧客：「試試看，你會喜歡的」——把電視帶回家試用，「看看跟家裡裝潢合不合之類的」。不用說，當然合啦。10 次有 11 次是這樣。

---

[19] 關於低飛上鉤策略，更多訊息請見Cialdini, Robert B., *Influence: Science and Practice*, 4th Edn (Boston, MA: Allyn & Bacon, 2001).

　　你看得出這裡發生了什麼事嗎？顧客要跳過的圈圈越多，他們對於這個目標的承諾就越大。我以前效勞過的那個壞蛋特別喜歡的一招，就是找出店裡的顧客身上有多少種身份證明文件，然後不管結果到底有多少張，堅持他們還要再找一張出來──「這是為了加強保障，有法律規定喔 [20]。」顧客不受這種額外妨礙的干擾，真的，一開始同意的豐厚條件讓他們勇往直前。接下來他們會趕快完成必要的文件；這時他們還是不知道，從他們走出店門的那一刻起，自由意志就自動跳到即將執行的自動扣款協定面前、任人宰割了。

　　當然，在這個流程中的某處，免不了會有某種東西「冒出來」：原來的價格不含稅、我或者銷售團隊中的其他笨拙成員「犯了個錯」，經理就是沒辦法通融（「抱歉，我無能為力」）。不過你覺得這有差嗎？會讓我們完成交易的機會降低嗎？會才有鬼啦。在多數壓倒性的狀況下，就算價格不再那樣有競爭力，甚至還**高於**沿街其他展示中心的價格，顧客**仍然**會帶著電視機離開。每個虛線簽名處，每個多出來的身份證件表格，每次微笑，每次握手，都讓那台電視機變得更加值得擁有。

　　到最後，許多顧客心頭只剩下一件事，就是弄到那台電視機。我沒別的好詞可以形容，他們就是沒辦法關掉這個念頭。

語言暗殺

　　瑪麗是一個虔誠的善人兼地方教會的八卦中心，她總是愛管別人家的閒事。她在其他教會成員心中並不算是太受歡迎，不過她有著讓人望而生畏的名聲，沒有人想惹她。然而有一天，她注意到教會新成員比爾把小貨車停在一間酒吧前面，她便指控他酗酒；還在教會下一次的委員會開會時，對比爾和所有人挑明說，這個狀況一目了然：任何人看到他把貨車停在那裡，就會知道他想幹什麼。還

---

[20] 有時候這會變得滿蠢的。有個傢伙居然有六張證件，天啊。

會有什麼別的解釋呢？

　　比爾是個寡言的男人，他看了她一會兒，然後就走了。他沒嘗試替自己開脫，也沒否認瑪麗認定的事實。他什麼話都沒說。

　　那天稍晚，比爾靜靜地把他的貨車停在瑪麗家門口，然後把車留在那裡一整夜。

　　語言之所以演化，是爲了做爲溝通的輔助工具，不過現在我們既然已經掌握語言，你是否注意到，**我們沒有說**的事情常常變成最重要的？在正確的（或其實是在「錯誤的」）利用之下，如何光靠一句慎重又巧妙的話（有時候甚至更少！）就讓情勢幡然改觀？

　　在美國政治影集〈白宮風雲〉（The West Wing）的某一集裡，民主黨人想指明亞諾・文尼克（Arnold Vinick，劇中的共和黨總統候選人）年紀太大了。然而問題是他們並不想直說。畢竟有計畫地公開攻擊文尼克年紀大，不只會對民主黨候選人麥特・桑多士（Matt Santos）的競選活動產生反效果，還可能無法一舉把對方釘死。該怎麼辦呢？

　　解答出現在路（Lou，桑多士的公關總監）和喬許（Josh，桑多士的副幕僚長）之間簡短卻好笑的對話裡。路拒絕替文尼克貼上「健壯」的反諷標籤，然後想都沒想就說他「精神矍鑠」。對於桑多士的政治野心來說，這精神矍鑠倒是造成不便了。喬許抓住了這個機會。他想，誰聽過別人把七十歲以下的人說成是「精神矍鑠」啦？雖然這在表面上是恭維，精神矍鑠只是眾多字詞裡的一個，卻是一種明褒暗貶的說法。這個字說出了「老人對抗年輕人」，卻根本沒提到年紀──對於共和黨無腦陣營的老爹來說，眞是完美的掩飾！

　　像「精神矍鑠」這種字眼很棒，對吧？這類字詞表達出一件事，卻暗示了完全不同的另一件事。喬許說得對，雖然技術上來說這是個稱讚，實際上精神矍鑠卻是個只用在老人身上的標籤。而這樣的

字眼正是桑多士的競選團隊在尋找的。藉著指稱文尼克「精神矍鑠」（歐巴馬在 2009 年美國大選暖身活動裡提到麥肯「半個世紀的服務」，也差不多是同樣的方式），他們可以把大眾的注意力轉移到對手的年齡上，同時又顯得很中肯：把間接侮辱跟政治上的禮讚融為一體。

1946 年，奧許 [21]（我們在前一章讀過他針對服從所做的研究）針對我們形成印象的方式，做了一個現今公認的決定版經典研究，精確證實了語言替我們的社會認知染上有色眼光的力量。首先，奧許在參加者面前擺出一張特徵描述表。這些描述全都是關於同一個人的（至少假定如此）。不過這裡有個陷阱。在拿出列表之前，他把參與者分成兩組——然後依據分組狀況調整列表，這樣每組人拿到的列表上都會有相同的敘述，其中只有一項（結果變成關鍵的）有變化。

第一組看到的列表是：聰慧、熟練、勤勞、心地溫暖、有決心、實際、謹慎。

而第二組看到的則是：聰慧、熟練、勤勞、心地冷酷、有決心、實際、謹慎。

看到差別了嗎？除了「溫暖」跟「冷酷」這兩個詞很惡劣地夾在裡面以外，這兩張表是無法分辨的。

把個別列表分配給兩組人以後，奧許接著要求兩組人根據這些敘述的指引，從一份補充列表裡，選擇他們認為「符合」起初那份人格側寫列表的進一步特徵。

奧許想知道的是，把這樣簡單的「溫暖—冷酷」差異包括在內，是否足以導致兩組人選擇屬性時產生差異？

答案毫無疑問的「是」。

---

[21] Asch, Solomon E., "Forming Impressions of Personality." *Journal of Abnormal and Social Psychology* 41 (1946): 258–290.

得到「溫暖」列表的那一組，從補充的特徵清單裡遴選出像是「快樂的」和「慷慨的」這類描述。

然而相對來說，拿到「冷酷」列表的那一組選擇像是「工於心計」和「沒有同理心」這樣的特徵——相較於他們一模一樣的對照組來說，這種形容實在不太討好[22]。

活在自己的小小話語裡

有一天，一個男人散步穿越動物園時，看到一個小女孩屈身探進非洲獅的籠子裡。突然間，獅子抓住了小女孩的夾克，試圖把她拖進去。她的父母親開始歇斯底里地尖叫。

男人奔向牢籠，用他的雨傘重擊獅子的鼻子。痛得低吼的獅子撤退了，放過那個小女孩。男人讓她跟嚇壞了的父母團聚，他們再三感謝他救了女兒的性命。

男人所不知道的是，有個記者目睹了剛才發生的事情。

「先生，」記者隨後走向男人，「這是我這輩子看過最勇敢的事情。」

男人聳聳肩。

「這沒什麼，」他說，「獅子在籠子裡，而且我知道神會保護我，就好像祂會保護獅籠裡的聖徒但以理。當我看到那個小女孩身陷險境時，我只是做了我認為正確的事。」

記者大為訝異。

「你口袋裡的是一本聖經嗎？」他問道。

「是的，」男人說，「我是個基督徒。實際上，我現在正要去讀經班。」

「我是個記者，」記者回道，「你知道嗎？我要在明天的頭版報

---

[22] 你可以輕鬆地拿你朋友來做這個研究。在附錄裡，有奧許在原版實驗作業中使用的補充特徵形容詞完整列表。先試試看原版，然後試試同時改變主要特徵（例如溫暖／冷淡）跟次要特徵（例如聰慧、實際）列表，看看哪些描述確實造成差異。

導你做的事。我要 100% 確定你無私的英雄之舉不會被埋沒。」

第二天早上，男人買了報紙。

頭條標題如下：**右翼基督教基本教義派攻擊非洲移民，還偷了他的午餐。**

看到這裡應該已經很清楚，言語會影響心理。在數毫秒內透過聽覺或視覺吸收、然後送進大腦的語言，可以修改我們的思考模式，並且影響我們處理情境的方式，速度就像我們可能在街角拾得的任何事物一樣快。

舉例來說，在媒體上，正確的用詞可以抓住我們的注意力，可以煽動我們的情緒，就像最大的廣告看板一樣容易收效。有個切中要點的例子，就是政治正確意識的興起，2005 年，全球語言監察組織（Global Language Monitor）——這個非營利組織所做的事情完全名符其實——發布一個俏皮的年度政治最正確字詞清單。清單上的第一名是「誤入歧途的罪犯」（misguided criminals）——在倫敦的巴士及地鐵爆炸案發生後，一名 BBC 的新聞播報員拼湊出這種優雅的委婉說法。超過 50 名無辜的市民在爆炸中失去生命[23]。不過「恐怖分子」顯然被認為太過煽情。

同樣榜上有名的是「思想激盪」（thought shower），這個詞在某種場合顯然已經取代了「腦力激盪」（brainstorm）一詞，以便尊重癲癇症患者[24]。「延遲成功」一詞，在另一種狀況下取代了「失敗」。此外，當然還有拼法不同的「女人」（womyn）。

在面對這般滑稽的狀況時，也許很難贊同這一切都有其嚴肅的一面。然而確實有。比方在法庭上，大家對語言的催眠式潛力可是深有體認，這種力量會對正義造成擾亂性質的妨礙。正是基於這個

---

[23] 關於最新政治（不）正確流行字及流行語的輕鬆導覽，請見http://www.languagemonitor.com/news/top-politicallyincorrect-words-of-2009；「誤入歧途的罪犯」一語原出處請見John Simpson, "London Bombs Need Calm Response." BBC Home (31st August 2005). http://news.bbc.co.uk/1/hi/uk/4671577.stm (accessed November 17th, 2005).

[24] 譯注：brainstorm一詞的另一個意思是指癲癇發作。

理由，在交叉詰問的時候，「引導」問題的作法受到強烈禁止。

1974 年，華盛頓大學的伊莉莎白・羅芙托斯（Elizabeth Loftus）和同事約翰・帕瑪（John Palmer）所做的一項經典研究[25]，提供了清楚的證據，說明為何會一直保持這種狀態。研究的核心是由一宗輕微的交通事故的錄影帶片段所構成，片中有一輛移動中的車擦撞到一輛靜止的車；羅芙托斯跟帕瑪把這段影片播放給兩組實驗參與者看。看過錄影帶後，研究人員對兩組人提出了一樣的問題。一輛車撞上另一輛車時，時速多少？很驚人的是，雖然兩組人看的是同一捲錄影帶，他們提出的答案卻南轅北轍。第一組人的平均反應值是每小時 31.8 哩，另一組人（同樣是平均值）則是每小時 40.8 哩[26]。怎麼會這樣？

當然，理由很簡單。在提出問題時，羅芙托斯跟帕瑪使用的措辭有細微的差異。

對其中一組人，他們問的是：「一號車**擦到**二號車時速度多快？」

對於另一組人，他們問的卻是：「一號車**撞上**二號車時速度多快？」

兩個問題之間潛藏的兩字之差，卻對答案有著莫大的影響。還不只如此，那些被問到「撞上」問題的目擊證人，還回報說看到意外現場有碎玻璃——雖然在原始的錄影帶裡，根本看不到這種碎片。無怪乎「引導證人」會導致這樣急迫又大聲的抗議。

不過，我們不只是在法庭上必須小心提防。羅芙托斯與帕瑪記錄過的同一種效應，在政壇也看得到。筆者走筆至此時，歐巴馬做為當紅新上任總統的蜜月期已經完全結束了，他沒有為柏林圍牆

---

[25] Loftus, Elizabeth F. and Palmer, John C., "Reconstruction of Automobile Destruction: An Example of the Interaction Between Language and Memory." *Journal of Verbal Learning and Verbal Behaviour* 13 (1974): 585–589.
[26] 移動車輛撞上靜止車輛時，實際時速只有每小時12哩。

倒塌 20 週年前往柏林，他變得太忙於健保改革，而且太厭倦於處理失業問題了；他在日本天皇面前腰彎得太低，還准許中國總書記在雙方聯合媒體記者會上阻擋問題。當然，根據傳統，民主黨在職的第一年都很辛苦。在政治界，最糟糕的惡魔就是藏在細節裡的那種──在過去的 7 任總統中，老布希跟小布希在掌權的第一年裡，達到支持度的巔峰，柯林頓和歐巴馬卻是墊底。此外，你可能會問，哪一任美國總統曾經從中國人手上得到任何東西？然而歐巴馬就算在進白宮以前，都不反對投出古怪的政治曲球；有紀錄顯示，在 2008 年的選戰中，雖然他在民意調查中得到非裔美人幾乎一致的支持，他還是堅定地抗拒所有自我標榜為「黑人候選人」的嘗試。

「我拒絕只以種族認同、性別認同、性傾向，或者廣義上的受害者身份為基礎的政治。」歐巴馬在《歐巴馬勇往直前》（*The Audacity of Hope*）裡這樣主張──這句話就出自他的競選活動。

但是為什麼？你擁有總體人口中重要部分的壓倒性支持，這時候你為什麼不好好利用你的族裔背景？訴諸蜷伏在所有人心中的那股歷史感？

如同《時代》雜誌專欄作家大衛・馮・德瑞爾（David von Drehle）所正確指出的，答案在於「黑」只是奧許首先在 40 年代開始操弄的字眼的其中之一，只是其中一個像「溫暖」跟「冷酷」那樣的「中心特徵」。

「一等到種族標籤加上去以後[27]，」馮・德瑞爾寫道，「某些觀眾會加以忽略，其他人會覺得掃興，另外還有一些人會因此直接論斷你的為人和想法。歐巴馬曾寫過，種族曾是他成長過程中的『執念』，不過他早已把這個重擔拋諸腦後。現在他要求的是訴諸於整個光譜的：他是『一位肯亞黑人男性和一位堪薩斯白人女性之子』，有著『來自每個種族和每種膚色，散居三個大陸的兄弟姊妹、姪兒姪

---

[27] David Von Drehle, "Five Faces of Obama." *Time* (September 1st, 2008).

女和叔伯表親』。」

　　這也許是真的。不過也算是權宜之計。

底線

　　在本章稍前出現過的倫茲經營一些特別設計來開啟語言力量的焦點團體。目標是發現完美的措辭——一個或一組經過詮釋後、仍然光彩不減的貴重如金的詞彙；一種時代的流行語，能說出投票者聽到、而同時也是政客們想要他們聽到的話；一種會引起精確共鳴的語意和弦。

　　倫茲是一個語言學的潛水專家——在慣用語言的無意識狀態中劫掠的一名海盜。首先，他拋出一些流行行話（重要政治詞彙，或熟悉的、話題性的名言），然後他的焦點團體成員則對此進行自由聯想。這些自由聯想分解成次級詞彙或句子，隨後形成後續小組討論的基礎。從這些討論中，倫茲過濾出第三代的討論字。然後，在進一步的辯論之後，又進入第四或第五回合。到最後，他們得到的是一種意義蒸餾液（a distillate of meaning），跟原來提出的字詞隔了好幾代，然而原始含意卻深刻地滲透在其中。這個新的字或詞，相當名符其實地，就是字面上的意思。

　　回溯 2000 年，當時《紐約客》特派記者尼可拉斯‧雷曼（Nicholas Lemann）[28]出席倫茲的其中一個焦點團體，親自見證倫茲的招牌語言煉金術。這場秀始於「政府」這個字。倫茲問出席者，這個字眼對他們來說意味著什麼？剛開始的反應不值得一提。「控制」、「法律」、「安全」、「官僚政治」、「腐化」……沒什麼驚人之處。然後與會者中的一員，一位總（大盤）承包商脫口說出下面的話：「一大堆規範……一大堆我不需要忍受的東西。他們可以稍微放過我吧。如果我能得到以下兩件事：少一點法律，多一點幫助，我

---

[28] 出處同上。

的公司就會更大。」

砰！討論開始熱烈起來。這是倫茲能夠藉以發揮的東西，而且他以柔道師父看見關鍵破綻的技巧，立刻把握這一點。

他轉向小組裡的其他成員。「你們對那句話的反應是什麼？」他問。

過了一會，在一場針對法律、政客、和整個華盛頓上下事務(嘿！) 的冗長謾罵之後，他在畫架上記下了五個關鍵字：機會、社群、責任歸屬、責任感、社會。

倫茲更深入探究。當焦點團體裡的人反省自己的核心價值時，他們人生中真正重要的事情中，這五項裡面哪一項是最重要的？舉手投票很快就揭露了答案。機會是第一名，責任感排第二。社群則排名最後。

「不過『機會』一詞對大家來說，到底是什麼意思呢？」倫茲問道。

小組裡的人喊出答案——「選擇的權利」、「由個人控制」、「沒有障礙」、「人人有機會」、「這個國家的立國原則」——他在畫架上又翻出一頁全新的紙張。

他們再次投票，把這些民主的核心原子、自由的粒線體，按照其相對重要性排列出上下順序。這一回，「立國原則」贏得金牌，「人人有機會」得到銀牌，「選擇的權利」則是第三名。

接著倫茲轉向雷曼。

「共和黨跟民主黨對機會的定義就在那裡了，」他宣稱，「共和黨人是『選擇的權利』，民主黨人則是『人人有機會』。個人對比全球。」

當然，倫茲的哲學幾乎沒啥新鮮的。在 1900 年代早期，老羅斯福首先明確表示讀心術在政治競技場裡有哪些好處。老羅斯福觀察到：「最成功的政治家，會用最大音量講出大家最常想到的事情。」

或如同別人更簡潔的說法：「騎馬的最佳辦法，就是朝著馬想去的方向走」。不過倫茲確實做的事情，是把老羅斯福拉進現代，利用政治洞察力和論述心理學（discursive psychology）來做為通往大腦的後台通道，做為一種情感上的、語意形式的語言學磁振掃瞄──揭露出所有溝通中易於出現的髮絲般裂痕與細微的損傷。

就以「鑽油」一詞為例。如果你認為這個說法再清楚不過了，最好三思。2007 年，倫茲找來一群人，給他們看卡翠娜市（在墨西哥灣旁）某個深海鑽探計畫的照片。隨後問他們怎麼看待這張照片，看起來像是「探勘還是鑽油？」難以置信的是，有 90% 被問到的人說，這看起來像探勘。

「如果社會大眾在看過照片以後說，『那看起來不像我定義中的鑽油，看起來卻像我所認為的探勘』，」倫茲主張，「那麼你不覺得，我們應該依據大家的看法來稱呼那個活動，而不是賦予這一切某種政治面向？鑽油暗示著油被倒進海裡，但在卡翠娜市，沒有一滴油從機械上掉進墨西哥灣。就是因為這樣，深海探勘這個字眼更恰當。」

回溯 2002 年，他為「全球暖化」這個詞彙指定了一個同類的修正用語──倫茲自己承認，在那個時期，科學證據可能不像現在這麼有說服力。他寫了一份給小布希的備忘錄，標題是〈環境：一個更清潔、更安全、更安全的美國〉，他在其中寫道：

〔反對我們的〕科學辯論已經接近尾聲，不過還沒有蓋棺論定。還有一扇可以挑戰科學的機會之窗……選民相信，在科學社群內部對全球暖化還沒有共識。要是大眾開始相信科學議題已有定論，他們對全球暖化的觀點也會隨之改變。所以，你必須繼續把缺乏科學確定性當成辯論中的主要議題，並且聽從科學家與這個領域中其他專家的意見。

　　結果呢？全球暖化變成某種讓人輕鬆討論的議題，成了某種比較不大驚小怪、比較沒那麼沉重的說法──至少成了某種政治上的見解。

　　還有一種說法你可能聽說過，稱為「氣候變遷」（climate change）[29]。

摘要

　　這一章如果在內容上沒做到，至少在主題上也延續了許多我們在第三章結尾留下的議題。如果你回憶一下，先前精神病態天才兼天生說服家巴瑞特，引導我們見識他所說的社會影響力 3A（注意力、處理手法和親和性），而我們檢視了他這輩子靠著機智反應蒐集來的型態學，如何經得起實驗室的嚴格考驗。結果顯示，狀況還不壞。

　　在第四章，我們把門又推開了一點。我們走出陰影，進入由工作場所的世界，然後觀察「說服大師」（這回是在法律正確的那一邊的人）如何處理他們的事情；律師、政治家、廣告人跟推銷員如何切入我們的思想之河，並且微妙地讓河道轉了方向。

　　事實證明，我們的調查很有啟發性。大腦運用的是某些相當簡單的家規，你要是知道怎麼扭曲這些規則，就不難拿到說服力的累積彩金。

　　下一章，我們要繼續進行我們的社會影響力賭場之旅，更「上」一層樓──從個體層次進入到群體的層次。暗示與框架效應也許會把自由意志帶去「乾洗」，不過通常把大獎帶走的，是其他人做的事情。

　　在我們祖先的時代，人多勢眾是極為重要的，而那古老的演化命令，就這樣冰封冷藏在我們的腦中。

---

[29] 應該注意的是，倫茲此後就設法跟小布希的政策保持距離，現在他承認人類的確對全球暖化有直接的衝擊。

附錄　奧許的補充特徵列表

　　讀過他們那份「溫暖／冷酷」的性格形容以後，奧許的實驗參與者接下來要照著他們對那個人所形成的觀點，從下面的18 對特徵中，選出最合適的形容詞：

1. 慷慨的——吝嗇的
2. 狡猾的——聰明的
3. 不快樂的——快樂的
4. 易怒的——好脾氣的
5. 幽默的——沒幽默感的
6. 善於交際的——不善交際的
7. 受歡迎的——不受歡迎的
8. 可靠的——不可靠的
9. 重要的——微不足道的
10. 堅定無情的——有人情味的
11. 好看的——不吸引人的
12. 堅持不懈的——反覆無常的
13. 輕浮的——嚴肅的
14. 克制的——多話的
15. 自我中心的——利他的
16. 有想像力的——頑固的
17. 強壯的——虛弱的
18. 不誠實的——誠實的

　　下面是清單中每個項目被選擇的頻率（以百分比表示）。（注意：在每一組詞彙裡，只顯示關於**正面**詞彙的結果。要確定**負面**詞彙的占比，請用 100 減掉下面顯示的數字。）

「溫暖的」（N = 90）		「冷酷的」（N = 76）
慷慨的	91	8
聰明的	65	25
快樂的	90	34
好脾氣的	94	17
幽默的	77	13
善於交際的	91	38
受歡迎的	84	28
可靠的	94	99
重要的	88	99
有人情味的	86	31
好看的	77	69
堅持不懈的	100	97
嚴肅的	100	99
克制的	77	89
利他的	69	18
有想像力的	51	19
強壯的	98	95
誠實的	98	94

第五章

以量取勝說服法

一個愛爾蘭老人躺在床上，行將就木，他的兒子站在旁邊。老人抬眼看著他說道：「兒啊，現在是時候了，你去幫我找個新教牧師來。」

兒子難以置信。「可是，爹！」他抗議，「你一輩子都是忠貞的天主教徒啊！你神智不清了。你現在想找的是神父，不是牧師啦。」

老人露出虛弱的微笑，然後搖搖頭。「拜託，兒子，」他說，「這是我最後的願望。替我找個牧師！」

「可是，爹，」兒子叫道，「你一輩子都是好天主教徒。你也把**我**教養成一個好天主教徒。你在這個時候不會想找牧師的！」

老人不肯讓步。

「兒啊，」他悄聲說，「如果你當我是父親，敬我愛我的話，現在就應該出門替我找個新教牧師來。」

兒子心軟了，照著他父親的要求做。然後他帶著牧師回到屋裡，牧師上了樓，讓老人改宗。當牧師離開屋子的時候，在門口跟匆匆進屋的歐蘇利文神父擦肩而過。心中暗喜的牧師肅穆地盯著神父的雙眼。

「恐怕您來得太遲了，神父，」他說，「他現在是新教徒了。」

歐蘇利文神父奔上樓梯，衝進老人房裡。

「沙摩斯！沙摩斯！你為什麼這麼做？」他大喊，「你是個這麼好的天主教徒！我們一起在聖瑪麗大學學院（St. Mary's）念書！我第一次主持彌撒的時候你也在場！什麼不好做，你為什麼偏偏做出這種事啊？」

老人熱切地凝視著他的朋友。

「喔，派屈克啊，」他說，「我只是想，如果一定得死，那最好死的是**他們**的人，而不是**我們**的人啊。」

◇◇◇

我們容許自己的無知說服我們，讓我們自以為可以獨立生存，孤立於土地、於團體、於種族，甚至於性別之上。——美國詩人、作家馬雅‧安哲羅（Maya Angelou），1990 年 3 月在路易斯安那百年學院（Centenary College of Louisiana）的演講。

不合理的要求

我抵達倫敦城市機場時，面對的是一片混亂的景象。由於系統徹底當機，使得每個人必須以人工方式通關。通常很寬闊的機場大廳擠滿了隊伍，這些人龍隊伍長到必須分成兩截。如果從幾何圖上看來，就算是史蒂芬‧霍金看到都會驚嘆。在這座機場裡，沒有人能比其他人快些。事實上，有些人根本只在原地不動。

有個排在我前面一點的傢伙決定展開行動攻勢。他已經在電話上大發議論好幾回，最後終於受夠了。他邁開大步（更確切地說，是擠過去），直走到隊伍前面，把他的 Prada 隨身行李包扔下地，要求馬上處理他的報到手續。機場職員很不以為然。

她緩緩離開她的座椅，謹慎地爬上櫃臺，然後站起來，用響亮、慎重又強烈鄙夷的語調，居高臨下地對他說話。

「**你**憑什麼認為，**你**應該得到不同於機場裡其他人的待遇？」

他沒搭上那班飛機。

上一章，我們稍微深入地探討了認知暗示的動力。我們了解專業說服大師，如律師、推銷員、廣告人和政治家，如何操縱我們大腦吸收的資訊（構成影響力的基本要素），更進一步精確地操縱我們得到資訊以後的運用方式。

不過上面那則報到櫃台工作人員的故事，暗示了另一種影響力，跟目前為止所討論的不一樣——這種影響力與其說是靠資訊的力量，不如說是靠著人際關係而壯大。

以瓊斯鎮（Jonestown）發生的事件為例。1978 年 11 月 18 日，在

圭亞那西北部叢林中的一個偏遠農民公社裡，吉姆‧瓊斯（Jim Jones）牧師用錄音帶錄下 44 分鐘的訊息，指示人民聖殿（People's Temple）900 多位成員喝下加入氰化物的氣泡飲料。直到今日，這起事件隨後的殺戮，是 911 事件外最大規模的單次美國平民傷亡事件[1]。

還有 5 年前在倫敦發生的事件。2005 年 7 月 7 日早上 8:50，一個小學老師、一個地板鋪設工人和一個炸魚薯條店的店員，在熙來攘往的市中心發動一連串爆炸案，冷血地殺害了 39 個趕著上班的人。不到一小時，9:47，暗殺小組的第四名成員——剛剛高中畢業的 18 歲孩子——設法引爆了另一個裝置，讓死亡總數達到 52 人。

不用說，這些是極端案例，是走激進派和洗腦路線的群眾影響力的例子，除了少數狂熱分子外，大多數人都無法理解這類事件，因為這距離我們的日常生活經驗如此遙遠。從許多方面來看，這些案例的確如此。然而很顯然地，這些案例也牽涉到說服術——這是一股傳統力量，透過人際間的吸引力把不同身份的人串連起來，構成一個影響力光譜。從剛開始的心意轉變，到整體世界觀的轉變；從日常生活瑣事，到生死攸關的大事。

舉例來說，請你回想奧許跟他在前一章的「線段研究」。如果你還記得的話，那些線段中哪些長度相等或不等本來是很明顯的，然而一旦加入幾個抱持不同意見的人，他們充滿自信、始終如一、彼此口徑一致的態度就會開始擾亂人心。參與者開始沒辦法如實看待那些線段，反而人云亦云。

如果意識形態再介入，線段長度變成武斷教條，情況就會變得危險了。

以量取信

在關於**團體極化**（group polarisation）的研究中[2]，顯示出要讓

---

[1] 這個統計數字只計算非自然災害事件。

一群中庸（但有偏見）的人變得偏激有多容易。團體極化顯示，只要個人變成團體，他們的意見就會產生變化，變得更極端。

你可以在幾位朋友的協助下，自行證明這件事[3]。首先請你的朋友針對下面的議題，私下給你他們的**個人**意見：

一名在敵後工作的臥底情報員被敵軍俘虜了，必須到偏遠的拘留中心做 20 年苦役。這個中心的環境條件極端惡劣，獲救機會渺茫。情報員思索著他的困境──他人生的黃金歲月即將葬送在無止盡的悽慘苦難之中，於是他開始規畫一個逃亡計畫。不過要是他的企圖被識破，二度被逮的話，他就會被處決。

問題：如果要你對這名情報員提出建議，你認為可接受的風險上限到哪裡、超過這個上限就**不該**嘗試逃亡？從以下的選項裡選一個（量尺上的數字表示被抓的機率，也就是說，被捕機率從最左邊的 10%，到最右邊的 90% 不等）：

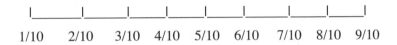

1/10	2/10	3/10	4/10	5/10	6/10	7/10	8/10	9/10

一旦你的朋友提供了個人見解以後，就把他們聚在一起進行第二階段。這一次，你告訴他們必須以小組為單位，討論同樣的議題，最後他們必須達成一個共識。

你將會發現，如果個人意見的平均值結果**少於** 5/10（也就是說，如果這些見解偏向於小心謹慎），那麼小組的決定會更偏向那個方向（也就是說，比起個人建議的總和更保守）。另一方面，如果個

[2] 關於團體極化現象，更多說明請見 Rupert Brown. *Group Processes*, 142–158 (Oxford: Blackwell, 1993).

[3] Wallach, Michael A., Kogan, Nathan., and Bem, Daryl J., "Group Influence on Individual Risk Taking." *Journal of Abnormal and Social Psychology* 65 (1962): 75–86.

人意見的平均值結果**多於** 5/10（也就是偏向於冒險賭一把），那麼小組的決定就會更偏向於那個方向（也就是會比個人建議的總和更冒險）。

團體極化效應已經在各式各樣的背景下進行過研究[4]——從賽車廠、購物中心到竊賊的決策過程都包括在內。在每一種狀況下，研究發現都展現出完全一樣的模式。一夥人一起出門，你就會在店裡花更多錢；一夥人一起出門行竊，你闖空門的次數……就會變少。（竊賊在**集體**評估某處容易得手的程度時，自然而然會傾向於避險。）

不過在已進行的研究中，最重要的研究是關於偏見，以及更近期的極端主義的崛起。已有研究顯示[5]，當有偏見的個人一起討論種族議題的時候，他們的態度會變得更強硬，也會變得**更**有偏見。相反地，偏見較少的個人則會變得更寬容（見下圖 5.1）。

許多恐怖組織應用的招募策略，也是循相同方式運作。過程的開端，是瞄準表示同情的個人（通常是透過主流意識型態開始），隨後再把這些人聚集在同仇敵愾的團體環境下，以文宣洗腦再討論「理想」。

22 歲的謝札德・坦威爾（Shehzad Tanweer）在朋友口中是一個持溫和政治看法的人。在英國讀書時，同時身為板球選手、足球選手和長跑跑者的他，運動前景看好。2004 年，他從里茲都會大學（Leeds Metropolitan University）拿到運動科學學位畢業，然後到巴基斯坦拉合爾的一間伊斯蘭學校註冊了一門「伊斯蘭研究」課程；而現在情報單位相信，這家學校跟非法伊斯蘭組織有關連。

隔年 7 月一個陽光普照的夏日，早上 8:50，他在倫敦市中心把

---

[4] 對於決策過程在個人與團體之間有何改變，更仔細的觀察請見Cass R. Sunstein, *Going to Extremes: How Like Minds Unite and Divide* (New York, NY: Oxford University Press, 2009).

[5] Myers, David G. and Bishop, George D., "Discussion Effects on Racial Attitudes." *Science* 169 (1970): 778–779.

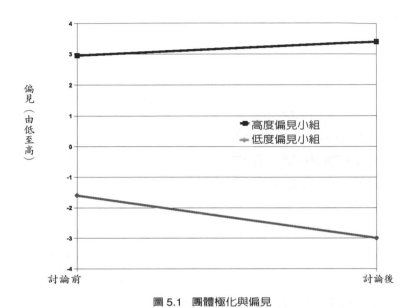

圖 5.1　團體極化與偏見

自己炸成碎片，而他藏在背包裡的致命爆裂物，把倫敦地鐵的其中一條主要東向動脈炸出一個巨大的腥紅裂口。

　　我們也可以從他三名同夥的生命歷程中，看出相同的變化模式：他們原本是普通的平凡人，卻透過開始融入的圈子，漸漸對事情有了「不同」的看法。

　　這些人開始不能如實看待那些線段了，反而人云亦云。

後台

　　為求簡潔，我在此當然有所簡化。除了數量的重要性以外，還有一整組因素伴隨著從眾性（conformity）的增加而出現。這些已有實驗證明的因素[6]，包含了無力感及不安全感、三人以上的團體（多

---

[6] 對於這種同時助長與削弱從眾性的因素，文獻回顧請見Elliot Aronson. *The Social Animal*, 5th edn, Ch. 2 (New York, NY : W.H. Freeman & Company, 1988).

餘的成員對從眾性只有最低限度的貢獻）、整體感（就算單一的異議也不被允許）、對團體的仰慕愛戴、把對團體的承諾放在第一位，並接受團體對於個人的集體監督。舉例來說，在奧許的線段研究裡，當參與者不必公開提出自己的意見，可以私下回答的時候，從眾性的影響範圍就大幅縮減了。

除了這些因素，如果有像瓊斯牧師這樣有領導魅力的人的帶領，同時又被隔離在單一價值觀的圈子裡（對人民聖殿的成員來說，反對意見在圭亞那西北部的叢林中完全不成立，而對造訪拉合爾市那間伊斯蘭學校的坦威爾來說，也是如此），再加上逐步增加的入門程序，必須對團體的承諾做出越來越大的表態（發傳單、指導新成員、參與政策決定；換言之，就是「一腳先進門」的技巧），而到最後你便會真的身陷危機之中。這就是洗腦的基本素材，等於心理上的「放射性核彈」（dirty bomb，也稱髒彈）。

然而就算是這樣，似乎還是少了什麼東西；拼圖中的一個關鍵片段仍然缺乏解釋。請設想一下，一次重大恐怖攻擊的暴行或集體自殺所造成的衝擊 —— 瓊斯鎮的事件、7 月 7 日的暴行，還有 911 事件的踐踏，真的能夠用同儕壓力這麼簡單的道理來解釋嗎？或者還有別的？某種更深沉、更強烈、對神經傳導更有作用的事物？從屬關係真的像奧許證明過的症狀一樣誇張嗎？或者有些病毒會保持休眠狀態，把影響隱藏在意識的知覺門檻之外嗎？

有個可能的線索藏在齊亞迪尼的研究中 —— 他才剛從與少年犯的動物園之約中歸來。2007 年，齊亞迪尼和同事做了一個挑戰不朽境界的研究[7]，探討旅館老闆如何達成不可能的任務：說服顧客在入

[7]Goldstein, Noah J., Cialdini, Robert B. and Griskevicius, Vladas, "A Room With a Viewpoint: Using Social Norms to Motivate Environmental Conservation in Hotels." *Journal of Consumer Research* 35(2008): 472–482; Goldstein, Noah J., Cialdini, Robert B., and Griskevicius, Vladas. "Invoking Social Norms: A Social Psychology Perspective On Improving Hotels' Linen-Reuse Programs." *Cornell Hotel and Restaurant Administration Quarterly* (May 2007). http://www.entrepreneur.com/tradejournals/article/163394867_2.html (accessed September 24th, 2009).

住期間內重複使用毛巾？

　　齊亞迪尼對於最有可能讓人照辦的訊息很感興趣；會是那些提議式的描述性規範（像是「有很多客人重複使用毛巾」）嗎？或者是比較傳統的訊息，提倡環保意識？

　　為了找出這一點，他們把以下 5 種卡片隨機放到 260 個旅館房間裡，之後再來清點毛巾數量：

　　◇請幫旅館節約能源
　　◇請幫忙拯救環境
　　◇成為我們的伙伴，一起拯救環境
　　◇為了後代子孫，請節約資源
　　◇請效法和你一樣入住的房客，幫忙拯救環境（ 2003 年秋天進行的一項研究顯示，有 75% 的客人參與我們的資源節約計畫，重複使用他們的毛巾……）

　　你認為其中哪一種最有效果？哪一項訊息對**你**最有效？

　　如果你選最後一則「效法和你一樣入住的房客，幫忙拯救環境」，那麼你並不孤單。在房間裡看到這張卡片的房客，有 44% 的人重複使用毛巾；而最沒有效果的，唔，真令人驚訝（才怪），是強調旅館利益的那個，只有不到 16% 的房客重複使用毛巾。而在後續的研究中，這項成功的訊息甚至有了更進一步的微妙差別，這次的寫法改成：「效法和你一樣入住的房客，幫忙拯救環境（ 2003 年秋天進行的一項研究顯示，75% **住在這個房間裡**的客人，參與了我們新的節約資源計畫，重複使用他們的毛巾……）」這時的有效比例衝得更高，達到 49%。

　　其中一位參與的研究人員諾亞・戈爾史坦（Noah Goldstein）評論道：「如果你處於不知如何反應的情境中，你就會注意其他人的反

應和情境中的行為標準。」

這一點（你猜到了）把我們直接帶回奧許的論點。

但真是如此嗎？此刻先讓我們更仔細檢視齊亞迪尼的實驗，然後把它拿來和線段研究做比較。有注意到任何不同嗎？唔，當然，首先，在齊亞迪尼的實驗中，所有的事實都是無法驗證的。沒錯，大多數住在 320 室的房客很可能重複使用毛巾，不過，嘿，你不太可能拿一把尺或別的東西來**測量**這種行為的正確或錯誤程度，這跟奧許的研究不同，你可以測量那些線段。

但這還不是唯一的差別，還有另一個更具啟發性的差異。在奧許的研究裡，多數票發揮了作用，他們就在那裡，對你的生理和心理造成影響，讓你無處可逃。相對而言，在齊亞迪尼的研究中，多數票的影響並不存在，你不會見到其他人，而更重要的是，也沒有人看得見你。當然啦，白紙黑字上的字雖然是一股不容忽視的力量，不過這可不同於帶著一捆可重複利用的毛巾、從浴簾後面冒出來、試圖說服你的血肉之軀，然而它們還是成功說服了房客重複使用毛巾。

齊亞迪尼的研究結果是有說服力的，它們指出，這不只驗證了所謂的眼見為憑，也並非單一的奇怪案例，絕非如此，其中還有更深刻的東西：我們似乎真的有種內建的機制，厭惡給別人製造麻煩或打亂他人的計畫。

不過另一項研究又更往前邁進了一步，它指出，有些影響力實在滲透得太深入，已經能從根本上影響我們的知覺。此外，這種潛藏的、強效的影響力，不是那些大人物或處於金字塔頂端的人的專利，反倒完全屬於另一個社會階層。屬於少數派、屬於弱勢階級、屬於那些「對事情有不同看法」的人。

影響力的濃淡程度

1980 年，法國社會心理學家塞奇・莫斯科維奇（Serge

Moscovici）主持了一項至今仍讓研究人員大惑不解的研究[8]。這項研究的目標，是測試莫斯科維奇的「基因式」社會影響力理論——決定性、根本的改變，在社會中是向上滲透，而非向下滲透。天呀，他還真的做到了。不過麻煩的是，自此之後再也沒人做得到[9]。

莫斯科維奇的理論關鍵之處，在於社會影響力的「雙重程序」（dual process）模型，他的想法是，人多與人少之間的影響力差別並不僅止於數量，質量上也不同。他認為，少數派是透過信念的重建和認知的天人交戰，悄悄在門後運作，但同時，多數派卻如奧許曾經證明過的，有著截然不同的作法，重點不在於讓我們**質疑**現狀，而是要我們就這樣**接受**現狀。

要測試這個理論可不容易，莫斯科維奇模式無疑對整個社會心理學界投下了震撼彈，同時也震撼了認知心理學界的某些階層，讓這些階層中的專家也思索著可能支持他那些結論的確切神經學機制。

實驗的核心在於後像（afterimages）——每當我們看太多某種特定的顏色，眼前便會浮現幽靈似的色調，更具體來說，就是負片後像（negative afterimages），這些影像具備跟原有刺激不同的濃淡色度及光澤。

這些影像是否如同知覺支配的定律一樣固定維持不變？或是在正確操作下會受到影響而動搖？

這項研究可分為兩個階段[10]。在階段一的基線層次，參與者看到一系列的藍色幻燈片，在依序看完每一張幻燈片後，他們被要求寫下幻燈片的顏色。接下來以全白的螢幕做過視覺「消毒」後，參

---

[8] Moscovici, Serge and Personnaz, Bernard, "Studies In Social Influence: V. Minority Influence and Conversion Behaviour in a Perceptual Task" *Journal of Experimental Social Psychology* 16 (1980): 270–282.

[9] 對於莫斯科維奇的「後像範式」經歷哪些起伏，詳盡的討論可參見Martin, R. "Majority and Minority Influence Using the Afterimage Paradigm: A Series of Attempted Replications." *Journal of Experimental Social Psychology*, 34(1) (1998): 1–26.

[10] 這個實驗實際上分成四階段（請見原始論文，細節在前一註腳中），不過為了簡明起見，我把這四階段拆成兩階段。

與者再被要求一一指出後像的顏色。他們用分成九級分的量尺做評估，量尺一端是黃／橘色（藍色的後像），另一端則是粉紅／紫色（綠色的後像）。

　　一旦記錄下這些初步測量結果，莫斯科維奇就把參與者分成兩組。一組被告知，先前的參與者中有一定比例（18.2%）的人把幻燈片看成**綠色**的，而剩下（81.8%）的人則看成**藍色**的。另一組人得知的比例則相反：81.8% 的人把幻燈片看成**綠色**，而其他人呢，沒錯，看成**藍色**。這全是胡扯，不過，嘿，這樣就足夠讓參與者在心裡排出「少數派」和「多數派」的位置了。

　　形式上的程序結束了，真正好玩的才開始。接下來兩組參與者都看到另一系列的幻燈片，這次有 15 個，全都是他們一開始看過的同一批藍色幻燈片。然後每看過一張幻燈片，研究人員就要他們**大聲說出**是什麼顏色。階段二的「影響階段」就此開始。

　　不過這裡有個陷阱。

　　這次會有一個研究者同謀加入他們，在每次測試時他都會大喊**綠色**。不廢話，沒有第二種說法，就是綠色。

　　還不只這樣。喊出 15 個幻燈片的顏色後，參與者也必須指出每個後像的顏色，看是落在九級分量尺的哪裡。少數派的運作方式真的跟多數派不同嗎？在這實例中，信念會產生更深刻、更持久、更有結構性的改變嗎？參與者是真的改變信念還是順從他人？後像掌握著其中的關鍵。

　　如果莫斯科維奇的理論站得住腳，那麼來自階段一的「基線」後像，在經過階段二少數派的影響之後 [11]，應該朝著光譜中粉紅／紫色（綠色的後像）的那一端移動。莫斯科維奇主張，持續而一致的少數派異議會引人深思，特別在（這點很重要）沒有既得利益牽涉在內時更是如此。這會引起深層的疑惑，**為什麼**有不同的意見？

[11] 也就是說，在得知以往參與者中少數派（18.2%）的判斷結果以後。

為什麼悖離規範？如果對他們沒好處的話（看起來的確沒有），他們會這樣反應一定有某種**理由**吧？一定有什麼**蹊蹺**。也許他們是對的，也許是我有問題，也許幻燈片真的是綠色的……。

　　然而根據預測，對那些受多數派影響的人（在這個狀況下，參與者得知以往有 81.8% 的人把幻燈片看成綠色，持相反意見的則有 18.2%），他們的後像就不會有這種變化。還記得吧，多數派跟少數派不同，他們只管表面的事情而已，所以莫斯科維奇的推論是，參與者很可能會表面附和多數派的研究人員內應，而且**當眾**（沒錯）宣稱幻燈片是綠色的。不過私底下，在社會自我保護的面紗背後，一切可就完全不同了，在心靈深處，或者說大腦深處，他們並不真的相信自己所宣稱的話。他們當然不信，一切都沒變，幻燈片仍然是藍色的──就跟第一次看到的一樣，而且也有著同樣的、相應的後像。所以那只是他們在人前的另一套說詞罷了。

　　這樣的研究結果實在令人難以置信，但對某些人來講，這說法毫不誇張。難道真的有一種說服病毒這麼致命，以至於拆散了低階視覺感受的結構？看來顯然有可能。

　　就看看圖 5.2 的圖表吧。

　　正如莫斯科維奇所預測的，當研究人員的內應代表少數派大喊「綠色」的時候[12]，後像的顏色開始悄悄偏向光譜中紫色的那一端，指出一種知覺上的轉移，就像一種硬性的、潛在的認知改寫。儘管少數派的反應再度一如預期，並未影響到參與者的公開反應，但還是造就出這種狀況。

　　相對的，再觀察多數派的那一組（被告知以往有 81.8% 的人把幻燈片看成綠色）。當然，當參與者必須當眾大聲說出幻燈片的顏色時，代表多數派的內應一定發揮作用，打敗少數派對照組。不過私底下差別可就大了。此時後像知覺實際上會朝紫色的反方向──黃

---

[12] 也就是說，參與者中不只有內應，還被告知以往有18.2%的人把幻燈片看成綠色的。

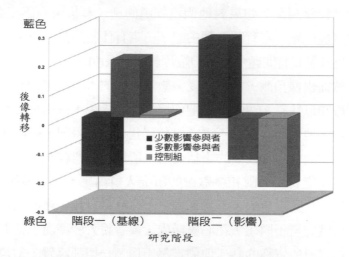

圖 5.2　後像的平均得分。較高的得分顯示出朝向**綠色**後像的轉移。

／橘色那端偏移。

少數派會帶來「內在影響」？看來確實如此。

牌面上有麻煩了

事實證明莫斯科維奇的發現很難再加以複製。不過也不是絕無可能。事實上，現在在團體影響力的「雙重程序」模型已有相當穩固的基礎，而且大家也普遍接受，相對於從眾性發揮的作用，少數派則是「滲透到大腦表層底下」作用。這個看法若能說得通、沒有前後矛盾，又能普遍被視為是真的事實，那麼就可以鑿去舊有、既定的確信之事，那些我們視為理所當然的事。然後迫使我們去質疑現實的本質為何。

目前我們只能猜測。不過，發生在坦威爾及其同謀身上、並導致倫敦爆炸案的事情，可能就是這樣（或者與之非常類似的現象）。這也發生在瓊斯牧師的信徒身上。或者，也可能是某種聯合效果的

狀況：少數派**以及**多數派的雙重結合。

　　在某個層次上，少數派的激進化效果可能真正改變了坦威爾及同夥看待世界的觀點。這裡談的不只是隱喻上的改變，而是神經學上、深藏在他們腦中的改變。不過在另一方面，也可能是「同儕團體忠誠度」（一種對團體中的包容性跟身份認同的忠誠度）所帶來的壓力，以一種完全不同的方式影響著他們：把他們牢牢握住、捆綁到一個完全逃不開的死亡軌道上。

　　此時在他們身上發揮作用的也不只是團體的力量。一旦激進化效應開始生效，他們就會自動敞開大門，迎向好幾種說服力病毒──例如**肯定偏誤**（confirmation bias）病毒。這不只是思想最偏激的人才會如此，我們全都有這種傾向，對於自己的假定，我們會想找出證據加以肯定、而非反駁。

　　在下面的圖 5.3 裡，你會拿到 4 張紙牌[13]。每張牌的一面都有一個數字，另一面則有一個色塊。如你所見，現在這個序列是 3、8、紅色跟棕色。這些是看得到的牌。不過想像一下，你能夠挑幾張卡片來翻面──愛挑幾張就挑幾張。

　　問題：如果一張牌的一面是偶數，另一面就會是紅色──為了驗證這個命題的真實性，你會翻開哪些卡片？

圖 5.3　瓦森四紙牌選擇作業

---

[13] Wason, Peter C., "Reasoning." In Foss, Brian M., *New Horizons in Psychology*, 135–151 (Harmondsworth: Penguin, 1966).對於瓦森四紙牌選擇作業的更多說明及這個測驗的整體假設，請見Garnham, Alan and Oakhill, Jane, *Thinking and Reasoning*, Ch. 8 (Oxford: Blackwell, 1994).

瓦森四紙牌選擇作業這個經典謎題，是在 1966 年由專事研究人類推理思考的心理學家，彼得‧卡斯卡特‧瓦森（Peter Cathcart Wason）所設計出來的。就實際事實來說，這個問題有種唬人的單純。然而幾乎每個嘗試回答的人，都免不了會搞錯。恐怕這回也一樣。

就直覺上來說，大部分人會選擇 3 號或者紅色紙牌。也許這就是**你**的選擇？若是如此，讓我們停下來想想你希望發現什麼。

舉個例，如果你翻開 3 號紙牌，看到卡片背面是紅色。你想著，啊哈，搞定了。不過真的是這樣嗎？讓我們再看一次命題、重溫對確切措辭的記憶：「……如果一張牌的一面是偶數，另一面就會是紅色」。唔。一張 3 跟一張紅色就能讓這條規則失效嗎？實際上，答案是「不」。因為紅色剛好在 3 號牌的背面，並不排除紅色也藏在一張 2 號牌背面的可能性。

同樣地，如果我們把紅色卡片翻過來，然後發現……背後是……5，唔，這也沒有讓這條規則失效。事實上，我們碰到的狀況一樣，因為紅色出現在 5 號牌背面，並不會自動排除紅色出現在一張 4 號牌背面的可能性……

相反地，如果我們把棕色牌翻面，卻發現背後是 4 號，這時我們就真的搞定了，證明了這條規則**的確**無效。而且 8 號牌背後是黑色也有同樣效果。

所以，到頭來正確答案是 8 和棕色牌。只有翻轉這兩張牌，積極尋求相反的例子，嘗試**否證**（falsify）這個陳述，我們才能挑戰這個命題的真實性。

不過大多數人是怎麼做的？其實大多數人（完全不知不覺地）尋求的是一致的例子。我們試圖**肯定**我們已知的事，甚至常常毫無自覺。

膚淺

這個小測驗為信念提供了紮實的證明和溫和的提醒；也證明我們放在腦袋裡帶著到處跑的東西，是如何針對進一步的指令，組成遴選委員會（selection committee）。而且這個測驗沒有任何爭議性，畢竟卡片的結果如何，都與任何人的既得利益無關（如果對你來說有關，請尋求醫療協助吧。）這只是個純粹而簡單的謎題。

回溯 1979 年，心理學家馬克・史奈德（Mark Snyder）和南西・康托爾（Nancy Cantor）做了一個現在被視為經典的實驗[14]，證明了肯定偏誤的力量不只限於實驗室內，也出現在實驗室外：事關我們每天都要做的種種決定時，就會出現。史奈德和康托爾給參與者一份關於珍的描述，敘述中的她既內向又外向。幾天後，一半的參與者要評估她是否適任一份外向的工作（房地產經紀人）；另一半的人則評估她是否適合一份內向的工作（圖書館員）。結果怎麼樣？你猜對了，每一組人都只記得跟評估內容最合拍的屬性。

安慰劑效應也是用同樣的原則運作。據說有一則有趣而巧妙（可惜還未出版）的研究[15]，是要檢視下意識訊息（subliminal message）對社交互動的影響力：一些學生在出門曬太陽之前，臉上以遮光劑塗了「性」這個字，而他們出門的時間長度，剛好足以讓遮光劑的效果變得明顯（這是對研究人員而言，參與者完全不知道訊息的內容）──換句話說，讓「性」這個字非常輕微地印在他們臉上。然後，讓參與者在一個星期的時間裡以日誌記下他們的社交接觸。

下意識的「交流」，對於這些學生跟其他人的互動會有影響嗎？

當然有。幾乎 3/4 的人回報碰到至少一次新奇的體驗──他們

---

[14] Snyder, Mark and Cantor, Nancy, "Testing Hypotheses About Other People: The Use of Historical Knowledge." *Journal of Experimental Social Psychology* 15 (1979) 330–342.

[15] Henderson, Charles E., "Placebo Effects Prove the Value of Suggestion." http://www.biocentrix.com/hypnosis/placebo.htm (accessed May 28th, 2009).

把這些經驗歸諸於臉部訊息的力量，包括吸引到更多異性注意，店員及同儕也對他們比較好。

不過真正的計劃其實是：只有 1/3 的受試者臉上有「性」這個字，其他人臉上要不是用遮光劑寫下一個沒意義的字，就是用**水**寫下一個無意義的字。

但這是否能造成差別？有就怪了！這些受試者**相信**臉上有字的事實，讓他們去找些事情來印證這個想法，就有了驚人的明顯結果。

眼見為憑

不幸的是，瓊斯鎮事件跟倫敦 7 月 7 日爆炸案都不是空前絕後的。1997 年 3 月 26 日，39 個天堂之門（Heaven's Gate）教派信徒，在領袖馬歇爾·愛波懷特（Marshall Applewhite）的命令下，喝下由伏特加及苯巴比妥混合的致命雞尾酒（此外，還拿塑膠袋套在他們頭上來做收尾），以便登上他們相信會降落在地球上的母船。被發現時，他們整齊地躺在鋪位上，全都穿著一樣的黑 T 恤跟運動長褲、嶄新的黑白圖樣耐吉運動鞋，戴著有如下標語的臂章：「天堂之門登陸小隊」。悲哀的是，他們從來沒有享受到這番登陸的樂趣。

要是後果沒有這麼悲慘，要是這個詭異的教派沒有把這嚇人的邏輯藏在帶刺的心理藩籬之後，這樣的事件很容易把人逗笑。（如同先前所見，這就是為什麼教派領袖往往在偏遠地點建立社區──這樣才能讓信徒遠離意識型態的挑戰，並培養出心理學家所謂的**團體迷思**〔groupthink〕[16]。）

---

[16] 厄文·詹尼斯（Irving Janis）在1970年代對於團體迷思做了許多早期的研究，根據他的說法，團體迷思包含的是「一種思考模式，深入參與某個團結內團體的人，會專注於這種思考模式，此時成員們為達到全體一致所做的努力，凌駕於他們實際評估其他行動方式的動機。」完整的團體迷思症狀清單如下：自覺無堅不摧，因此產生過度的樂觀，並且鼓勵冒險；低估可能挑戰假設的警告；對團體道德觀毫無質疑的信念，導致成員漠視他們的行動後果；對於敵方領袖的刻板印象觀點；施加在抱持異議、「不忠誠」團體成員身上的順從壓力；讓偏離明確團體共識的意見消音；一致的幻覺；還有「心靈衛士」──這些自命為衛士的成員保護整個團體抵擋異議。參見Janis, Irving L. and Mann, Leon, *Decision Making: A Psychological Analysis of Conflict, Choice and Commitment*, New York, NY: Free Press（1977）

不過沒有一個人能對肯定偏誤免疫，我們全都會這樣做。把同樣一個阻截場面播放給敵對兩方的足球迷看，一方會視爲犯規行爲，另一方卻認爲是正當攻勢——視結果而定。事實上，因爲我們的部落民族祖先、我們跟古代東非那片酷熱的原始荒土之間的緊密關連，在團體親和性很明確的情境下，這種情感特別會復甦。

就以很受矚目的逮捕事件爲例：哈佛教授亨利・路易斯・蓋茨（Henry Louis Gates），在 2009 年夏天從中國旅行回到他在波士頓的家時被捕。

我們所知的是什麼？

唔，身爲黑人的蓋茨說，當他回家時，他發現門卡住了，他跟司機試圖把門撬開，然後他從後門進了屋子，警察抵達的時候他正在跟房地產管理公司通電話。

警方則說，身爲白人的詹姆斯・克羅利警官（James Crowley）請蓋茨出示身份證明，他勃然大怒。他們說，蓋茨指控克羅利是種族歧視者，他不肯冷靜，所以就被逮捕了。

蓋茨堅稱他順從了克羅利的要求，交出了身份證件，他說他跟著這位警官走到門廊，反覆地詢問警官的名字跟警徽號碼，因爲他對自己所受的待遇很不悅，隨後克羅利就逮捕了他。

克羅利拒絕道歉，他說他一切都是按照規定做的。

從這兩套說法之間的差異，應該可以看出兩方必有一方省略了一些眞相。不過是哪一邊？你偏袒哪一邊，很可能跟經過詳盡檢驗的證據無關，卻跟……呃，你站在哪一邊有要命的關係。舉例來說，如果你相信有制度化的種族歧視，或者你做爲屋主的權利過去曾受到侵犯，或者曾經遭遇過警察的惡劣對待，那麼你就很可能把他們視爲罪犯。另一方面，如果你是死硬派共和黨人，而且認爲歐巴馬是個偏袒恐怖份子的回教狂熱派，而且——嘩，你看這裡有證據了——他爲了他的黑人朋友赴湯蹈火……那麼最有可能的狀況是

蓋茨「動不動就找碴」，挑釁那位逮捕他的警官[17]。

肯定偏誤潛伏在所有人的心中。我們也許永遠不會加入極端教派，但我們全都受制於自己寶貴信念中潛在的引力。在瓊斯鎮裡，瓊斯牧師每天說出種種藉口，向他的追隨者肯定他們的目標是正確的，最後死亡會帶來和平與正義。聽起來很耳熟嗎？理所當然，打開你家電視機，聽聽阿富汗那裡傳出來的說法。

事實上，史丹佛大學心理學家史考特・威爾特瑪斯（Scott Wiltermuth）與奇普・海斯（Chip Heath）在最近的一項研究中[18]指出，極端教派跟軍隊之間的共同點可能比你想像的還多：軍隊是透過齊步前進做訓練，宗教則把儀式化的歌唱與吟誦整合到禮拜儀式中。

不過這是為什麼？

威爾特瑪斯跟海斯發現，成員共同參與同步活動的團體，通常會比**不從事**這類同步活動的團體更團結，更傾向於彼此合作。甚至在有經濟合作理由、像是由實驗人員提供金錢的時候，也是如此。同步性與儀式可能因此演化下去，這會導致某些團體興盛、其他團體式微嗎？這的確不是不可能。

社會心理學家麥爾斯・修史東（Miles Hewstone）[19]要求兩種不同信仰（回教與印度教）的學生，想像自己宗教中的某位成員，在他們急需援手的時候幫助或漠視他們。然後，修史東要他們想像不同信仰的人也為他們做同樣的事。隨後學生們要猜測，可能是什麼促使他們的回教或印度教對照組採取行動。

在可能的情況下，他們會嚴重地偏袒自己的信仰而詆毀另一方

---

[17] 這個事件受到全國矚目後，歐巴馬最後邀來爭議兩造——蓋茨跟克羅利——跟他一起在白宮喝杯啤酒，這很快被稱為「啤酒高峰會」。雖然沒有一方為他們在這次事件中扮演的角色道過歉，但他們同意保持異議，並且願意再度對話。

[18] Wiltermuth, Scott S. and Heath, Chip, "Synchrony and Cooperation." *Psychological Science*, 20 (2009): 1–5.

[19] Islam, Mir R. and Hewstone, Miles, "Intergroup Attributions and Affective Consequences in Majority and Minority Groups." *Journal of Personality and Social Psychology* 64 (1993): 936–950.

嗎？或者他們會保持公正的看法？

　　會才怪咧！回教跟印度教徒都把內團體利他主義（in-group altruism）的理由歸功於內在的、**個人性質**的因素。對於外團體利他主義（out-group altruism），則是歸功於外在的、**情境性**的因素。換句話說，內團體成員的行動是出於他們自己的意願和他們的善良本性，此外，如果同樣的事情再度發生，他們還是會採取同樣的作法。然而外團體成員卻被認為在這種事情上沒什麼選擇，而且要是事件重演，他們也不太可能重複這樣的行為。

　　然而相對來說，如果現在的問題是**內團體成員**為何**不幫忙**，兩方的成員都是一陣侷促不安。就像外團體成員出手相助這種「驚人」事件發生時的狀況，漠不關心被視為造就這種狀態的原因。對方愛莫能助；這是個不幸的偶發事件。那麼如果是**外團體成員**不幫忙呢？唔，那很容易懂嘛，不是嗎？他們就是那樣，不體貼、沒原則、自私自利到腦袋糊塗了。

　　而且，不只是我們對**別人**的信念影響到我們如何看待事物，同樣重要的是我們如何看待**自己人**。2006 年，世界盃足球賽在德國舉辦的時候，德國警察盛讚英國球迷是「世界上最棒的球迷」，通常在這種場合，他們可不盡然是以克制力聞名的！後來賽事平安無事地結束了。

　　當然啦，你若說這恭維是真心的話，就鐵定是在開玩笑。不妨這麼說：德國人有好好做功課。已經有研究顯示[20]，給予他人虛假的回饋反應，能夠在實際上誘導他們肯定這種回饋，而按照這種回饋來行動。他們**相信自己是什麼樣的人，就會變成那種人**；或者更精確地說，他們**相信其他人相信他們是那種人**。當然，理論上，「那種人」可以泛指任何樣子的人。

---

[20] Miller, Richard L., Brickman, Philip and Bolen, Diana, "Attribution Versus Persuasion as a Means For Modifying Behavior." *Journal of Personality and Social Psychology* 31 (1975): 430–441.

同盟者的巢穴

2006 年 8 月，維也納東北方史特拉斯霍夫區（Strasshof）的一位年老居民打了 911 緊急電話，表示有個衣衫凌亂、表情痛苦的年輕女子猛敲她的廚房窗戶，央求她打電話報警。幾分鐘後，一輛警車停在屋外。這通電話可以有許多尋常的解釋——她跟男友吵架了，或者通宵派對以爭吵收場。不過這次狀況不同，這名女子是娜塔莎・坎普希（Natascha Kampusch），而她的故事，後來發現絕不尋常。

8 年前，才 10 歲的坎普希在上學途中人間蒸發。當時她的失蹤上了全奧地利的媒體——至少有好幾星期是頭版新聞——後來也進行了全國性搜索，當時出動了潛水伕跟搜救犬、一組警察專案小組跟一些平民志工，甚至連匈牙利人都參與了。不過一切全都徒勞無功，直到此刻。

事實上，在失蹤期間裡，坎普希真的就一直在他們眼皮底下，在一個很容易出現在史蒂芬・金小說的場景裡，大部分時光都被囚禁在一間她以為裝了炸彈的地窖裡，而且獨自一人。

在她異常的監禁磨難時期裡，唯一和她互動的人就是綁架她的人，36 歲的通訊設備技師沃夫岡・普利科皮爾（Wolfgang Priklopil）。是他把她養大，給她食物和衣服，給她一個 10 歲孩子能期望有的所有東西，以及一個 18 歲女孩期望有的東西——只有自由除外。很不幸，普利科皮爾把界線畫在**那裡**。

這個案件中的一個調查人員描述：「根據她告訴我們的話，他給她書，甚至教她如何讀、寫和數學跟所有諸如此類的事情。」

地窖的尺寸只有 4 公尺 x 3 公尺，有個 50 公分見方的門。

那是一個完全隔音、密封在車庫底下的地方。

要不是坎普希趁著替綁匪的車子吸塵打掃時冒險爭取自由，這

個地窖可能永遠不會曝光[21]。

　　修史東針對回教和印度教學生的研究，顯示了當團體認同突然間變得顯著時可能會發生什麼事。我們會把跟我們一樣的人神化，並詆毀那些跟我們不同的人。我們只相信自己想相信的。不過不是所有團體間的動力學都是這樣運作，在某些特殊例外下，我們會相信自己**不**想相信的事；而且幫助那些傷害我們的人，甚至還喜歡上他們。

　　就以人稱斯德哥爾摩症候群（Stockholm Syndrome）的情況為例[22]——這種現象在人質談判文獻中已有詳盡紀錄，而且在坎普希心中說不定還有更翔實的紀錄。

　　斯德哥爾摩症候群指的是一種心理動力，在這種狀態下人質會變得喜歡、甚至支持綁架他們的人。通常這種狀況是發生在綁匪違反人質的預期，擺出某種安撫的姿態之後。這些姿態可能始於某些很簡單的事情，像是泡杯茶或者分享一根巧克力棒，而後一路延伸到要求醫療協助，或者幫忙「應付外界」。在某些案例中，甚至還會要求人質的感情支持。

　　而且，還真的有很極端的例子——就像坎普希。在這個案例裡，她的綁架者普利科皮爾的要求可不只是沏茶，也不僅止於分享巧克力，反而涵蓋了整套父女關係的範圍。從提供食物和衣服，到完整時數的教育。這還不只維持幾天，而是持續了 8 年。想一下，這般強烈的承諾會挑起多大程度的情緒不協調；在那個狹窄擁擠的地窖範圍內，心靈的黑暗力量必定曾在其中來回搏動。在這樣可怕的限制之下，要是浮現某種程度的綁匪—肉票心理連結，我們會真的覺得驚訝嗎？[23]

---

[21] 坎普希獲准在有限的時間內走出地窖（就在普利科皮爾家下方），幫助她的綁架者做些雜務；這是基於一種共識：如果她試圖逃跑，他會殺了她。

[22] 易讀的斯德哥爾摩症候群導論，請見 Joseph M. Carver, "Love and Stockholm syndrome: The mystery of loving an abuser," (Counselling Resource), http://counsellingresource.com/quizzes/stockholm/index.html (accessed November 20th, 2009.)

要確切來說斯德哥爾摩症候群如何運作是很複雜的。大多數時候這種動力是透過互惠性和一致性的雙重夾擊而產生作用──就是我們在前一章裡拜電話推銷員雷諾茲之賜所見識到的影響力致命雞尾酒。這種動力的支點在於綁匪跟肉票之間的力量差異，由綁匪做出的安撫行為，在肉票心中造成**感受**上的不平衡：對綁匪**感覺**負面，對綁匪的**行為**卻感覺正面；肉票無力改變綁匪的行動，要維持一致的認知，他們只有一種辦法（雖然這樣做可能很討厭）：改變自己對於這種行為的態度。再加上我們的老朋友互惠原則──利他式的姿態應該給予同等回報──其結果如我們所見，可能很具有破壞性。

但在這裡，犯人不是只有互惠性跟一致性。如同愛波懷特和瓊斯（還有其他像他們一樣的人）所熟知的，心靈控制的最大秘密，就是掌控每一件事。

逆來順受

1960 年代中期，認知心理學家馬丁‧塞利格曼（Martin Seligman）[24] 在偶然的狀況下，發現一個相當驚訝的現象。一開始這是一個例行性的制約實驗，狗兒們照著平常的制約條件排成一列，快速地連續暴露在兩種刺激之下（在一次沒有傷害性卻會痛的電擊

---

[23] 有一些觀察暗示坎普希有可能苦於斯德哥爾摩症候群。根據警方說法，當她得知普利科皮爾已死時，她哭得極為傷心，還在太平間為他點了蠟燭。「我的青春期非常不同，」她曾經這樣說起她被監禁的時期，「不過我也因此免除了一大堆別的事情。我沒有開始抽菸或喝酒，也沒有交上壞朋友。」Julia Layton, "What causes Stockholm syndrome?" How Stuff Works. http://health.howstuffworks.com/stockholm-syndrome.htm (accessed December 14th 2009) 怪異的是（甚至她自己也承認），坎普希現在擁有當初普利科皮爾監禁她的房子──她取得這個地產的所有權，以免這棟房子被拆毀。「我知道這樣很怪誕，」她承認，「我現在必須為一棟我永遠不想住進去的房子付電費、水費跟稅金。」"Kidnap victim owns her house of horrors." Sky News (May 15th 2008). http://news.sky.com/s k y n e w s / H o m e / S k y - N e w s A r c h i v e / A r t i c l e /20080641316125 (accessed May 23rd 2008).其實，坎普希定期造訪此地，這也引起她有一天可能會搬回去的猜測。關於不尋常的坎普希案，更多內容請見Bojan Pancevski and Stefanie Marsh, "Natascha Kampusch: From darkness to limelight." Times Online (June 2nd 2008). http://women.timesonline.co.uk/tol/life_and_style/women/article4044283.ece (accessed August 30th 2008).

[24] Seligman, Martin E. P. and Maier, Steven F., "Failure to Escape Traumatic Shock." *Journal of Experimental Psychology* 74 (1967): 1–9.

之後，出現一個特定音調），實驗的目標是透過重複聯結兩者，誘出只針對音調本身的恐懼。

為了確保音調和電擊之間適當地建立了初步的聯想，塞利格曼在研究的初始制約階段限制住狗的行動，這樣在音調響起以後，狗就免不了要被電擊。換句話說，狗兒沒辦法逃走。不過在「測試階段」——此時音調單獨出現——狀況就不同了。狗兒有機會逃走。要是牠們真這麼做，就有證據證明制約成功。

實驗出了大錯，而且誰都沒想到會是這樣的錯誤。讓塞利格曼大吃一驚的是：什麼都沒發生。不只什麼事都沒發生，就連在測試階段，即使每次聲音響起時狗兒都有一條無障礙脫逃路線，牠們還是會留在原地。讓人難以置信的是，這些狗完全沒有企圖逃避那「迫近的」電擊。

更不可思議的是接下來發生的事：這時候塞利格曼把聲音整個省略，只進行電擊，真正的電擊。這些狗還是不動。**習得的無助**（learned helplessness）——塞利格曼發明了這個詞彙來形容這種行為，這種感覺劫持了這些動物的大腦，牠們的思考像被挾住的人質、甚至讓這些動物都自暴自棄了。

塞利格曼直到現在都還在興風作浪。他在 2002 年出現在聖地牙哥、美國中情局主辦的一個論壇裡，論壇是美軍 SERE（生存〔survival〕、迴避〔evasion〕、抵抗〔resistance〕、脫逃〔escape〕）課程的一部分——這個課程是特別為飛行員、特種部隊人員及其他高價值俘虜所設計、讓他們對抗酷刑折磨的；或者，如果你偏愛未經刪節的定義，這指的就是日內瓦公約明確禁止的那些訊問技巧。在那個場合，對著包括心理學家及其他美國政府官員在內的聽眾群，塞利格曼詳細說明了三小時（對，你猜到了）習得無助的心理動力學。從那時開始，雖然他一直否認（而且是相當強烈地否認）他可能有意地參與規劃所謂的「酷刑程序」[25]，連最輕微的暗示都不接受，

出席論壇的人中包括一些重要的美軍人員，後來證實他們對於「進階訊問」技巧的發展有幫助。

當然，某些人比別人更容易產生習得的無助感，這就看你的**歸因類型**（attributional style）[26]，或者換句話說，看你怎麼思考發生在你生命中的事情。正面跟負面的結果，都可以被視為兩個心理層面的功能：

1、控制觀（locus of control）：你是否會針對結果推論出一個**內在**因素，並且負起個人責任，對應於你是否會推論出一個**外在**因素，然後歸咎於環境（兩種例子我們都在修史東的回教／印度教徒研究裡看到了）。

2、普遍性（generality）：你是把結果視為特定的一次性事件，還是某種長期的事件。

舉例來說，想像一下你剛剛搞砸了一場考試。以這兩個層面為基礎，你可以用以下 4 種方式來合理說明你的表現：

普遍性	控制觀	
	內在的	外在的
特殊的	我不夠用功。	這個測驗無法真正測出我的實力。
普遍的	我向來就不擅長考試。	一般來說，考試並不能真正反映實力。

如果你是悲觀主義者，或者有憂鬱傾向，那麼對這樣的負面結果，你更可能產生一種普遍的／內在的歸因類型（左下方的格子），而且，比起看事物觀點特殊化的人，你產生習得無助感的風險更高。

---

[25] 想更了解心理學在訊問技巧發展中扮演的角色，請參見Jane Mayer, *The Dark Side: The Inside Story of How the War on Terror Turned Into a War on American Ideals* (New York, NY: Doubleday, 2008).

[26] 更多關於歸因類型或解釋形態的內容，請見Martin E. P. Seligman. *Learned Optimism: How to Change Your Mind and Your Life* (New York, NY: Random House, 2006).

　　不過，現在想像下面的場景做為對照。你的股票經紀人剛剛交給你季報表，然後你發現其中一支新股票價格飛漲。根據這兩個層面，你可以用 4 種不同方式來看待這個情境：

普遍性	控制觀	
	內在的	外在的
特定的	我運氣好，這回歪打正著	這家公司這一季經營得很好
普遍的	我通常對市場判斷準確	現在景氣好—我把握了時機

　　在此，在結果**正面**的時候，歸因類型會顛倒過來。**樂觀主義者**會展現出一種普遍的／內在的看法（左下角格子），悲觀主義者的看法卻比較有特定性。

　　簡而言之，樂觀主義者把好結果歸功於己，透過背景脈絡去理解壞結果，在此同時，悲觀主義者卻採取相反作法：以外在因素解釋好時光，壞事則怪到自己頭上[27]。

　　不過，這裡狀況是這樣，操控某人的環境夠久──用他們一直無法控制的刺激淹沒他們──接著歸因方式遲早會開始改變，就像塞利格曼實驗裡的狗，由外在因素轉移到內在──然後就長出意志的癌了。

　　一項在 70 年代進行的研究[28]，主事者在參與者解題的時候播放辦公室中的機器噪音。猜猜看發生什麼事？在他們相信噪音可以控制時，他們的表現會優於他們相信噪音無法控制的時候──雖然根本就是以一樣的音量播放同樣的噪音。

　　甚至在例行性的警務工作中，在跟軍事監獄的嚴峻有天壤之別

---

[27] 為了找出你的歸因型態，何不做做看本章結尾的問卷？

[28] Glass, David C. and Singer, Jerome E., *Urban Stress: Experiments on Noise and Urban Stressors* (New York, NY: Academic Press, 1972).

的訊問室和拘留室裡，控制的動力學在取得資訊時扮演了重要的角色。在其他資訊來源供應短缺時，似乎更是如此。一位資深英國警探告訴我：

「你想想看，被我們弄進這裡的某些人當慣了老大，一直為所欲為。我們這裡有的是幫派領袖跟打老婆的男人，應有盡有。不過你一走進門裡，角色就逆轉了。你在這裡發生的每件事、你的每個行動，都歸我們控制。任何你想要的東西，完全都要看我們的意思：你什麼時候能喝杯茶，要看我們；你什麼時候可以去尿尿，要看我們；你牢房裡的燈是亮是暗，要看我們。你在家裡很容易視為理所當然的一切瑣碎小事——別想啦，你一進了這裡，**我們**就是老大。任何時候只要我們高興，我們就可以透過門上的觀察孔看著你。而要是我們不想跟你說話，我們可以就這樣啪一聲關上觀察孔。知道我的意思了吧？當我說我們控制一切的時候，我指的就是**一切**。有一大堆我們抓進來的人就是無法習慣，他們徹底不愛這種跟過去完全相反的狀況，不過大多數人遲早會懂。」

問題癥結

在邪教團體中也完全是同樣的狀況。除了稍早看到的因素（那些設計來增加從眾性的因素）以外，教派領袖遵循一種模式：一種預期可毀滅一切的強大影響力課程。瓊斯鎮坐落在圭亞那西北部的荒野中，在這裡，不論從什麼角度思考，「退出」的辛苦程度都大大壓過了好處（跟外界親友之間的連結，已經隨著時間流逝逐漸消蝕）。瓊斯的聲音透過一個內部廣播系統 24 小時全天候嗡嗡作響——與其說是洗腦，還不如說是讓腦子「泡」在裡面。而且他們鼓勵信徒的兒女叫瓊斯爹地，瓊斯透過單一的持續努力，緩慢、陰險又有系統地讓自己變成神。他先是**無所不在**，接著就代表了**一切**。

家暴受害者面對的幾乎是一樣的情境，聽聽有兩個小孩的 35 歲媽媽莉莎怎麼說：

「剛開始是針對我的朋友，他會說：『她配不上妳！』然後漸漸地事情就定調了。我慢慢地跟眾人失去聯繫。同樣的事情也發生在我的家人身上，他說我媽媽跟他作對、我哥哥也跟他過不去，所以我為什麼要跟他們來往？就算碰面喝杯茶都會被視為選邊站。他每天 9 點送我上班，5 點來載我，我沒有時間跟任何人交際。而且他會在午餐時間打電話給我，看看我是不是一個人。至於錢，我甚至有幾乎一年半沒摸過我的薪水──他把錢直接匯入他的帳戶……

「暴力行為則從我的衣服開始，如果我們要出門，我一盛裝打扮，他就打我，說我是個賤貨；如果我不打扮，他又會因為我不做任何努力而打我。我怎麼做都錯。到最後，他甚至檢查我的內衣，看我是不是有跟別人上床。說真的，那是壓倒駱駝的最後一根稻草，我也因此痛下決心。」

當你在這樣印刷出來的冰冷紙上讀到這類消息時，類似莉莎的案例看似難以置信。不過你去問問國內任何警隊中的家暴組，這種情節是不是堆積如山，他們就會告訴你同一件事：這類事件他們一年可碰上好幾百件。

劍橋郡警察局（Cambridge Constabulary）的警員安狄‧葛林（Andy Green）向我介紹了不同類型的罪犯概況，我突然被這些隨處可見的情節給嚇了一跳：這些跟**家庭暴力**有關的描述，也可以同樣援用在**工作場合**中。我從中至少看到一個前同事的影子！

葛林贊同地點點頭。

「完全正確，」他說，「基本上，這只是一些基本的說服型態。我們說它出現在家庭中，並不表示就不會出現在其他生活場景裡。

這只是通往同一種不幸結局的不同手段而已。」

葛林告訴我的罪犯分類系統，最適合的形容可能是「半官方的」[29]。這種分類法並沒有獲得正式認可，不過卻是以多年來的實際經驗為基礎，並已被製作成手冊。整份清單的範圍從咆哮發怒的惡霸，到費盡心思給你難看的動歪腦筋的人（Headworker，說你長得醜、愚蠢或沒用，或者三者兼備）都包括在內。其他類型還包括把你視為奴僕的城堡之王、騙子（告訴你「放輕鬆點，這只是好玩嘛」），還有說服家——用威脅、讚美和阿諛奉承三管齊下。

葛林補充說：「通常操縱的效果強大到就算你（為受害者）打開大門，告訴對方：『你走吧……別再讓他那樣對待你……』他們還是會看著你，好像覺得你瘋了：『這樣只會讓他更生氣而已。』他們這麼說。或者說：『他其實沒那個意思。』就像他們的大腦在月復一月、年復一年地反覆灌輸同一件事以後，就變得麻木了。他們就像被某種病毒感染了一樣。」

當我告訴他塞利格曼的研究時，葛林搖搖頭。

「我還真希望我能說這是新聞，」他說，「不過我沒辦法。」

距今好幾年前，有一次在一場關於自我暗示（autosuggestion）的工作坊裡，我從一位前特種部隊武術教練手上感染到動彈不得的病毒。我已經忘記他叫啥名了，就叫他科特好了。科特在工作坊開頭，讓我們 10 個人靠牆排成一列，然後叫我們盡可能緊緊地握緊自己的手。接著他說在接下來幾分鐘內，他會駭進我們的腦袋、劫持我們的意志。靜悄悄、神不知鬼不覺，卻毫不留情。他說，同時呢，我們還會繼續握著自己的手。

科特的斷言招來懷疑的反應。雖然我必須坦承，我心中不乏某種程度的不祥預感（而且我確定我並不是唯一這麼想的人）。我已對

---

[29] 對於家暴的形態學，更多資訊請見Pat Craven, The Freedom Programme (2005). www.freedomprogramme.co.uk

特種部隊略知一二，我知道他們有能耐做到哪些類型的事情。這有可能是某種詭計嗎？科特是不是趁我們不備，以某種方式在我們手上塗了黏膠？說實話，我無法確定。

　　接下來幾分鐘裡，科特真的開始進行了。他低吟道：「你會開始覺得你的手慢慢地黏在一起了，就好像被非常強力的接著劑黏住一樣。」他補上一句，「當你感覺到這點時，你還會把手握得更緊來促進這個連結的過程，並且讓這種連結盡可能地強固。」他繼續說下去（用一種放鬆、慎重、卻帶有徹底權威性的聲音）：「你會把你的手黏在定位，一隻手指接著一隻手指，所以就算你想，你也沒辦法移動你的手。」

　　他輪流對我們每個人說話。

　　「讓這個連結徹底堅硬如石，」他一邊說，一邊用手包住我們的手，把壓力加得更大。「這個連結是如此緊密，」他說，「沒有任何事物能夠撬得開，完全沒有……」

　　科特繼續像這樣講了一分鐘左右──充滿信心，很有方法，而且實事求是地鼓勵我們把手緊貼在一起。當我盡可能讓手指握緊的時候，我心中暗忖，這根本是瘋了嘛。

　　然後我突然開始驚慌起來。

　　我想著，要是這個玩笑是針對我們的呢？我們的手真的是黏在一起了？接下來是什麼？他會來偷襲我們嗎？也許整個自我暗示活動是某種細膩但低級的騙局，特別設計給一群像我們這樣好騙的呆子，讓我們齊聚一堂，先海撈一票註冊費，然後，看哪──每件事都進行得跟發條一樣準！也許，我們一簽下支票，科特就會劫走所有的東西，或從我們的信用卡裡搶錢，就趁我們全都被超級黏膠黏在一起的時候。

　　我暗想，真是個滿肚子壞水的混蛋。

　　就是這樣，不是嗎？當然是囉。我怎麼會這麼笨咧？頭殼壞去

的是**我們**，才不是他。

我既冷靜又瘋狂地開始反覆思考。我的錢包……裡面有多少錢來著……呃，不知道……取消信用卡就像肉中刺一樣極度討厭，……不過，嘿，這比真的被刺到肉好吧……那有照片的身份證件呢？……唔，首先有我的駕照……

在此同時，我繼續緊緊鉗著我的手指。

直到科特突然就這樣停了下來。

「好了，」他說，「現在別再把手緊握在一起了，我數到三，慢慢地鬆開你們的手指。準備好了嗎？ 1……2……3……」

我們全都不安地彼此互望。我瞥了一眼站在旁邊的人，他也瞄回來。「我不確定這是怎麼回事，」他低聲說。「我也不確定，」我無聲地回答。我察覺到我在冒汗，因為用力？還是因為恐懼？我無法確定。然後我們開始鬆手。某些人很快就適應過來，立刻伸手摸後口袋。其他人則跟我一樣，發現要這麼做很困難。還有一兩個人發現自己根本沒辦法，他們的手真的黏得很緊！就像科特預測的一樣，他們盡力試了，然而就是沒辦法把手撬開。

到最後，當然，等塵埃落定、狀況比較平靜以後，他們的確成功地解救了自己。然後我們全都搖搖頭笑了，呵呵呵。

如同每個好的舞台魔術師所知的，這個教訓清楚得有如白晝，只要告訴某人某件事，只要次數夠頻繁——他們之中某些人，就會在某個時刻，開始相信你。

而且無論如何，都會一直相信你。

摘要

我們在這一章裡，看到深埋腦中的一種古老祖傳力量——從眾的需求，其對我們的態度與行為所能施加的影響力，就跟現代廣告人跟意見領袖所運用的說服策略一樣大。老習慣很難改，而且我們

身邊的人（特別是跟我們相似的人）所採取的行動，又在我們大腦的信念羅盤旁加上了強力的演化磁鐵。從眾性已寫入我們的基因、難以磨滅。在我們祖先的時代，「生存」和「團體」多多少少算是同義詞，個體的市場不如現在這樣看好，而「保持低調」的能力幾乎肯定帶來好處。這一課我們從來沒忘記。

在一個以相互競爭的意識型態為動力的世界裡，我們做為部落民族的根源有時會帶來顧慮的理由。團體動力學遵守某些定律，而了解這類定律的人要是有意，就可以「從遺傳上改造」一個團體，以此在社會中創造出脫離規範的變種極端主義菌株。不過，並不是所有團體都追隨同樣的定律。而且雖然多數派的力量「居高臨下」來改造我們，少數派卻是「從內部」運作：用手肘推著大腦去質疑現實──先拆散、再一一恢復已扭曲的真理結構。

下一章，我們會把焦點完全放在瞬間說服術上──把它放在顯微鏡下，定位出 DNA。

我們不禁問道，在心智的旋律中，是否藏著一個所有人都能撥響的影響力金弦？不只是說服界的巨匠，連街頭表演者也彈得動？

結果答案是「有的」。我們的分析揭開了影響力的雙螺旋，供奉在其中的，就是說服的密碼。

歸因類型測驗

下面 10 個陳述能指出你看待生活事件的不同方式。在量尺上指出你對於每一句話同意或不同意的程度。

舉例來說，如果你強烈贊同那段陳述，在下面的量尺上圈 4。如果你強烈反對，就圈 1。量尺會在每句話後面出現。

1、如果我在工作時漂亮地執行了一項任務，或是順利通過一項考試，主要是因爲那件事很容易。

強烈反對　1　2　3　4　強烈贊同

2、如果我搞砸了一個考試，下次我可以靠著更用功來取得較佳的成績。

強烈反對　1　2　3　4　強烈贊同

3、「適時適所」是成功的秘訣。

強烈反對　1　2　3　4　強烈贊同

4、出席政治集會通常沒有效果：沒有人會付出太多注意力。

強烈反對　1　2　3　4　強烈贊同

5、才智是一出生就注定的──你做不了什麼改進。

強烈反對　1　2　3　4　強烈贊同

6、我把成功歸功於我的能力，而非機運。

強烈反對　1　2　3　4　強烈贊同

7、大家會對你有什麼印象，只能看他們了──你其實改變不了這點。

強烈反對　1　2　3　4　強烈贊同

8、如果你快要生病了，你就會生病──你能盡的人事沒多少。

強烈反對　1　2　3　4　強烈贊同

9、你無法欺瞞命運。

強烈反對　1　2　3　4　強烈贊同

10、如果你的真愛在某處，他們會找到你的──這是命中注定的。

強烈反對　1　2　3　4　強烈贊同

評分：把你第 2 項和第 6 項的分數倒過來，就是說 1 分等於 4 分、2 分等於 3 分。然後把你 10 項所得的分數加總起來，得分在 15 分或以下，通常表示是**內在性**歸因型態，而超過 25 分以上，表示是**外在性**歸因型態。15 到 25 範圍內的分數，則表示是兩種型態的混合。

第六章

瞬間說服術

　　一架由倫敦飛往開普敦的班機在中非叢林上空碰上嚴重的亂流，乘客們極端緊張的話語傳到了駕駛艙，一會兒後，廣播中傳來機長的聲音，他喊道：「天啊，我們全都死定啦！死定啦！……啊，靠！那是對講機信號燈，不是引擎信號燈……」

　　整架飛機的人都爆出大笑，大家也都恢復了冷靜 [1]。

　　「〈死鸚鵡短劇〉[2] 的共同作者葛雷恩・查普曼（Graham Chapman）掛了。他已經不在了，失去了生命，在平靜中安息。他兩腿一蹬，突然大去，倒地不起，嗚呼哀哉，嚥下最後一口氣，去見天上那位最偉大的喜劇龍頭。而我猜大家現在一定都這麼想：這是多麼悲哀啊，一位這麼有才華、待人這樣仁慈、又有這般不尋常智慧的人，竟然會如此突然地煙消雲散，年僅48歲，他還來不及做到許多他能力所及的事情，也還沒玩夠呢。

　　「唔，我覺得我應該這麼說：『這都是屁話。能擺脫他才好，這不勞而獲的混帳東西，我希望他下油鍋！』我覺得我該這麼說的理由是：如果我不這樣講，他絕對不會原諒我。如果我白白浪費了能替他嚇壞你們全部人的光榮機會，那可不行，對他而言這可是愚蠢的好品味。

　　「昨晚當我寫下這番追悼詞時，我聽到他在我耳畔悄聲呢喃：『好啦，克里斯，』他說，『你是在英國電視史上說出狗屎一詞的第一人，你對此非常自豪。如果這個葬禮**真的**是爲我而辦的，我希望你成爲在英國告別式上說「幹」這個字的第一人。』」——約翰・克

---

[1] 漫畫家蓋瑞・拉森（Gary Larson）的單格漫畫系列「遠方」（Far Side）的粉絲，可能在他們最喜歡的系列漫畫裡看過類似的笑話。這位機長顯然是個拉森迷。

[2] 譯注：parrot sketch是英國喜劇節目「蒙地蚺蛇（Monty Python）飛天馬戲團」裡面的著名短劇，主軸是一名受騙的顧客帶著死鸚鵡回寵物店要求退錢，店主卻怎麼樣都不肯承認他賣出的鸚鵡已經死了；這段表演後來衍生出很多不同的變化形式，拿各種暗示死亡的措辭來開玩笑。克里斯接下來的許多追悼詞，典故都出自該齣短劇。

里斯（John Cleese）在 1989 年為查普曼葬禮所做的追悼文。

說服天才

一天下午，在德國鄉間的一間教室裡[3]，一位老師要學生們把 1 到 100 之間所有的數字相加起來，他走向黑板寫下算式：

1 ＋ 2 ＋ 3……98 ＋ 99 ＋ 100

然後他坐下來，拿出了一疊作業。

他班上的學生只有 7 歲大，所以老師預想他們會用掉當天剩下的課堂時間作答，這樣剛好夠他做完雜事。不過，過了大約 20 秒後，有一個學生舉起了手。

「老師，」男孩說，「我想我算出答案了。」

「胡說！」老師說道。

「是 5050，」男孩回答。

老師驚得說不出話。他走近男孩，請他解釋怎麼有辦法這麼快算出答案？

「很簡單，」男孩說。他走到黑板上開始寫下：

100 + 1 = 101

99 + 2 = 101

98 + 3 = 101

接著他驟然停下。

「你看，」他說，「這裡有個模式。在 1 到 100 之間，有 50 對加起來等於 101 的數字。所以答案一定是 50 x 101，也就是 5050。」

多年以後，除了別的發現以外，卡爾‧佛萊德瑞克‧高斯還發展出同餘理論（modular arithmetic）——這是對數論領域的一項重大貢獻。現在他被公認是有史以來最偉大的數學家之一。

我很愛這個關於高斯的故事。我並不知道這個故事是真是假，

---

[3] 這則軼事在大多數關於高斯的傳記裡都會出現。

不過這其實不是重點。我喜歡的是數學之中演算法的祕密。我喜歡這個想法：在煩人的數字序列之中，就藏著一個清晰簡單的模式；只要我們辨識得出來，這模式就會露出簡潔又優雅的解答。

數學上的真理，對說服也一樣適用。面對一個必須解決的問題，我們大多數人會繞遠路，做我們在課堂中所學到的事：把數字一一相加。不過後來天才出現了，這些人不只是一語中的，還順便直踹要害。想像一下，你應邀在你某位好友的葬禮上致詞，你在眾人面前就位，然後開始行禮如儀。1 ＋ 2 ＋ 3……

「他是個很棒的朋友，我們會哀傷地懷念他，哇啦哇啦……」

這樣是很好，你到最後總會講完。

不過，現在讓我們想像你用稍微不同的方式解決事情：

「〈死鸚鵡短劇〉的共同作者葛雷恩‧查普曼（Graham Chapman）掛了……[4]」

5050。

或者想像你是機長，你的飛機正飛越一陣亂流，乘客們都嚇壞了，你該怎麼做？嗯，你可以向他們解釋，空中飛行其實是最安全的一種交通運輸形式；亂流並不危險，而且你們很快就會度過最糟糕的部分了……1 ＋ 2 ＋ 3……或者你可以照著那位倫敦—開普敦班機機長的作法，光靠一句話就安定人心。

最後，把你自己擺到職業警察朗‧庫柏（Ron Cooper）的位置。工作了 23 年，現在你面對一個爬到百呎高空的人。此刻就靠你說服他了。你拿出你的計算機，開始敲打一些數字。

「你何不暫時退後個幾步，我確定我們可以解決這個問題……」

或者你會……？

「我可以把我的夾克脫掉嗎？」庫柏問，「往上爬了 14 層樓，人

---

[4] 你必須親眼看過才會相信。去YouTube上面看看克里斯對他前同事的致敬：「葛雷恩‧查普曼的葬禮」（Graham Chapman's Funeral）。

就會覺得有點熱。」

「隨你高興，」那傢伙說，「我他媽的才不在乎。」

在呼嘯狂風和傾盆大雨之中，庫柏緩慢又費勁地著手解開他那件警用外套的釦子。20 分鐘前 —— 在爬上 14 層樓以前，他是接到電話後第一個抵達現場的人。這名大約 25 歲的年輕人，在好幾層樓高的停車場屋頂上，威脅要跳樓。

「這世界根本是堆狗屎！」這傢伙對著下面群聚的圍觀者咆哮，「從來沒有人在乎我，沒有人在意我的死活，所以我為啥要在乎？」

庫柏脫掉了他的外套，然後是領帶，接著在窗台邊那傢伙的全程注視下，他開始解開襯衫的釦子。

在庫柏打算脫掉襯衫的時候，那傢伙說：「別輕舉妄動，否則我要跳了！」

「當然不會，」庫柏一面把襯衫整整齊齊摺好放在旁邊，一面說，「我只是想讓自己舒服點，就只是這樣。」

此時風還繼續呼嘯，大雨轉而夾帶雨雪，而他脫到身上只剩一件 T 恤。

T 恤正面寫著：「**滾開 —— 我已經有夠多朋友了！**」

他設法讓自己爬上窗台，然後轉身直接面對那名年輕人，這樣標語就可以完整地被看到。他直盯著對方的眼睛。

他說：「那麼，接下來你想聊一聊，還是怎樣？」

影響力的剖析

庫柏、克里斯和那位機長都為他們各自不同的困境，想出超有效的解答，（你會很高興知道，站在窗台上的那個傢伙有看出庫柏那件 T 恤的喜感。）不過每個人的想法都不一樣，他們的解決方式，在那個特定時刻對他們有效。而他們很走運採取了奏效的招數。

就我們到目前為止所見的說服方式，這樣的觀察有很重要的意

涵。葬禮的演講、說服自殺者、緊張的乘客。理論上，這類問題可以有無限多種解決方法，不論是同樣有失莊重（或者不然，可能因狀況而異），或同樣「高斯式」，一切端看你是什麼樣的人，以及你的觀眾是什麼樣的人──這點可能更重要。

　　然而從另一方面來說，我們也一直看到有一個系統、一種公式，一種說服演算法，要是運用得當，可以把這樣的變化、這樣風格的分歧，分解成修辭上的三個常數：

　　1、你談話內容的基本原料 ── 會讓你的聽眾集中**注意力**（attention）的事情。

　　2、你傳達這些基本原料的方式──這是個主要指標，預測聽眾會怎麼感受或**處理**（approach）這個訊息。

　　3、觀眾就他們自己的人際關係，來評價你這個人或評估你的言論，這種心理因素就是**親和性**（affiliation）。

　　所以我們要怎麼調和這兩種對立的立場？所有成功的說服，在許多不同的包裝之下，都歸結到這「3A」之下嗎？或者還有別的要素是巴瑞特多年來所一直沒想到的？

　　為了回答這個問題，我變成一個說服案例收藏家。在18個月內，我從各式各樣的廣泛來源中歸納出一個「影響力全集」：由超過150則戲劇化逆轉例證構成的大全集。舉例來說，就像庫柏施展的那招。或者，要是你還記得導論的內容，飛機上那位音樂家做到的事。被我稱為瞬間說服術的這些例子，在我看來，對於定位影響力的基因組是不可或缺的。如果3A真的是說服術所特有的，如果這些要素真的構成了心靈控制的基礎建材，那麼3A最有可能出現在哪裡呢？出現在改變局勢、懸疑緊張、或者生死攸關的事件上嗎？或者是在頭等艙吃米其林等級奶油泡芙的時候？（當然，先假設機

艙裡沒有一個討厭的豬頭在場）

一等到資料庫開始聚集動能，我就找來一群受試者。我讓他們先讀一遍這些情境，然後寫下他認爲每個案例中對說服結果最有貢獻的因素。這些結果讓人大吃一驚。分析顯示，有五個主要的說服軸心：

一、簡潔（Simplicity）
二、動之以利（perceived self-interest）
三、不按牌理出牌（incongruity）
四、信心（confidence）
五、同理心（empathy）

又簡稱爲 SPICE。

顯然這五種因素不只是跟巴瑞特的 3A 正好相配（「簡潔」與「不按牌理出牌」直接對應到「注意力」；「信心」對應到「處理手法」；「動之以利」及「同理心」則對應到「親和性」），也吸收了我們先前所見的那些原則——對動物界及對新生兒的重要影響力原則。

這是一種綜合所有影響力的影響，只需要幾秒鐘的醞釀期。這股影響力如此即時，如此危險，如此古老——不只能讓雙方情勢逆轉，還能控制場面。就光靠你 T 恤上的幾個大字（去問問庫柏就知道了）。

一、簡潔

色盲

我記得距今數年前，一份倫敦地方報刊載了一則故事：一名上了年紀的非裔加勒比海男子搭巴士從工作的地方回家。在其中一站，有個醉鬼上了車卻找不到位子坐。

「雜種肥黑鬼，給我起來！」醉鬼對著男人咆哮。

「你說我肥？」男人說道。

全車的人都笑了，那個醉鬼下車走人。

光靠這驚人的四個字，就避開了一場災難。

從政治到廣告，從談判合約到防範大規模種族暴動──任何一種說服術都有一條黃金定律：必然帶來成效的並不是你所說的話，而是你說這些話的方式。通常越簡潔越好。

研究已經一再指出，我們的大腦偏愛簡潔。比方說，想想下面這個加法問題[5]吧。先用一張紙蓋住算式，然後往下讓算式中的數字一個一個露出來，同時在你腦袋裡心算：

$$
\begin{array}{r}
1000 \\
40 \\
1000 \\
30 \\
1000 \\
20 \\
1000 \\
+\ 10 \\
\hline
\end{array}
$$

你的答案是多少？如果答案是 5000，再試一次。事實上正確的答案是 4100。所以到底是哪裡出錯了？唔，當大腦加到倒數第二個總和 4090 的時候，就會**預期**最後總和是一個漂亮又方便的整數。所以大腦打賭是最快躍上心頭的整數：5000。

---

[5] From Rob Eastaway and Jeremy Wyndham. *Why do buses come in threes? The hidden mathematics of everyday life* (London: Robson Books, 1998)

頭等艙影響力

大腦在處理資訊時感受到的流暢性，是它要不要「贊成這件事」的關鍵預測指標。簡單是好的、複雜是不好的。這就是為什麼瞬間說服術的威力會那麼強大。用動物學術語來說，瞬間說服術中有等同於現代人的關鍵性刺激的影響力。就像世界頂尖的武術高手（我們隨後會看到），他們之中某些人已經 80 好幾了，但這些瞬間說服家幾乎不會浪費能量，就像那些難以捉摸的僧侶和神出鬼沒的大師，他們只集中火力瞄準身上的罩門，而瞬間說服家幾乎以同樣的方式直取心理的要害。

In flpnsis, in othr wrds, only infrmtn essntl 2 d commnctn of d mssge is inclded in d mssge.（換句話說，在瞬間說服術中，只有對溝通訊息來說必要的資訊，才會包括在這則訊息裡。）

蒙大拿大學（University of Montana）心理學教授路克·康威（Luke Conway），研究的是簡潔性在政治演說中扮演的角色[6]。他發現的結果很有意思，政治家在競選的時候，你猜怎麼著？他們會回歸基本原則，提出不那麼花俏的政策。

康威分析了 41 位美國總統在他們第一個任期中的 4 次國情諮文演說，然後察覺到一個模式：一位總統在職位上待得越久，其意識型態的複雜度就越低；這種關連性是線性的。就職時的國情諮文演說，不但內容微妙細緻，在語氣上也是包容的──通常會更欣然接納反對派看法。而且就概念上來說，也更挑剔講究。而他們最後一次的演說（接下來就是下回開始選舉的時候啦），則會盡可能地斬釘截鐵。

「簡潔有力才有賣點，」康威說，「沒有人會響應『我**可能**是對的，也**可能**是錯的，咱們來對話吧。』這種號召。」

[6]Thoemmes, Felix and Conway, Lucian. G., III, "Integrative Complexity of 41 U.S. Presidents." *Political Psychology* 28 (2007): 193–226.

　　就以史上最偉大動人的一場政治演說為例吧。1940 年 6 月 4 日，從敦克爾克撤出英國遠征軍之前，邱吉爾說出他那篇千古不朽的演講：「我們會在海灘上對抗他們……」，而當時他也可能採取不同的措辭，他的談話也有可能變成：「我們可能在海岸周邊陣地上，跟我們的對手進入作戰狀態……」

　　遺憾的是，我們永遠不會知道為什麼邱吉爾決定採用他當時發表的版本。人在壓力下會做出奇怪的事情，不是嗎？不過，從比較沒那麼戲劇化的方面來說，我們的確知道，近來瑪莎百貨行銷部門為何在他們的物流車兩側放上這句話：「專為每個人量身打造。」（Exclusively for Everyone）

　　我打電話過去時，一位發言人告訴我：「卡車車身兩側沒有多少空間，貨車上就更少。如果你穿梭在車陣之間，不會有太多時間讀上面的字。我們是可以寫上『我們有人人買得起、又到處買得到的頂級商品』。不過從某方面來說，那句話就沒有同樣的感覺，對吧？在廣告中，最好讓事情單純點。」

　　馬修・麥葛龍（Matthew McGlone）和同事潔西卡・托菲巴克希（Jessica Tofighbakhsh）做了一個關於詩的實驗[7]。嗯，其實不盡然跟詩有關，跟押韻比較有關。麥葛龍和托菲巴克希以很巧妙的方式分析智慧的結構，他們開始調查押韻的陳述句是不是比沒押韻的句子更有道理——或者更確切地說，押韻句是否**被認為**比沒押韻的句子更真確有理。

　　首先，麥葛龍和托菲巴克希收集了一堆簡潔有力卻含糊其詞的格言，接著，他們把不太協調的修正版混進組合裡[8]。「謹慎適度，帶來財富」（Caution and measure will win you treasure.）被他們改成

---

[7]McGlone, Matthew S. and Tofighbakhsh, J., "Birds of a Feather Flock Conjointly: Rhyme As Reason in Aphorisms." *Psychological Science* 11 (2000): 424–428.

[8]譯注：這裡的例子轉換成中文不確定是否還適用。中文的對句通常不會連續兩句都押尾韻，否則反而不順；這個實驗是針對英語使用者，英語連續兩句話都押尾韻是沒有問題的。

「謹慎適度，讓你有錢」（Caution and measure will win you riches.）。而「清醒時隱瞞到底，酒醉後一洩千里」（What sobriety conceals, alcohol reveals.）則改成「清醒時隱瞞到底，酒醉後口無遮攔」（What sobriety conceals, alcohol unmasks.）。然後他們找來一群受試者，先讀一遍他們的智慧之語——有原版的也有修正版的——然後評估每一句話的精準度。看他們認為這些諺語跟真實人生相比有多貼切？

就像我們可能會料到的一樣，麥葛龍和托菲巴克希也料中了，受試者們偏好有押韻的版本。參與者覺得，跟沒押韻的修正版相比，有押韻的原版句子沒那麼做作、也更真誠。就像是更真實、更精確地反映了世道人心的實際狀態。

但這是為什麼呢？

研究人員指出，我們的大腦可以把這樣的陳述句整批「吞」下去，而不必擔憂怎麼把它們切碎、分解成比較小、比較好處理的碎片。所以我們處理這種語言的速度比較快，掌握這種洞見跟意義的節奏也比較流暢。而如同我們在政治領域裡看到的一樣，流暢性會孕育出信心。

當我還是孩子的時候，我記得拳王阿里會在每場拳擊賽前，預告他會在哪一回合勝出。怪的是，他的預告通常也會押韻：

「他出拳像跳蚤，所以我三回合就能拿下他。（He hits like a flea so I will take him in three.）」

「他想上天堂，所以我七回合會撂倒他。（He wants to go to heaven so I will drop him in seven.）」

「他自以為很厲害，所以我八回合會取他要害。（He thinks he's great so I will get him in eight.）」

阿里是否有意無意地吸收了說服術的某種祕密定律？他的配對聯想能力，是否讓他的對手在心理上更軟弱？他對押韻的強烈偏好，讓他更善於判斷時機嗎？把攻勢訴諸語言，讓他的拳頭感覺起

來更厲害嗎？這確實有可能。阿里的許多預測真的實現了。

　　好幾年前，在我剛開始研究瞬間說服術時，我遍訪各航空公司的登機櫃台員工。當然，純粹是出於研究興趣，我湊巧問他們一些關於頭等艙的事。更具體地說，是怎麼**升等到**頭等艙。

　　雖然事實證明不可能把所有內容濃縮成一條「升等算式」（唔，我不太可能會告訴你，對吧？），某些跟我談話的人卻提到了幽默感。我在都柏林訪問的一位愛爾蘭航空公司（Aer Lingus）員工回想起一個極不尋常的例子，在當下，這句：「你們有沒有……**頭等艙**的靠窗位置？」──剛好對他非常「有效」，他甚至根本沒多作考慮。

　　「這不只是因為他說的話，」這個愛爾蘭航空員工告訴我，「而是他講這句話的方式。我告訴你，就算在耶和華見證人（Jehovah's Witness）的集會上，這傢伙也可以搞笑。甚至可以說，是因為他**看著我**的方式。感覺就像是，『告訴我嘛，如果你不說出去，我也不會。』他很有信心，不過不是你在別人身上感受到的那種趾高氣昂。他顯然是在冒險一試，不過這一切就是很容易。我就是沒料到會這樣。」

　　而事實就是這樣，許多人在談到說服術時，會產生說服一定很複雜的幻覺，實則不然。就如同最動聽的曲調（在我們腦袋裡反覆唱個沒完的那種），最動聽的影響力是簡潔的；很大膽、很新鮮，而且就在你眼前。再回頭讀一遍愛爾蘭航空那位先生說的話，那裡有個洩漏天機的特徵：不按牌理出牌、信心和同理心。如果你還多思考了一下那個偷偷塞進去的互惠訊息：「如果你不說，我也不說」，不就出現了動之以利了！

　　而且這一切全都包裹在一句簡單的話裡。

二、動之以利

一對莊家

搖滾樂團「綠洲」（Oasis）最近在英國曼徹斯特做了一場表演，當時出現一些技術問題，他們不得不離開舞台。重新回到台上時，主唱連恩・蓋拉格（Liam Gallagher）對著超過 7 萬名的觀眾宣布：「我們對這一切真的很抱歉，現在這場演唱會是免費的，每個人都可以來退費。」第二天，有 2 萬名歌迷接受了他的提議來退費，對樂團造成超過 100 萬的損失。該怎麼辦？

綠洲兌現諾言，吐出錢來。不過有個小轉折，支票上有連恩和諾爾（Noel Gallagher）兩兄弟的親筆簽名，而且還有「伯納吉銀行」[9] 的特殊標誌。

樂團的女發言人表示：「雖然大家可以兌現支票，不過這些支票相當特殊，所以有些人可能決定留著。」

有一些支票出現在 eBay。

如果你想知道只有寥寥數語的說服秘訣，很簡單：訴諸對方的個人利益。或者更具體地說，訴諸於他們**察覺得到的**個人利益，也就是他們認為對自己有利的事。這也是管理的黃金準則之一。想影響你的老闆嗎？那就找出**他們的**老闆想要什麼。讓我們快速回顧要點：騎馬的最佳辦法是什麼？對，去馬兒想去的方向。到操場裡隨便晃一段時間（甚至不用花你什麼時間），你很快就會知道我的意思；小孩們彼此各取所需，靠的是下面兩種手段之一：要不是交換條件（你讓我玩一下你的 PlayStation，我就分你幾條巧克力棒），就是訴諸威脅（你如果不讓我玩你的 PlayStation，我就告訴詹金斯老師說你偷了我的巧克力棒）。這是叢林法則。

聰明的孩子甚至可以反過來控制我們大人。某回我參加了一個

---

[9] 伯納吉是曼徹斯特的一個地區，該樂團在此發跡。

新年派對，當時我朋友正要趕她 9 歲的小朋友上床。

「可是，媽，」他懇求道，「現在才 8:30，讓我熬夜嘛。」

媽媽很堅定。

「你知道你太晚睡會有什麼後果，」她說，「你接下來好幾天都會很累。」

「喔，」她兒子馬上接著回答，「可是妳補眠的時候，會希望我在早上 7 點到處亂跑嗎？」

幹得好。

某人曾經說過，外交手段就是一種讓他人照你的意思行事的藝術，同時還要確定他們對此感覺愉快[10]。

---

[10] 通常風水輪流轉，而且是大人到處摸索想找出對孩子有利的事物，以便爭得一些和平寧靜（在這種狀況下，PlayStation、巧克力和現金名列優先考慮的說服貨幣）。事實上，接受報酬跟避免懲罰是兩大支柱，支持你能想到的任何一種影響力——從撫養小孩到訓練小狗、再到更神秘又馬基維利式的極端：有意識塑造出的行為，像是我們在緝毒犬（sniffer dogs）身上看到的行為，還有與之非常相近的例子：二次世界大戰期間的鴿子。

鴿子計畫（Project Pigeon）是美國心理學史金納（B. F. Skinner）的思想產物，還成了一個計畫的代號，該計畫目標是發展由鴿子引導的飛彈。這個點子雖然有點怪異，但很簡單，一個固定在飛彈前面的透鏡，會把目標的影像投影到一個內部銀幕，此時一隻受過工具性制約（operant conditioning）訓練、能夠辨識影像（換言之，以食物獎勵越來越精確的辨別力）的鴿子，就會去啄銀幕上可調整的表面。只要啄的地方被引導到中央銀幕上，飛彈就會保持在航道上。不過啄痕被導引到偏離中心的地方時會讓銀幕傾斜，透過一個跟飛彈控制系統的連結，導致飛行路線跟著偏移。

不幸的是，雖然一開始美國國防研究委員會投入了25000美元，並鼓勵早期的成果，但這個計畫從來沒有升空。委員會的結論是，鳥腦跟飛彈防禦是差勁的組合。

當然，制約並不總是有意識地發生。跟鴿子不一樣，有時個人利益可以被操縱，我們自己卻不知道；而進行行為（啄）跟達成成果（食物）之間的連結，在不明確的狀態下被打造出來。

凱蒂：媽，我可以吃冰棒嗎？
媽：（沒注意到，繼續躺在日光浴躺椅上。）
凱蒂：媽，我可以吃冰棒嗎？
媽：可以，先等一下，親愛的。
凱蒂：（頓足。）媽！我要吃冰棒！
媽：嘿！我告訴過妳多少次了？不要對我吼。好啦，妳想要哪一種？

小凱蒂用不著心理學博士學位和對人類心靈運作的深層知識，也知道細磨慢碾、越來越強烈的糾纏堅持，通常會值回票價。她從經驗就知道，她從出生那天起就在精進她的技藝了！（為了支持她，奧克拉荷馬州立大學〔Oklahoma State University〕的心理學家愛德華·柏克力〔Edward Burkley〕在78名學生身上，研究認知疲勞如何影響對說服的抵抗力。他發現跟新來的學生相比，那些疲憊的學生更能接受暑假被縮短兩兩個月。）

不過堅持並非總是達成目標的手段。有時持續本身就是目的：會得到報酬的行為。這種獨特的動力學，就是賭博跟垂釣背後的心理學，而且就是這點讓這兩樣古老消遣這麼難以擺脫。賭場輪盤和河堤實現了多變的、無法預測的報酬率，這種可能性影響到希望的上癮性質（你永遠不知道什麼時候會出

急迫的待付款項

　　蓋拉格兄弟的外交手腕並不是特別高明。不過在這個退款事件裡，他們的表現超越以往的水準。那些支票之後很有可能變成蒐藏家的珍藏項目——而且比現在還要值錢很多。不管支票被兌現或在 eBay 上出售，都沒有人能指控這對兄弟沒履行承諾。真是聰明的作法。

　　綠洲樂團所做的事可不是靠著什麼尖端火箭科學，而是生物學。藉由開出那些極致的「限量版」支票，他們利用的是一種古老的影響力定律，稱爲「稀有性」（scarcity）。我們的老友，亞利桑納州立大學心理學家齊亞迪尼所列出的 6 種說服原則裡，稀有性就歸屬其中[11]，意指的是：東西越稀少，我們就越想要。而其他的原則——我們先前已經看過這些原則在各種僞裝下的狀態——包括互惠性（reciprocity，覺得有義務報恩）、承諾與一致性（commitment and consistency，就像蓋拉格兄弟的忠於承諾）、權威（authority，聽從掌權者）、偏好（liking，我們對喜歡的人說好），和社會證明（social proof，如果我們對自己不太有信心，就會看看別人在做什麼）。

　　因爲這些原則的演化基礎及其在遠古求生所扮演的角色，其中的每個原則都直接在個人利益的層次上運作。就以社會證明爲例，最近由亞伯丁大學（University of Aberdeen）所做的一項研究[12]顯

現下一次大豐收），而且就是這一點，相對於未經計畫的收穫，或者突然冒出的偶然運氣，長期來說，希望會永遠湧現的能耐會在不知不覺中證明其吸引力。

　　對於工具性制約原則的入門導論以及報酬與懲罰時程表如何能夠強化行爲的易讀概要，請見David G Myers, Psychology 4th edn, Ch. 8, 257–285 (New York, NY: Worth, 1995). For Edward Burkley's study see Burkley, Edward, "The role of self-control in resistance to persuasion." *Personality and Social Psychology Bulletin* 34(3) (2008):419–431.

[11] 關於這6項說服原則較好的入門導論，請見Robert B. Cialdini, "The Science of Persuasion." *Scientific American Mind*, February 2001.

[12] Jones, Benedict C., DeBruine, Lisa M., Little, Anthony C., Burriss, Robert P. and Feinberg, David R., "Social Transmission of Face Preferences Among Humans." *Proceedings of the Royal Society of London* B 274(1611) (2007): 899–903.

示，如果一個男人走進一家酒吧時身邊陪著一個微笑的女性，會讓他的吸引力提高 15%（如果你帶了 6 個就所向無敵了）。在動物方面也有同樣的模仿反應，在其他條件相同的狀況下，母鵝跟孔雀魚擇偶時，會選擇她們先前看到曾跟假鵝（假魚）交配的對象，而不會選擇沒看過偽交配場景的對象（不過我無意慫恿任何人做到那個地步）。為什麼？因為在不確定或者資訊有限的情況下，社會證明原則的作用就是強而有力的利己策略。如果其他雌性都受到吸引了，那妳有啥好不喜歡的？

訴諸個人利益的說服性質通常很難在紙上傳達。我們沒有一個人真的喜歡把自己往純粹自私的方面想——為了我們好，最好不要這樣想。不過我們還是試試看吧。

想像一下，你跟另外 29 個人自願參與一個由我主持的心理學實驗，報酬優渥得堪稱奇怪。在你們前來做實驗的時候，我帶著你們每個人分別進入獨立的小房間，裡面有個蜂鳴器，位於一個中央控制面版上的顯眼位置。在你進入你的小房間以前，我要你在裡面待10 分鐘，不過你隨時都可以按下蜂鳴器。不過，一旦有人按下蜂鳴器，就表示實驗結束了。喔對，還有一件事，你不能跟其他房間裡的人溝通。

我接著說，實驗條件沒有那麼單純——事情就從這裡開始變有趣了。如果整整 10 分鐘後，沒有人按下蜂鳴器，那麼每個人——你和你的 29 個同伴——都會贏得免費的 21 天假期，要去全世界哪個地方隨便你挑。不過從相反地，要是在 10 分鐘之內，有人在任何時刻按下蜂鳴器，那麼不管他是誰，他會贏得免費的 6 天假期。其他人則啥都沒有。

時間不斷流逝。

你會怎麼做？

要知道，我們現在面對的就是「狼的兩難問題（Wolf's

Dilemma）」[13]；在剛碰到這類問題時，大多數人馬上就有答案。你當然知道應該怎麼做——忍完整整 10 分鐘。如果每個人都團結一致，那麼每個人都可以抹著防曬油度過 21 天假期。沒錯吧？呃，算是啦，這是個大問題，不是嗎？每個人**都會**團結一致嗎？也許會，也許不會。要是團體中的某人，出於純粹的自私或愚蠢，「意外地」按下蜂鳴器呢？你真的可以冒這種風險嗎？

你想得越多，事情就變得越明顯，最理性的選擇是由你自己按下那個蜂鳴器。倘若在另外 29 人中，可能至少有一人會毀掉其他人的機會——然後搭著飛機融入夕陽中，消失個 6 天——那麼，有什麼理由可以解釋這人不該是**你**？其實，所有手段中最高明的就是根本不要**想**，**按下去**就對了。你一進小房間就按下去，畢竟要是你已經想到「按下去」對你最有利，其他人難道就沒一個想到？他們難道不會**現在就做**嗎？

時間的考驗

17 世紀英國哲學家霍布斯創造了這句話：「人人彼此對抗的戰爭」，用來形容無政府狀態下生命會變成什麼樣子。（雖然這句話也面臨信用危機，在阿富汗的狀況與國會議員濫用公帑醜聞之後，我們不免納悶，這種嘗試是否值得。）

不過我更喜歡前任澳洲首相高夫·惠特蘭（Gough Whitlam）的名言：「賭客都知道，名叫道德的馬兒鮮少拔得頭籌，然而名叫私利的駑馬總是表現良好。」

事實上，惠特蘭的話可能就是字面上的意思——要是 70 年代普林斯頓大學的一項研究結果可靠的話。心理學家約翰·達利（John

---

[13] 狼的兩難問題是由美國賽局理論家道格拉斯·霍夫史塔特（Douglas Hofstadter）所構思的。Hofstadter, Douglas R., *Metamagical themas: Questing for the Essence of Mind and Pattern* (New York, NY: Basic Books 1985).

[14] Darley, John M. and Batson, C. Daniel, "From Jerusalem to Jericho: A Study of Situational and Dispositional Variables in Helping Behaviour." *Journal of Personality and Social Psychology* 27 (1973): 100–108.

Darley）跟丹尼爾‧巴特森（Daniel Batson）[14] 把普林斯頓神學院的學生分成兩組。第一組被告知要錄下一卷錄影帶演講，內容是他們認為神學院學生畢業後可能最適合從事的工作類型；第二組人則得知，他們要錄一篇演講，主題是關於好撒馬利亞人的寓言。接下來，兩組學生有幾分鐘的準備時間可以做些筆記，然後研究人員告知他們，錄音室在相鄰的建築物裡，可以從一條連接通道走過去。

　　現在有趣的來了。在出發之前，並不是所有學生都從研究人員手上拿到相同的簡報。實際上，他們被進一步細分成三組，而且所知的事情完全不同。

　　第一組人得知的是：「要再過幾分鐘他們才能幫你準備好，不過你可以直接過去了，就算還要等，也不會太久。」

　　第二組人則聽到：「助理已經替你準備好了，所以請現在就過去。」

　　第三組人知道的是：「喔，你遲到了，他們本來料想你會在幾分鐘前就過去，我們最好趕快動身。助理應該在等你了，所以你最好快一點。」

　　然後他們出發了。

　　可是這一趟路卻有個意想不到的狀況。一名研究助理癱坐在通道出入口，他低著頭，閉著眼睛，動也不動。學生們走過時，他會咳個兩聲，呻吟一下。

　　這裡的重大問題是：每個學生會給他多少幫助？

　　為了方便決定，研究人員事先同意使用一個記分系統，學生們如果根本沒有（或看來沒有）注意到那個人，就得不到任何分數。他們要是發現他需要幫忙，卻沒有停下來的話，會得到 1 分。如果他們沒停下來，卻把這件事告知在隔壁建築物裡等待他們的錄影助理，就會得到 2 分。而如果他們跟研究助理一起，陪著他到能獲得救治的地方，就可以得到最高分數 5 分。研究的結果在圖表 6.1 中：

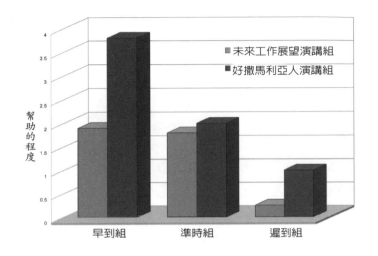

圖 6.1　抱歉不能留下——我趕不上我的佈道了。

　　事情很清楚，就算在普林斯頓這種菁英神學院的學生之中，就算這些菁英學生剛做過關於好撒馬利亞人寓言的筆記，個人的利益還是有影響；而且多數時候很有影響。圖表再清楚不過地揭露出，那些遲到的學生幾乎沒注意到癱在出入口的人。

　　他們太忙於做好學生了。

　　在今年（2009 年）稍早時，新聞爆料指出，英國廣播節目主持人泰瑞・沃根（Terry Wogan）年薪高達 80 萬英鎊，這讓他遭受媒體界各部門攻擊。雖然沃根在 BBC 第二台的週間晨間節目，贏得很高的收視率，也帶給他多年來偶像般的地位（讓這件事更有反諷意味），仍有眾多的流言表示他的薪水太高了；再加上當今的經濟情勢，以及他兩位同僚最近涉及的不道德醜聞，他的名聲可能因此陷入危機。不過沃根對此另有看法。

　　他以充滿個人特色的慈祥、沉穩語氣反駁道：「那只花每個聽眾兩便士啊，我想我這個價碼很便宜。」

事情就此結束。只要個人利益的方向被轉移，數字重新被導成對他的毀謗者有利，事情就搞定了。

三、不按牌理出牌

詐騙大腦

你不會在科普書裡發現太多魔術戲法，不過這裡可以提供給你一個[15]。在圖 6.2A 裡，有 6 張紙牌。選擇其中一張摸一下，然後盯著這張卡片看 5 秒鐘以便建立一個心象；然後暫時把書翻過來，在心裡把這張牌具象化。別告訴我是哪張牌，只要記在你自己腦中就好。

圖 6.2A　選一張牌吧。

做完了嗎？ OK，很好。我現在要把牌收起來，洗牌，再把牌放回頁面上──不過這次是正面朝下。我會在這個過程中移走其中一張，但你不會注意到我做了什麼。

準備好了？來吧⋯⋯

---

[15] www.hondomagic.com/html/a_little_magic.htm

圖 6.2B　原來的牌，只少了一張……

非常好！目前為止很順利。

好，現在你面前的是 5 張紙牌，正面朝下。第 6 張牌在我這邊，我先檢查看看這是什麼牌——我拿走的時候甚至連看都沒看。好，我知道了。

想要我告訴你嗎？要知道我現在握在手中的是哪張卡片，請跳到本章的結尾，你自己「把你面前的 5 張牌翻過來」。現在就做，然後直接翻回這裡。

所以是哪張牌呢？有沒有可能，就是你挑的那張牌？

這就是魔術啦，各位。

剽竊大腦

希臘哲學家柏拉圖某次寫道：「改變信念的祕密，並不在於移植眼睛，因為眼睛已經存在了，」他補充說，「反而在於給予眼睛一道先前沒有的正確方向。」

他說得對。當然，魔術師已經熟知這點好幾個世紀了[16]。扒手也知道。「大動作掩護小動作」是這一行最經得起考驗的格言，而且也指出：如果兩個動作同時發生，觀察者只會注意到兩者中較大或

---

[16] 對於認知過程，魔術還能教我們更多事情，請見Kuhn, Gustav, Amlani, Alym A. and Rensink, Ronald A., "Towards a Science of Magic." *Trends in Cognitive Sciences* 12(9) (2008): 349–354.

較顯眼的那個。

就拿上面「讀心術」的小把戲來說吧。你現在可能已經想到，這無論如何跟讀心術無關，卻跟偷天換日大有關係。這在魔術理論中被稱為**消極誤導**（passive misdirection），在認知心理學中則稱為**外因性注意力攫取**（exogenous attentional capture）。讓你完全集中注意力在一張紙牌上（你選擇的那張），你甚至很可能不會注意到另外 5 張。你知道紙牌在那裡，你可以看到，不過你就是沒**注意**到。

真是個大錯誤。

如果你只注意你的牌，對其他紙牌毫無概念，我所需要做的就只是隨手移除一張牌，然後換掉另外 5 張牌，結果看起來就好像唯一失蹤的正是你的牌。那張你選的紙牌有視覺目標的作用，做為一種「腦神經內的保鏢」，它會硬推著注意力穿過意識的側門，再塞進計程車直接送回家。

談到說服術時，我們可以從魔術師和扒手身上學到一兩招。就拿庫柏為例。當時正在颶風下雨，不管可能有多熱，到底有哪個神智清醒的人，會在那樣情況下開始脫衣服？你會嗎？當然，庫柏這麼做是有理由的──那件 T 恤。不過跳樓者不知道這一點，他必須等著瞧──對方每鬆開一顆鈕釦，這個膠著場面就顯得越怪異。

然後是精彩大結局：

滾開──我已經有夠多朋友了！

更多的不按牌理出牌，更多心理上的強力炸藥。像這樣的狀況通常需要點機智圓滑，走「讓你到我懷裡哭泣」的路線。每個人都知道這招，要跳樓的人也知道。庫柏當然知道那傢伙也知道。不過這回不一樣，這樣玩有風險，不過庫柏算計過，幽默是很有力的招數，勝過站在好幾層樓高的停車場屋頂上淋雨（還是他希望如此）。

不按牌理出牌之所以有效，和它不能適用在魔術的理由正好一樣，因為這脫離常軌。但同時，它又因為同樣的理由而適用，因為

大動作掩護小動作。

史楚普秀（Stroop Tease）

　　不按牌理出牌的力量讓大腦停止運作，並從背後偷襲、把一整管驚奇炸藥往腦後塞，不過這招並不完全是新的，其實它的歷史跟山巒一樣悠久。古代的禪宗大師曾經說過：「聲東擊西」——今日許多派別的武術中，這個信條仍然不可或缺。舉例來說，在空手道中，「停心」（teishin）的概念，也就是「心智停止」，指的是心智暫時地（而且很危險地）從現在的主要焦點脫離了。同時在法庭中——從古希臘詭辯學派的時代開始，這裡就是語言角力的家園——勝利也有一部分取決於出其不意。

　　機智的英國律師佛萊德瑞克・史密斯（Frederick Smith）[17]，有一次替一名巴士司機辯護，他被控業務過失，導致一位乘客手臂受傷。史密斯沒有對原告祭出一連串攻擊性的問題，倒是跟期待中相反，採用一種安撫性的口吻。

　　史密斯問那個男人：「能不能請您向庭上展示一下，您現在能把您的手臂舉到多高——在現在談的這個意外**之後**？」

　　對方疼痛難忍地彎著腰，恰如其分地把手臂舉到肩膀高度。

　　「謝謝您。」史密斯說道。「現在，」他繼續說，「您是否能夠好心地在法庭中展示，您在意外**之前**能舉到多高？」

　　原告的手臂筆直地高舉過頭。

　　令人分心的性質，讓不按牌理出牌在說服術中成為一股相當不可忽視的力量，從下面的測驗裡，我們或許可以更細膩地體會這種性質的用處。

　　看一眼圖 6.3A 中的一系列方塊。每個方塊裡都有一個字出現在不同的位置。你的任務是大聲說出每個字出現在方塊的哪個位

[17] www.anecdotage.com (accessed July 3rd, 2007).

置（左、右、上、下），從左上角開始看到右下角，按部就班一排一排做下來。盡可能快速地說出位置。別讀那些字，說出字出現的位置就好。

懂了嗎？咱們上吧……

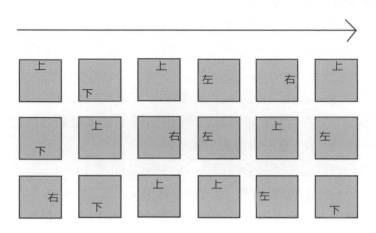

圖 6.3A　上面那些字出現在哪個位置：上、下、左還是右？

怎麼樣？很容易吧？好，這樣很好。

現在我要你針對圖 6.3B 出現的字詞列表，重複這項練習——只要說出方格中每個字出現的位置就好。**請不要，我強調，「不要」去讀字義**！

可以嗎？

那開始做吧……

這回你做得怎麼樣？完全不一樣吧？我想也是。事實上，大多數人都覺得第二張表的難度高得多。但是為什麼呢？唔，理由其實相當簡單。在第二張表上面，**有意識**的指示要把字的位置講出來，會跟光是閱讀這些字的**無意識**期待起衝突——字與字的位置之間有

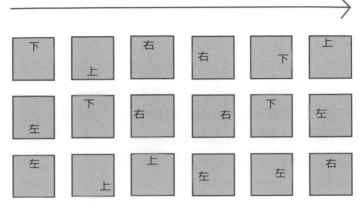

圖 6.3B　重複先前在圖片 6.3A 做過的動作。字出現在哪個位置—上、
　　　　下、左還是右？

　　著要命的不協調感，讓大腦的傳輸特別顛簸。換句話說，突然間預
期跟現實不一樣了。於是在這項練習上的表現便惡化了。

　　這個範式是所謂史楚普作業（Stroop Task）的一種變形[18]——是
以往認知心理學家的一項最愛，那些對注意力運作流程與機制感
興趣的人尤其喜歡。而且他們有很好的理由。由兩種彼此競爭的
衝動——讀那些字的自然傾向，對上那殘酷的指示，要**凌駕自然
衝動**並說出這些字的位置——所造成的**干涉**（interference）或**破
壞**（disruption）效應，並不只局限於語言的範圍。事實上，這種事
情還滿常發生的，舉例來說，每當我們發現自己處於陌生環境、或
者被預料之外的事情給嚇著時，就會發生。

　　阿肯薩斯大學（University of Arkansas）的芭芭拉・戴維
斯（Barbara Davis）和艾瑞克・諾爾斯（Eric Knowles），已經藉由
關於挨家挨戶的推銷員和街頭小販的研究[19]，證明出這一點如何運
作。戴維斯和諾爾斯發現，我們花錢的方式頗有值得注意之處：如

[18] 對於史楚普效應相關文獻的學術性回顧，請見MacLeod, Colin M., "Half a Century of Research on the Stroop Effect: An Integrative Review." *Psychological Bulletin* 109(2) (1991): 163–203.

果一名登門拜訪的推銷員提到售價時出人意表地以**分**爲單位，而不是以**元**爲單位，那麼目標顧客向他購買聖誕節卡片的可能性就會加倍；而要是攤販提到杯子蛋糕時，用的不是標準稱呼，反而不太尋常地稱之爲「半蛋糕」，露天市場的主顧就會多採購一些。不過兩個案例裡都一樣有圈套，必須在反常現象後立刻插入某句推銷詞，刺激才會見效。在聖誕卡的例子裡，推銷詞是「這很划算！」在杯子蛋糕的例子裡則是「蛋糕很美味喔！」

當然，這些事情沒有特別複雜，只是低層次的心理詐欺詭計。這種不按理出牌的「第一印象」——一組 36 張聖誕卡，售價 2844 分錢——催促著大腦略過小字部分，進入「看見幾分錢」的部分——或者看都不看，這個案例可能就是這樣。在大腦有時間重新思考以前，信心跟同理心就介入了：「這很划算！」ICE（不按牌理出牌〔incongruity〕、信心〔confidence〕和同理心〔empathy〕）這一整組元素運作得像一支特警隊小組。不按牌理出牌扮演的是打頭陣的角色：攻陷一個缺口並製造混亂，它會引發接收者呈現一種短暫、瞬息即逝的恍惚狀態，此時說服便處於無重力狀態、認知上的抗拒也被凍結，而極微小的催眠性暗示——「蛋糕很美味喔！」——就能悄悄引進。趁著大腦毫無防備時偷襲，你就能名符其實地「隨口開價」了。

寶貴的失誤

不按牌理出牌的神經學（在你撬開門、推開窗進入大腦裡面後看到的事情）其實有著頗爲詳盡的紀錄。猴子的單一細胞紀錄已經顯示[20]，杏仁核（amygdala）對於意外出現的刺激（不論正面或負面），敏感度會高於預期內的刺激；至於人類[21]，顱內腦波紀

[19] Davis, Barbara P., and Knowles, Eric S. "A Disrupt-Then-Reframe Technique of Social Influence." *Journal of Personality and Social Psychology* 76 (1999): 192–199.

錄（EEG）已經證實，人碰上罕見（特別是怪異的）事件時，杏仁核和顳頂葉交界區（temporoparietal junction，一種偵測新鮮事物的相關結構）的活動都會增加。的確，如我們在第二章所見，不按牌理出牌（以聲調出現突如其來的意外變化來表現）正是新生兒哭聲打動情緒的理由；而音樂與幽默所具備的優勢也由此而來[22]。

　　不過，就如同先前的杯子蛋糕研究所暗示的，不按牌理出牌還有第二個層次的功能。這項功能與製造混亂缺口的功能是分離的，但不無關連。這裡指的是不按牌理出牌的「重塑框架」（reframe）能力。

　　就拿圖 6.4A 和 6.4B 的兩個廣告為例，兩者都非常與眾不同，各以自己的方式展現強大力量。

圖 6.4A 與 6.4B[23]　意外之事的托詞：否定逆境的力量。

[20] Belova, Marina A., Paton, Joseph J., Morrison, Sara E. and Salzman, C. Daniel. "Expectation Modulates Neural Responses to Pleasant and Aversive Stimuli in Primate Amygdala." *Neuron* 55 (2007): 970–984.

[21] Halgren, Eric and Marinkovic, Ksenija, "Neurophysiological Networks Integrating Human Emotions." In Michael S. Gazzaniga (Ed.), *Cognitive Neuroscience* 1137–1151 (Cambridge, MA: MIT Press, 1995).

[22] 對於幽默的結構詳細（而且有趣的）討論，請見Jimmy Carr and Lucy Greeves, *The Naked Jape: Uncovering the Hidden World of Jokes* (London: Penguin, 2007).

[23] "Here to Help" poster reproduced with permission of Network Rail ©. "We Try Harder" notes to pp. 227–235.

因為我們更努力。

（如果你不是最大的公司，你就必須如此。）

我們可禁不起骯髒的煙灰缸、半空的油箱、壞掉的雨刷、沒洗過的車子、消氣的輪胎、調不動的座位調節裝置，不暖的暖氣和不能除霜的除霜裝置。

顯然我們只是努力把一切做好；讓你開著一輛新車出發，像是一輛活力十足、扭力超強的福特，還帶著愉快的微笑；讓你知道一些事，比方說，你能在杜魯斯市（Duluth）的什麼地方買得到好吃又熱騰騰的煙燻牛肉三明治。

為什麼？

因為我們絕不能把你視為理所當然。

下次選擇我們吧。

排在我們櫃臺前面的隊伍比較短喔。

像這樣的廣告，象徵我們會說的「游擊隊影響力」。這些廣告突襲人的預期，挾持我們的情緒，迫使我們提出問題，重新評價事物。

通常當某人幫助我們的時候，他們臉上會掛著微笑，而不是掛彩。發生了什麼事？

通常一家租車公司打廣告是為了替自己助威，而不是滅自己威風。這是在幹嘛？

艾摩利大學（Emory University）的政治心理學教授德魯·衛斯頓（Drew Westen）知道答案。

「如果你想同時贏得心智與理智，」衛斯頓說，「就先從心開始。」

衛斯頓跟同僚進行了一連串的研究[24]，要觀察這種情緒投資的效果，不過範圍鎖定在政治圈而非廣告界。衛斯頓想知道的是，如果找出一組死忠共和黨和一組死忠民主黨選民，給他們看幾組成對

的陳述（成對的**矛盾**陳述），發表者是他們支持的黨派領袖——共和黨是小布希的發言，民主黨則是約翰・凱利（John Kerry）。然後會發生什麼事？

這會對他們造成困擾嗎？如果會，是**哪些陳述**造成他們的困擾？

為了查明這一點，衛斯頓做的事情如下：在 2004 年總統選舉將至時，他從政治分水嶺兩邊的黨派裡，整理出一批精選的不協調論點（總共 12 個，6：6——我們在此提到的是真正明顯的錯誤，不只是輕微的不一致而已），然後利用一連串的幻燈片，把這些論證一視同仁地放給共和黨跟民主黨兩方支持者看，同時讓他們躺在功能性磁振造影（fMRI）機器裡。

他發現的事情讓人大為震驚。對於中立的觀察者來說，矛盾之處顯而易見。對共和黨人和民主黨人來說，也很明顯——只要這些矛盾來自對手。不過共和黨人能夠分辨出自己的候選人在論證上的矛盾嗎？同樣狀況下，民主黨人又如何？結果是根本毫無機會，在從 1 到 4 的量表中（1 表示完全沒有矛盾，4 表示嚴重矛盾），同黨人士的發言平均分數大概在 2 分左右，但對於對手的發言（你猜得沒錯），平均分數接近 4。換句話說，共和黨人只會在凱利的措辭裡看到錯誤。而相反地，民主黨人只會挑小布希的毛病。

然而更重要的是參與者面對這種矛盾時腦中的反應如何。剛開始，就如同衛斯頓跟他的團隊所預測的，暴露於這種訊息的早期階段（第 1 到第 3 張幻燈片），不協調的意識型態在腦中爆發一陣負面的情緒（特別在前扣帶皮質 anterior cingulate、內側前額葉皮質 medial prefrontal cortex、後扣帶皮質 posterior cingulate，內側頂葉 precuneus 和大腦的正中前額葉皮質 ventromedial prefrontal cortex）。

---

[24] Westen, Drew, Blagov, Pavel S., Kilts, Clint, Harenski, Keith and Hamann, Stephan, "Neural Bases of Motivated Reasoning: An fMRI Study of Emotional Constraints on Partisan Political Judgement in the 2004 U.S. Presidential Election." *Journal of Cognitive Neuroscience* 18 (2006): 1947–1958.

不過隨著實驗繼續進行（第 4 張到第 6 張幻燈片），開始發生某種很有趣的現象。牽涉到情緒規範的神經迴路（外側下額葉皮質 lateral inferior frontal cortex、下眼眶額葉皮質 inferior orbitofrontal cortex，腦島 insula 和海馬旁迴 parahippocampal gyrus）也開始產生影響，而且影響很大。接下來，不但起初的負面情緒開始消失，跟正面情緒相關的腦區（腹面紋狀體 ventral striatum 的報酬迴路）也現身參與這場派對。實驗參與者不光是開始覺得比較好了，而是開始覺得真的很棒。

照這樣看來，大腦一旦克服了不協調帶來的初始衝擊，就會馬上以情緒引導理性思路，並在某種程度上調和了相牴觸的陳述，然後就犒賞自己這樣的作為。

驚訝或驚嚇

衛斯頓的研究結果對說服過程中的變化提供了不少洞見，不只適用在政治界，也適用一般生活中的說服過程。首先，事實並非總是那麼重要 [25]。事實的影響力，過度被高估了。看來在出現危機，

---

[25] 研究者已經明確揭露，在說服過程中，何時事實很重要，何時又不然。一般來說，要是某種態度的主要性質是「認知性的」（也就是說，來自於我們如何思考某件事），那麼邏輯性、理性的論證非常明顯就是改變的最有效工具。如果相反地，態度的主要性質是「情感性的」（也就是跟我們對某件事的感受有關），那麼訴諸情緒會是最佳策略。

這聽起來可能很複雜，不過其實大多數人早就知道了。舉例來說，想想廣告業吧，如果有人打算靠著讚揚香水的化學成分來賣香水，或是用通水管用具對異性的擋不住魅力來促銷這種工具，他就不可能變成下一個比爾‧蓋茲。

跟說服的訊息內容密切相關的，是我們做為接收者處理其中資訊的方式。至於訊息的構成，有兩種主要的說服途徑：中央途徑（Central Route）和邊緣途徑（Peripheral Route）（見下圖），其中關鍵性的差異不在於我們達到結論的方式（不管我們用的是頭腦還是心），而在於我們的動機。

兩種說服途徑：中央途徑跟邊緣途徑

大致上，在訊息與我們有高度的個人相關性時，我們傾向於透過中央途徑處理資訊；換句話說，在真正事關重大時。通常這會導致對特定論證品質的深度評估，結果造成持續的態度改變。相對來說，邊緣途徑是在低度個人相關性的條件下發動：在風險沒有那麼高的時刻。一項訊息或論證的邊緣處理特色在於減少對細節的注意，以及加強依賴表面因素，像是訊息傳達者的生理吸引力，或者他們的穿著打扮。所以，就像我們不會找生化學家來行銷香水、不會找超級模特兒來賣通水管工具，我們挑選房地產經紀人時也不是要看他扮成貓王像不像來決定，否則就很不明智；或者換個狀況，在玩棋盤問答遊戲（Trivial Pursuit）時，堅持要坐在擲骰子之前聽全套的量子力學法則說明，也不太妙。

還記得第二章中好看的人在慈善義賣攤位賺的錢是如何比相貌平平的人多嗎？現在你知道為什麼了，

事態不妙的時候，大腦多半時候會瑟縮在心智之後。我要再次強調，在衛斯頓的研究中，所有的活動都是發生在大腦的**情緒**區裡，附近的**認知**區都靜悄悄的。

在演說術中，不協調也有造就改變的性質。像是約翰‧甘迺迪所運用的對比（「別問你的國家能為你做什麼，問你能為你的國家做什麼」），還有柴契爾夫人運用的對比（「你們想回頭就回頭吧，鐵娘子是不會回頭的」），因為正面與負面的內容如此強烈對比，讓他們的論點得以**被強調**。已有研究證明[26]，平均來說，一篇優美演講所得到的全部喝采中，有 1/3 是來自這種類型的對比。

請想像一下這一幕：某天早上，我跳上紐約地鐵。兩個乞丐坐在走道上的兩側，彼此相對。其中一個穿得破破爛爛，垂頭喪氣地舉著一面硬紙牌，上面寫著「**飢餓又無家可歸──懇請援助**」。另一個穿著無懈可擊的細條紋西裝，露出沾沾自喜的笑容，舉高紙牌，上面則寫著：「卑鄙而富有，還想要更多！」

路人的反應很有意思，是鄙夷、同情和愉悅的混合。以行銷策略來說，細條紋西裝男真是一場災難，他的碗就跟他剛開始乞討時一樣空空如也。然而那個「真的」乞丐──穿著破爛的那位──卻有大把收入。

我起了疑心，這個小騙局肯定有更多表面上看不到的內幕。所以後來在他們打算收工時，我走近他們，詢問實際狀況到底如何？

大多數人已經抱著慈善捐贈是好事的觀念，而且從嚴格的知性角度來看（由說服的中央途徑掌管的那種），這個想法不需要進一步的說服了。更確切地說，邊緣途徑暗示的是我們需要誘導。

對於態度改變的利弊，更進一步訊息可見Crano, William D. and Prislin, Radmila, "Attitudes and persuasion." *Annual Review of Psychology* 57 (2006): 345-374.

中央途徑	觀眾因素	說服方法	說服結果
	高動機與能力 →	深度處理，焦點在於論證的品質 →	能夠抗拒消逝與反駁的持久改變
訊息			
邊緣途徑	低動機或能力 →	表面處理，焦點在於表面特色，像是訊息傳達者的吸引力或論證的數量 →	容易消逝和反駁的暫時改變

[26] Greatbatch, David and Heritage, John, "Generating Applause: A Study of Rhetoric and Response at Party Political Conferences." *The American Journal of Sociology* 92 (1986): 110–157.

結果我是對的，這確實是個騙局。

其實他們兩個都是在街頭討生活的。

不過，他們透過文獻裡稱爲「胡說八道」的那種心理學，發現了一件事：藉由搭檔合作，他們每天的收入可以增加到 4 倍以上。

「這樣做給人選擇的機會，」他們告訴我，「選擇富人或窮人。你獨自一人的時候，通常的情況是，大家就這樣走過去，根本不會多看你一眼。不過穿著西裝的傢伙不只是抓住他們的注意力，還讓他們開始動腦筋。爲什麼我要把錢給這種自負的混蛋，明明我可以把錢給他的同伴？一般人都知道這是騙局，不過這招還是有效。我們輪流穿那套西裝。」

大變化掩護小變化。

四、信心

繼續觀察

我接下來要說的故事，並不盡然呈現出我叔叔福瑞德的最佳形象。不過對於信心所具備的改頭換面之力，這個例子實在太好了，很難捨棄。

福瑞德‧達頓（Fred Dutton）在二次世界大戰時，服役於傘兵團。他不是世界上最高大的人（大約 5 呎 2 吋〔約 157.5 公分〕，全身濕透時有 9 石重〔約 57 公斤〕），不過他是個強悍的小伙子，還有顆獅子般勇敢的心。有一年聖誕節，他跟三位同伴偶然在亞爾丁（Ardennes）發現一處德軍據點。這些德國人猝不及防，決定走爲上策。全部的人都跑光了，只剩下一個無線電操作員，他沒能及時拿回他的背包。福瑞德負責發號施令，他走上前去。

「站起來！」他對通訊兵喊道。

德國人遵命照辦。他有 6 呎 5 吋高（約 195 公分），身材健壯，

就像福瑞德愛說的那樣，像個磚造的茅房。有幾秒鐘兩名士兵就站在那裡面面相覷。我猜想，那時他們應該是在評估對方的實力有多高（在這個狀況下，可能該說是多「低」）。當時的場面想必很精彩：福瑞德只有 157，德國佬卻有 195 公分。最後，福瑞德的眼睛瞟到德國人的手錶，那隻錶閃閃發亮，還是金質的，看起來很貴。福瑞德心中毫不懷疑狀況不妙時他的同伴會支援他。他想著，管他的，他該這麼做。

「你的錶！」他對德國佬吼道，「歸我！」

福瑞德用手指著那隻錶，做為翻譯上的輔助。然後他指指自己。德國人瞪著他，好像覺得他瘋了。

「你的手錶！」福瑞德重申，「交出來！」

德國人還是站在那裡，疑心更重地打量著福瑞德，他們展開了怪異的僵持局面。

最後福瑞德受夠了。他直接走到德國佬身邊，距離僅數吋（就算不是垂直距離，也是水平距離），他憤怒地直指德國人的手腕。

他嘶聲說：「把你的錶交給我！」

在他第三次要求以後，德國人有幾分猶像地摘下腕錶，把東西交了出去。

福瑞德把錶抓過來，塞到自己的大衣口袋裡，然後帶著大大的得意笑容，開心地轉身面對同伴。

他後來才發現，他們一看到那傢伙有多高大後，早就逃之夭夭了。

Omnia Dicta Fortiora Si Dicta Latina[27]

美國散文作家羅伯·安東·威爾森（Robert Anton Wilson）寫道，現實就是你能夠逃避的東西。而我要免費告訴你一件事：幾乎可以肯

---

27 「用拉丁文講的時候，每件事聽起來都更令人印象深刻。」

定福瑞德叔叔會同意他的話。說服那名德國通訊兵交出手錶的理由只有一個——而那肯定不是基於什麼節慶精神。自然流露的信心才是原因，無庸置疑。呃，實際上是**不合時宜**卻自然流露的信心。

另一個對信心略知一二的人是葛瑞格‧莫蘭（Greg Morant）。在紐奧良，一個熱氣蒸騰的夏日夜晚，我們坐在他那間五星級旅館的酒吧裡啜飲香檳。莫蘭穿著筆挺的白襯衫，泛白的藍色牛仔褲，手腕上還戴著一隻勞力士蠔式恆動錶，他告訴我：「說服，就是 99% 的信心和 1% 的巧合！」莫蘭應該比任何人都清楚這一點。現在他 45 歲左右，卻已經招搖撞騙了 30 年。在美國的每一個州，他都幹過見好就收的勾當。

「如果你不信任某人，如果你沒有信心，事情的結果會如他們所說的一樣，」莫蘭繼續說道，「那幹嘛還要聽他們說話？對做我這行的人來說，這不是好事。我們所說的話就是支票！你有聽說過靠信心吃飯的騙子看起來沒信心的嗎？那他根本就瘋了……」

當然，莫蘭是對的。最能激發信心的，就是信心本身。就拿電視為例，如果你曾經納悶過，為何電視上受訪的專家出現時背景總是襯托著一堆書——現在你知道原因了。知識的裝備讓他們的宣言有多一層的魅力。

或者拿史丹利‧米爾格蘭（Stanley Milgram）60 年代在耶魯做的電擊實驗為例[28]。高達 65% 參與這個研究的人在穿著白袍、一臉親切的教授指導下，把電擊刻度盤一路轉到最大。不過當這位教授

---

[28] 1963年，米爾格蘭發表了一篇目前在實驗心理學界被認定具有象徵性地位的研究，在這門學科百年左右的歷史中，這則研究可能是最知名、而且肯定是最具爆炸性的。米爾格蘭設計出一個模擬學習的範式，在其中參與者（他們是隨機取樣招募來的體面中產階級美國人）被指派擔任「教師」的角色，他們的搭檔則是實驗者的同夥（「學生」）。但這可不是普通的教學作業，「錯誤」會受到電擊懲罰——剛開始是極輕微的，不過要是錯誤持續不斷，會逐漸升高到殘酷的450伏特。表面上，這則研究看來是對短期記憶的探究；但電擊是真的。不過在實際上，真正的焦點在於服從性——而且電擊是假的。目標簡單得讓人心中一涼：米爾格蘭想知道，守法的普通美國國民在某個權威人士的指示下，可以做到多極端的地步？對於米爾格蘭對於服從性的研究，更多資料可參見他的書*Obedience to Authority: An Experimental View* (New York: HarperCollins, 1974.)

走出去，換成一位實驗室技師（穿著牛仔褲、T 恤跟運動鞋）接手時，「調查員」就沒這麼熱心合作了。在原始研究的一則附錄中，當權威的印記和科學公正性的暗示被「過度簡化」時（後續研究不像原始研究那樣，在耶魯大學「老」校區的神聖環境裡進行，而是在辦公大樓匯集的市區），只有 25% 的參與者全程照辦。這還是相當驚人，不過沒那樣驚人了。

當信心蒸發不見的時候，其他的東西也跟著消失。

一幅畫繪出千言萬語，至少俗話是這麼說。不過一幅畫是否有可能說得太多呢？這看來像是個怪問題。不過有證據指出，在法庭上把功能性磁振掃瞄引進訴訟程序中，實際造成的損害可能大於益處。科羅拉多州立大學（Colorado State University）的大衛・麥卡伯（David McCabe）和加州大學洛杉磯校區（University of California in Los Angeles）的亞倫・卡斯泰爾（Alan Castel）最近所做的研究 [29] 指出，無論腦部造影圖片可能為法律程序帶來什麼好處，可能都敵不過這種影像引起觀者判斷偏見的傾向。

麥卡伯和卡斯泰爾拿一系列捏造出來的神經科學文章給實驗參與者看，文章裡包括某些偽造的論證（像是「看電視有助於數學能力，因為兩者都能活化顳葉」）。在某些參與者只接收到錯誤論證的同時，其他參與者接收到的卻是錯誤論證再加上腦部造影圖片或者長條圖。猜猜看誰覺得那些論證更有道理？你猜對了，那些拿到腦部造影圖的人。

統計數字要是運用得當，會傳達出同樣虛張聲勢的心理效果 [30]。1995 年，辛普森（OJ Simpson）謀殺審判剛開始的時候，無罪開釋的機率看似相當渺茫。不過，一位名叫亞倫・德蕭維奇（Alan

[29] McCabe, David P. and Castel, Alan D., "Seeing Is Believing: The Effect of Brain Images on Judgements of Scientific Reasoning." *Cognition* 107 (2008): 343–352.

[30] 參見 Leonard Mlodinow, *The Drunkard's Walk: How Randomness Rules Our Lives* (New York, NY: Pantheon Books, 2008).

Dershowitz）的聰明辯護律師有別的想法。每年大約有 4 百萬名美國婦女被伴侶毆打，他很有信心地向法庭承認這點。不過在 4 百萬人中，只有 1432 名（在 1992 年）真的被虐待她們的人殺害。德蕭維奇辯稱，根據這些數字來推斷，他的客戶犯下指控中那種罪行的機率，實際上只有 1/2500。

陪審團對於德蕭維奇那種精如魔鬼的算術知識印象深刻。而辛普森在持續 251 天的審判之後，以自由之身走出法庭。

但結果這則數學運算是**錯的**。

檢方所不知道的是，這份數據中隱藏了一個相當不同的機率。既然妮可·布朗·辛普森（Nicole Brown Simpson）已經死了，德蕭維奇指出的機率面對的是錯誤的方向。

而且在那 1432 名被謀殺的女性之中，90% 是被伴侶所殺。

信心光環

心理學家保羅·沙諾斯（Paul Zarnoth）跟他在伊利諾大學（University of Illinois）的同僚，曾經檢驗過信心對認知功能的影響[31]。更具體地說，就是自信的靈光如何能夠把我們身邊的人籠罩在一團朦朧的真理之雲中。沙諾斯讓參與者看各式各樣的問題（例如數學、類比和預測性質的作業），並且在每個問題之後，請他們指出有多確信自己答對了。他們首先個別回答，然後在小團體裡回答。在兩種狀況下，他們都不會得知自己的表現如何。

沙諾斯的實驗結果非比尋常。他發現，小組的回應看來遵循某種模式。他們傾向於反映最有自信的團體成員所做出的**個別**回應——就算他們剛好是**錯的**也一樣。換句話說，沙諾斯的結論是，在他人眼中最有信心的個人，也正是他人眼中最有能力的人——也

---

[31] Zarnoth, Paul and Sniezek, Janet A., "The Social Influence of Confidence in Group Decision Making." *Journal of Experimental Social Psychology* 33 (1996): 345–366.

就是最有可能答對的人。

而且，要注意到信心的表現花不了多少力氣，所費精力甚至少得驚人。在政治圈裡，已經有研究證明候選人支持度的最強指標之一，就是表態行為（approach behavior）；比方說，在問答時間裡，候選人朝向觀眾那邊移動（散發出一股潛在的信心與開誠布公），相反的作法則是一直保持不動（表示防備心理）[32]。

心理學家娜里妮・安芭蒂（Nalini Ambady）和羅伯・羅森塔爾（Robert Rosenthal）還更進一步，針對他們所謂的「切片擷取」（thin slicing）進行研究[33]。在一項研究中，評估者看了一群大學講師在學期初的 30 秒講課錄影片段，然後按照幾種人格變數來評估他們。安芭蒂和羅森塔爾想知道，這些極簡估計（minimal evaluations，或稱「切片擷取」）是否能預測這些講師在學期末的表現──這可是三個多月後的事，這不是指在評估者眼中的表現，而是要預測那些講師的學生覺得如何。

結果證實效果卓越。那些起初看來有信心、活躍、樂觀、討人喜歡又熱情的講師──請記得，這是僅僅 30 秒後的印象──在那年稍晚的學生評量表上的狀況比較好。

喔，我還忘記提一件事……更不得了的是，其實評估者是在影片靜音的狀態下做出初步的判斷。錄影帶是沒有聲軌的，所有參與者必須靠著眼見為憑。

信心，就像生理上的吸引力，有一種光環效應，而且單方面就能產生獨立的影響力。

---

[32] 在醫療上，作用的方向則相反。護士能夠抑制臉部表情、隱藏內心感受的程度，跟她們的上司所給予的較高評價有正相關性（這或許並不讓人驚訝，因為她們偶爾有必要向病患隱瞞病情的實際嚴重程度）。對於護士和抑制臉部表情，更多內容請見Ekman, P., Friesen, Wallace V. and O'Sullivan, Maureen, "Smiles When Lying." *Journal of Personality and Social Psychology* 54(3) (1988): 414–420.

[33] Ambady, Nalini, and Rosenthal, Robert, "Half a Minute: Predicting Teacher Evaluations From Thin Slices of Nonverbal Behavior and Physical Attractiveness." *Journal of Personality and Social Psychology* 64(3) (1993): 431–441.

若非如此，好樣的老大叔福瑞德早就掛了。

五、同理心

無火也生煙

這是星期五晚上，倫敦地鐵交通繁忙。皮卡迪利線（Piccadilly Line）的班車因為信號故障問題，卡在萊斯特廣場和柯芬園之間。車廂裡擠滿了人，而且大家開始煩躁不安了。這時因為駕駛員剛宣布又要再暫停 5 分鐘，這種情緒又更強烈。

有個穿著運動服的人拿出一根菸來抽——這真是犯了忌諱。

由於 1987 年發生奪走 31 條人命的國王十字路地鐵站大火，調查揭露起因是一根棄置的火柴，此後地鐵中就有徹底的禁菸令。但是，這傢伙無視於這裡到處都有「禁止吸煙」標示的事實，還是點了菸。

一股不自在的沉默突然降臨在車廂裡，眾人臉上的表情無聲勝有聲。就像這種狀況下常有的事，沒有人多說一個字。然後出人意料的是，有個穿著細條紋西裝的傢伙打破了肅殺的靜默。

「請見諒，」他說著，拿著一根菸靠過去，「能不能向您借個火？」

這句話正是最後一根稻草，立刻有另一個乘客介入了。

「你們不知道這裡不可以抽菸嗎？」他厲聲說道。

穿細條紋西裝的人突然間「注意到」那個禁止吸煙標示。

「抱歉啦，」他說，「沒發現。」

然後他轉向穿運動服的人。

他說：「也許，我們最好把菸給熄了。」

我們都曾經處於像這樣的環境，不是嗎？而且通常來說，除非你剛好是用鐵板打造的，否則正確的行為並不總是那麼明顯。準備

在禁煙區漠然點上一根菸的人，不太可能「靜靜就範」，他們有幹上一架的準備。

　　所以在這個狀況下，我們這位同車乘客怎麼做呢？唔，他沒有採取公開衝突的尋常路線，反而選擇完全相反的作法。與運動服男的期待（他人的挑戰）徹底相反，細條紋西裝男反而**附和他**（「借個火？」）──當然，這時他完全清楚，這麼同流合污一定會激發車廂中其他人的反應。結果確實如此。不過到了出現反應的時候，遊戲已經結束了。關鍵是，這個概念框架中不再只有一個違規者，而是兩個。整體畫面有了重大變化。突然在轉眼之間，一個過渡性質的「內團體」就這樣創造出來了，而且有數量上的保障。

　　最佳結果──讓那傢伙熄掉他的菸──可以透過這個概念框架達成：由「無心犯過」的同儕提出友善的要求，而非透過居高臨下的強烈指責。

　　然後事情便回歸常軌。

面對事實

　　如果把有效說服的成分像撲克牌型一樣按力量大小排列，那麼我們對於某人的**感受**，重要性通常會比他們所說或做的事情更高。就拿剛才提到的地鐵狀況為例。這傢伙之所以熄掉他的菸，並不是因為有人叫他熄掉（雖然顯然與此有關）；反倒跟人家要他熄菸的**方式**有關。而且，還要看是誰開口的。

　　量身打造一則訊息，好讓這則訊息的影響力達到最大──不管這道菜是呈給誰的，都讓它「熱騰騰」上桌──需要同理心，還有對情緒同步原則的良好實用知識；你可以採取的主要作法有兩種：首先，你可以把自己跟訊息接收者之間的心理距離縮小──增加**相似性**。或者在你可以把你說的話放更有「個人性質」的框架裡──增加**特色**。

　　緩慢降臨的南方日落微光，在詐騙大師莫蘭的勞力士上閃爍著，他一邊替我們叫來更多香檳，一邊笑著說道：「想叫孩子吃馬鈴薯嗎？那就給他們送上薯條吧。」

　　亞伯丁大學臉部研究實驗室（Face Research Lab）的莉莎‧德布魯恩（Lisa DeBruine），針對相似性的運作做了一次引人入勝的調查[34]。更具體地說，是研究相似性對信任的影響。

　　她所做的事情如下。

　　首先，德布魯恩設計了一個給「兩位」玩家玩的電腦遊戲[35]。在遊戲中，每個個別玩家面對一個選擇。他們可以二選一：

1、（在他們和他們的同伴之間）親自分配一小筆錢
2、信任同伴，讓他分配比較大筆的金錢。

　　參與者被分配給 16 個不同的同伴，他們的臉會出現在一個顯示螢幕上。不過這裡有個陷阱，參與者所不知道的是，出現在他們眼前螢幕上的所有「同伴」，臉部都用一種臉部變形技術修過了（見圖6.5）。換句話說，這些同伴沒有一個是「真的」。

　　不過還不只如此。有一半的同伴臉孔是兩個陌生人的合成版，另外一半則又有不同，他們其實是參與者自己的臉疊合在某個陌生人的臉上。

　　德布魯恩的疑問是，參與者的選擇模式會是什麼？他們會如同親屬選擇原則（kin selection）[36] 所預測的那樣，在同伴長相更肖似他們自己時，比較樂意把控制權交給他們的「玩伴」嗎？或者臉部

[34] DeBruine, Lisa M.,〝Facial Resemblance Enhances Trust.〞 *Proceedings of the Royal Society* of *London* B 269 (2002): 1307–1312.
[35] 德布魯恩設計的電腦作業，是遊戲理論中一種稱為最後通牒遊戲（Ultimatum Game）的知名範式。關於最後通牒遊戲的更多訊息，請見Steven D. Levitt and Stephen J. Dubner. *SuperFreakonomics: Global Cooling, Patriotic Prostitutes and Why Suicide Bombers Should Buy Life Insurance* (Chapter 3). (New York, NY: HarperCollins, 2009).

相似性跟信任度沒多少關係？

　　結果很令人印象深刻。德布魯恩發現，平均來說，參與者會在超過 2/3 的測試裡信任臉孔跟他們本人相似的玩家 —— 相較之下，只有一半時，他們會信任完全陌生的臉孔。

　　在別人身上看到我們自己，有時候可能會付出不小的代價。

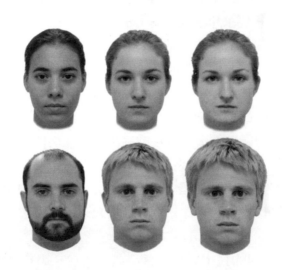

圖 6.5　臉部變形。參與者的臉（左邊）跟陌生人（右邊）的臉變形接在一起，產生了合成的臉孔（中間）。上欄跟下欄提供了不同程度變形的範例。女性變形（上欄）同時吸收了來自參與者跟陌生面孔的臉形與膚色資訊，然而男性變形（下欄）只有吸收來自陌生臉孔的臉形資訊。（出自 DeBruine, 2002）

平易近人

　　在推銷與市場行銷的世界裡，德布魯恩的啟示不會太讓人意外。在這些類型的影響力試煉場之中，大家早就已經知道，相似性

36 在動物行為學中，親屬選擇指的是：某些動物偏愛跟自己有最多基因相似性的其他個體。想知道關於親屬選擇的更多詳情，下面的文章可以提供極佳的基礎。Hamilton, William D. "The Evolution of Altruistic Behavior." *American Naturalist*, 97 (1963): 354–356; Hamilton, William D., "The Genetical Evolution of Social Behavior." *Journal of Theoretical Biology* 7(1) (1964): 1–52; Smith, J. Maynard, "Group Selection and Kin Selection." *Nature* 201(4924) (1964): 1145–1147.

就是重點。而且你知道嗎？這跟重疊之處始於何處無關。只要有重疊之處就夠了。

有個好玩的研究證實了這點[37]，該研究把一群學生分成兩組：一組人得知，葛雷哥里‧拉斯普廷（Grigori Rasputin）──惡名昭彰的「俄國妖僧」──正好跟他們同一天生日，另一組人則得知他的生日在不同的日子。接下來每一組人都讀到一篇關於拉斯普廷惡行的敘述，然後要求評估他有多「好」或「壞」。雖然兩組人看到的拉斯普廷惡行簡歷都是一樣的，你覺得哪一組人會把他評估得更正面些？對啦──就是那些跟他「同一天」生日的人。

像這些研究結果，對於我們影響他人的方式有強烈的暗示。2009 年 1 月 20 日，「我們」和「我們的」，構成歐巴馬就職演講的 18 分 53 秒鐘中關鍵性、連接性的話語，就像從他那絕佳的演說家鐵砧上滾落的火花──在這篇演講中，總共出現了 155 次。「我們都參與其事」則是弦外之音，甚至該說是本文，藉由歷史（五月花號、蓋茲堡演說、911 事件）一一連接起來，美國人肩並肩地面對未來。

歐巴馬在他的民主黨提名演講裡，對於「來自喬治亞州的年輕傳教士」的暗示就比較謹慎小心。他沒有直接指名道姓講起馬丁‧路德‧金恩（Martin Luther King）[38]，而用一種被稱為「換稱」（antonomasia）的修辭技巧，他一下子就巧妙地在講者跟聽眾之間建立了毫不費勁的親密感：這是個奉承性質的假設，我們都是圈內人，我們都知道我指的是什麼。而且看看這個措辭如何讓金恩顯得人性化：曾經有過一個時代，在他變成彩繪玻璃上的聖人以前，他也是像我們一樣的普通人。還有，提起喬治亞州（歐巴馬最愛的

[37] Finch, John F. and Cialdini, Robert B., "Another Indirect Tactic of (Self-) Image Management: Boosting." *Personality and Social Psychology Bulletin* 15 (1989): 222–232.

[38] 科學研究跟經典修辭技術易於理解的混合作品，請見Max Atkinson, *Global Cooling, Patriotic Prostitutes and Why Suicide Bombers Should Buy Life Insurance*(London: Vermillion, 2004).

技巧）讓這番說詞有了基礎和地方色彩：「我們的選戰……始於迪摩因市（Des Moines）的後院與和諧市（Concord）的客廳，還有查爾斯頓（Charleston）的前廊……」

政治家跟推銷員有很好的理由要特別強調激起同理心、在共同立場的綠洲上占位置。因為這樣有效，而且共同立場的位置越好——正好較有意義或者比較「好」——我們就越想買帳。

有一次我到肯塔基州的萊辛頓（Lexington）去買鞋時，碰到一個店員，他長大的地方剛好跟我小時候的住處只隔兩條街——那是遠在 5 千哩之外、倫敦西區的一處小角落。結果那變成了一個什麼樣的巧合啊，我覺得我必須向他買雙鞋。我確實這樣做了，而且買了兩雙。沒幾天，兩雙鞋都進了垃圾桶。

這不只是在商業上有效。不久前，在一班前往美國的飛機上，我坐在一個大概 25 歲、一臉酷樣的年輕人身邊，他一點都不在意他的入境表格上沒有可以填的街道地址（現在這是一定要填的）。

「沒問題，」他說，「你看著吧。」

我不是那麼確定。在甘迺迪機場的隊伍裡我站在他後面，全神貫注地傾聽。他真的可以成功闖關嗎？如果做到了，又是怎麼做的？當海關人員接過他的表格跟照片時，照例會有一番言詞羞辱的交火過程。不過當她處理他的表格時，他突然注意到她的名字。

「哇！維若妮卡（Verronica），而且還是有兩個 R 的！真神奇！我所知唯一一個名字這樣拼的人就是我媽，這真是太棒了！」

海關人員露出了微笑，她同意這真是巧合。你知道嗎？她也是第一次碰到另一個有兩個 R 的維若妮卡。她在他的護照上蓋章，交還給他。事情就是這樣子，一點分神技巧、一點同理心，然後他就過關了。

就像他說的一樣。

第六感大師

　　我完全不懷疑世界上有一些讀心天才[39]，因為我曾經見過其中一個。在較高階的武術有個測驗，測驗內容包括一個眼睛被蒙住的男人跪下來——武器在他身邊——另一個人站在他背後，拿著一把舉在半空中的武士刀。站在後面的男人會在他選擇的時候對跪著的男人頭頂揮刀，造成可能死亡的重傷——也就是說，除非這一擊被某種方法擋開了，或是拿刀的人接下來被繳械。

　　這樣的壯舉乍看等於是不可能的。然而並不是不可能。我先前描述的是真的：一場經過無可挑剔、精心安排的古老測驗，在日本和喜馬拉雅山深處的偏遠道場裡進行，那些接近偉大境界的人——精力充沛的巫師功力，高過黑帶好幾丈——必須通過這項測驗。值得慶幸的是，最近刀子換成用塑膠做的假刀了。不過許多年前，曾經有過用真刀的時代。

　　一位已經 80 來歲的年邁大師，告訴我祕訣何在。

　　「你必須把你的心完全淨空。必須完全專注於現在。當你進入像那樣的境界時，就能夠嗅得到時間，感覺到時間的波動洗過你的感官。在很遠的距離外也可以偵測到最微小的波紋，然後攔截信號。通常看起來就像是兩位戰士同時移動，不過其實不是這樣。這並不難，只要練習就可以精通。」

　　同樣的同理心天才，在語言學的領域裡，或許也能在聽覺上達到。一名經驗超過 20 年的妓女告訴我——純粹是在工作上——跟顧客通電話的 30 秒內，她就能夠判斷這個顧客是否會帶來危險。換句話說，邀他們過來安不安全。

　　「我沒辦法解釋這點，」她說，「這只是你學會的某件事情。

---

[39] 關於讀心天才，請見Malcolm Gladwell, "The Naked Face." *The New Yorker Archive* (August 5th 2002). http://www.gladwell.com/2002/2002_08_05_a_face.htm (accessed June 11th, 2008).

而且在這一行，這是你**需要**學會的事情──這有可能是生死攸關的差別。在我剛出道的時候，我被毆打相當多次。不過現在再也不會發生了，我一聽到某個聲音，就會開始建立一個圖像。我會有種感覺，就像第六感一樣。而且這極少出錯。」

大多數人從來不會駭進別人的大腦。值得慶幸的是我們也永遠不必這麼厲害。不過事實是：要影響他人，你不必變成讀心專家。當然，每個人有自己信號最敏銳區的個人頻率，不過也有個共享波長，我們所有人都能收聽。

羅耀拉大學（Loyola University）的維克多・歐塔利（Victor Ottari）跟他在曼菲斯大學（University of Memphis）的同僚所進行的一則研究[40]，證明了鎖定正確頻率──替我們傳送訊息的適當心理頻寬──的重要性。這項研究至少在表面上檢視了要求寫畢業論文的好處，不過實際上卻完全是跟譬喻性語言有關。歐塔利找了一大批內含運動隱喻的訊息（例如「如果大學生想跟佼佼者合作（play ball），他們就不該放過這次機會」），然後把這些句子跟另一批中性的訊息做比較（例如「如果大學生想跟佼佼者一起工作（work），他們就不該放過這次機會」）。歐塔利想知道，這兩種訊息模式中的哪一種會激起較大興趣？還有，學生會認為哪種方式展現比較大的影響力？

[40] Ottati, Victor., Rhoads, Susan., & Graesser, Arthur C., "The Effect of Metaphor on Processing Style in a Persuasion Task: A Motivational Resonance Model." *Journal of Personality and Social Psychology* 77(4) (1999): 688–697. 跟鎖定正確頻率的概念有關的，是常識中的想法：一個人必須改變心意的程度越小，說服就有可能成功。回溯60年代早期，社會心理學家穆沙佛・雪瑞夫（Muzafer Sherif）和卡爾・霍夫蘭（Carl Hovland）提出：態度就像地震一樣有震央──而且一個人的信念「中心」跟一項影響企圖支點之間的距離越遠，這人的信念就越不可能動搖。根據雪瑞夫跟霍夫蘭的說法，關鍵就是在說服目標的「接受範圍」內，為一則訊息定調。換句話說，不管你提議的是什麼，要確定這提議不是那麼「越過」，以至於會被直接回絕。例如說，想像你試圖說服一位朋友減重。如果你替他們報名參加馬拉松，你覺得這樣會比較有機會嗎？還是該讚揚繞著街區慢慢散步的好處？
談到接受範圍的時候，不用說，框架效應通常是說服者的祕密武器。有個例子就發生在我一位朋友身上，他是一個很有男子氣概、一身肌肉的傢伙，他的憤怒控制問題就快要毀掉他的婚姻了，而花時間打坐冥想的想法，對他來說完全行不通──這種事情是那些顧問、嬉皮和其他「中產階級軟漢」才做的。然後他發現：打坐，既是那些一頭亂髮的郊區瑜珈修行者做的事，也是許多武術中的特色。當然，那就不一樣啦。突然間，花時間放空不再是那麼娘娘腔的事情了，他開始當成例行公事。
關於接受與拒絕範圍，請見Muzafer Sherif and Carl Hovland, *Social Judgment: Assimilation and Contrast Effects in Communication and Attitude Change* (New Haven: Yale University Press, 1961).

結果很明確。分析顯示，包含運動隱喻的訊息不但經過比較仔細的處理，在評估之後，對態度也有更大的衝擊。

不過——重點在此——這只有對運動迷學生來說如此。在對運動不感興趣的學生看來，這些隱喻在他們面前不管用：不但削弱了對論文要求這個議題的興趣，並且大幅降低了說服力。

亞里斯多德在西元前四世紀時觀察到：「演說家是藉著他聽眾的手段來說服，在他們被他的演講激起情緒的時候；因為我們發表的判斷，跟我們受到喜悅或悲傷、愛或恨影響時不一樣。」

當然啦，現在資料證明他說得對。特別是來自功能性磁振造影的證明。

舉例來說，回想一下前面衛斯頓的「政治區隔」研究。衛斯頓向我們證明，如果我們在一開始對某個特定黨派有強烈的政治忠誠度，那麼再怎麼爭辯也改變不了我們的心意。

中了同理心之毒的大腦，就是被自己的邏輯給噎住了。

最近 CIA 發現反恐戰爭中的一項祕密武器：威而剛[41]。許多阿富汗軍閥有半打妻妾，而且某些人想到可以來點小小的輔助。有個公務員想起一個 60 歲的部族領袖對他展開歡迎的雙臂，只因為前一次拜訪時他收到一盒小藥丸。

「他笑容滿面地走向我，說道：『你是個很棒的人。』後來，我們在他的地盤裡想幹嘛就幹嘛。」

簡潔、動之以利、不按牌理出牌、信心與同理心：如果這可以讓對抗塔利班政權的決心硬起來，想想看，這可以為你做到什麼。

生命調味料（SPICE）

「何必撒謊？我要啤酒！」

---

[41] Ephraim Hardcastle, Mail Online. http://www.dailymail.co.uk/debate/article-1213906/EPHRAIM-HARDCASTLE.html (accessed October 19th, 2009).

「你說我肥？」

滾開——我已經有夠多朋友了！

這三個我稱為瞬間說服術的例子，每一個都有某種共同點。它們全部——是的，甚至連最後一個——都能引出強烈的正面情緒。做為說服工具，這是好兆頭。研究已經顯示[42]，利他行為最大的預測指標之一，就是現在的心理狀態——你當下有什麼感覺。感覺愉快，乞丐就會走運。感覺很糟，你就會迅速筆直通過。

就算是要奚落他人，感覺愉快的要素還是關鍵。澳洲傳奇性的快速板球投手葛倫‧麥葛拉斯（Glenn McGrath）問辛巴威打擊手艾多‧布蘭迪斯（Eddo Brandes）怎麼會變得這麼胖，布蘭迪斯以他典型的禮貌態度，相當流利地回答：每次他睡麥葛拉斯的女朋友時，她都很親切地給他一片餅乾。

就連澳洲人都笑了。

事實上，他們還給他一輪熱烈的鼓掌。

說服讓你**喜歡**那件事，讓你去**做**那件事。

瞬間說服術中固有的感覺愉快要素，對每個組件來說都很重要。這對某些元素——信心、同理心、動之以利——而言或許相當明顯，不過對於簡潔跟不按牌理出牌也同樣具有說服力。舉例來說，利用臉部肌電圖（facial electromyography，縮寫 EMG）的研究[43]已經證明，一個刺激被處理時的流暢性，和顴大肌（或稱「笑」肌）的活動增加之間，有直接的相關性。還有，當一個刺激的處理速度意外流暢時（想想看：突然拜訪某位在家的鄰居，比起在球賽中遇到他們），正面情緒的震動（熟悉感）會有更深的迴響。

這就是為什麼在瞬間說服術中，幽默通常很有效。當某人努力

[42] Carlson, Michael, Charlin, Ventura and Miller, Norman, "Positive Mood and Helping Behavior: A Test of Six Hypotheses." *Journal of Personality and Social Psychology* 55 (1988): 211–229.

[43] Winkielman, Piotr and Cacioppo, John T., "Mind at Ease Puts Smile on the Face: Psychophysiological Evidence That Processing Facilitation Elicits Positive Affect." *Journal of Personality and Social Psychology* 81(6) (2001): 989–1000.

改變我們的某件事（包括我們的心靈）這個過程通常不會太愉快。不過，從另一方面來說，要是這個過程後來很順利，而且甚至在某些狀況下很有樂趣：「何必撒謊？我要啤酒！」比上「越戰老兵……只剩 6 個月壽命」——這時我們可能不只看出這個人（的想法）「怎麼來的」：我們還可能很想「隨著他去」。

從拼字上來看，不按理出牌處於 SPICE 模式的中心位置，也反應在這個模式的動力上。從讓某人冷靜下來，到提振某人的精神；從敲定合約到試圖在街上討得 25 分錢，挑戰期待、逆轉劇本、對立面——隨便你怎麼稱呼——這些就處於瞬間說服術的核心。就如剛剛提到的，不按牌理出牌不只是增強簡潔的美學巧技，也如同我們先前所見，擊倒了大腦的監視機制——讓 SPICE 模式的其他特遣小組能悄悄地避過雷達潛入，然後發動我們神經中的快樂中樞。

這些效果是無可抗拒的，成果是一種不只把大腦擄為人質的說服，還能說服讓我們不想付贖金。

想著翻轉點（flipping point）而非臨界點（tipping point）。

高舉心智（mind-jacking）而非駭進心智（mind-hacking）。

說服乃出於人類本能的需求——在語言將之削弱之前。

在二次世界大戰期間，德國轟炸機的景象在倫敦的夜空中實在太常見，部分城區完全被夷為平地，其中被轟得特別慘的就是東區。

有天早上，經過一如既往的一夜轟炸後，白教堂大街（Whitechapel High Street）滿目瘡痍；有人也許會以為當地居民的士氣也是一樣。實則不然。在一家雜貨店的窗前（那棟建築物其實也就只剩那片玻璃了）店主貼出下列字句：

如果你覺得這樣很糟，你應該看看我們的柏林分店！

不屈不撓，不可侵犯，不可抗拒。

這稱為生命的調味料（SPICE）。

摘要

在這章裡，我們解碼了說服的祕密結構，為地球上最強勁的一種影響力基因做了排序，並且發現由五個主要元素構成的核心。這些元素（簡潔、動之以利、不按牌理出牌、信心與同理心，簡稱為SPICE）是滿分的說服力，而一般的說服只有 6、7 分而已──當我們把它們一起展開時，會戲劇性地增強我們心願得償的機率。

下一章，我們把注意力從理論模型上轉開，朝向個人。在本書裡，到目前為止，我們已經遇到幾位以說服為專業的人：有些是每月付薪水的類型，其他則是淨賺百萬違法利益的類型。

後者為什麼得以跟其他人不同？讓他們甚至能夠在我們不注意下，破壞我們腦中最複雜的監視系統？

答案可能會嚇你一跳。

準備來會會⋯⋯精神病態者。

紙牌魔術─哪張是失蹤的卡片呢？
這是你選擇的那一張嗎？

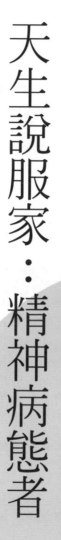

第七章

天生說服家：精神病態者

　　「他才不在乎任何事，也容不得任何事阻撓他。每次要是有人有困擾──像是對他們的妻子、女友或別的事有疑問──他會在幾秒鐘內直指核心。他就像某種心理雷射光似的精準，好像他能夠在你不知情時闖進你的大腦。要不是我見過他割開某人的喉嚨、血液從指間滲出時他還在微笑，我會說他根本是他媽的耶穌再世。」──一名特種部隊中士談到一位前袍澤

　　「我可以像讀地鐵圖一樣地讀你的大腦，就像洗牌一樣地洗它。」──基斯・巴瑞特

中選者

危險病患戒護部門

1995 年夏天

　　「你今晚要做什麼？」

　　「還不知道。可能會出門吧，也許上酒吧或者俱樂部。幹嘛？」

　　「你要在那邊做啥？」

　　「你問我去那裡做啥是什麼意思啊？我想就是平常的事情吧。跟一些朋友見面，喝幾杯啤酒……」

　　「找個妞？」

　　「我猜是啦。如果我夠好運的話。」

　　「那要是你沒有呢？」

　　「沒有什麼？」

　　「好運啊。」

　　「總有下一次吧。」

　　他點點頭。往下看，再往上看。天氣很熱。這個地方是不開窗戶的。不是因為不想開，而是不能開。精神科醫師說過，別想跟他鬥智，你沒機會贏的。最佳選擇是直來直往。

　　「阿凱，你覺得你自己是個幸運的人嗎？」

　　我很困惑。

　　「你是什麼意思？」

　　他微笑。

　　「我想是。」

　　我吞了一口口水。

　　「怎樣？」

　　一陣沉默，大約維持 10 秒。

　　「總是會有某個人，對吧，阿凱？那個當你吃著熱狗往回家路上走時想到的人、那個跑掉的人、那個你『從來沒有空出時間給她』的人，因為你實在是怕得要死，你害怕要是**真的**為她抽空了，結果你做的事情卻跟其他星期五晚上沒兩樣：吃一堆有的沒的垃圾食物、說些沒營養的屁話、一切都爛爆了。」

　　我想了想，他說的沒錯，這混蛋。他說中了幾分。我就像站在空曠的舞池中央，一堆臉孔像汪洋般閃過我腦海。無處不在。我在幹嘛？我跟誰在一起？一陣突然的空虛感把我猛然拉回現在。我閃神多久了？ 5 秒，10 秒？我必須回答，而且要快。

　　「所以**你**會怎麼做？」我說。

　　真可悲。

　　「『辦事』。」

　　他毫不猶豫。

　　「『辦事』？」我重複。

　　我就要被當場痛宰了。

　　「那要是她不感興趣呢？」

「總是有以後。」

「以後？你是什麼意思？」

「你知道我是什麼意思。」

沉默。又過了 10 秒。我**確實**知道他是什麼意思，而且現在是做結論的時候了。我翻了翻公事包，關上筆記型電腦。一個護士透過玻璃往裡面瞧。

「麥克，」我說，「我該走了。能跟你聊聊很好。我希望你在裡面一切順利。」

麥克起身跟我握手，輕輕地用手臂環抱著我的肩膀。

「聽著，阿凱，我看得出我已經冒犯到你了，不過我真的不是有意的。我很抱歉。你今晚好好享受。見到**她**的時候（你知道我說的是誰）想想我吧。」

他眨眼使了個眼色。我感覺到一股溫情，但又滿心自我厭惡的念頭。

我說：「麥克，我沒有被冒犯。真的，我是真心的。我學到很多。這讓我清楚地知道，我們之間有多大的不同。你跟我。我們的內心有多大差別。這樣有幫助，真的有。而且我想重點就在這裡：這就是為什麼你在這裡，而我（我指指窗戶）在外面。」

我聳聳肩，就好像在說這不是我的錯。就好像是說，若在另一個平行的宇宙中，事情可能就會變得不一樣。

沉默。

突然間，我察覺到房間裡有一股寒意。是生理上的，摸得到的。我可以透過皮膚感覺到，也滲入我皮膚底下，進入我全身。

這是我曾在書裡讀過的事情。不過在這一刻之前，我從來沒有經歷過。

在 -40 °C 的瞪視下，我苦不堪言地站了 5 秒鐘。就好像有某種力量不知不覺地滲入，我感覺到手臂以前所未有的緩慢速度抽離我

的肩膀。

「阿凱，別讓你的大腦唬弄你。這所有的試煉——有時候眞的很麻煩。你跟我之間只有一個差別：誠實、膽量。我想要的，我就會去爭取。你想要的，你卻不敢。」

「你害怕了，阿凱，害怕。你什麼都怕。我可以從你眼神中看得出來。害怕後果、害怕被抓住，害怕她們會怎麼想。你害怕當她們回過頭來敲你的門時，她們會怎樣對你。你還怕**我**。」

「我說，看看你自己。你是對的。你在外面、我在這裡。不過阿凱啊，誰是自由的？我是說，**真正**自由的？是你還是我？今晚再想想看吧。阿凱，**真正**的障礙在哪裡、在外面，」他指指窗戶，「還是在這裡？」他伸出手來，非常輕地摸了一下我的額頭。

理智過頭

在神經生物學的宇宙深處，我們能在遙遠的軌道上一瞥精神病態者的大腦；這是個沒有月亮的世界，處於冰河般的荒蕪狀態，有種怪異的數學式魅力。精神病態者這個字眼一出現，連續殺人魔、強姦犯、自殺炸彈客跟幫派份子的影像，就如鐮刀般劃過我們的心靈。

不過，如果我指出一個完全不同的圖像，你會怎麼樣呢？

如果我接著告訴你，強姦你女友的精神病態者，某天也許會是最有可能從火場中救出她的人，你怎麼說？或是，今天在昏暗的停車場裡，拿著大砍刀徘徊的精神病態者，明天大有可能成爲特種部隊的英雄——在阿富汗拿著同樣的武器與人短兵相接？又或者，那個超冷靜的情緒暗算者、難以捉摸的魅力大使，以他那薄荷般沁心冰涼的道德觀和閃電般的巧妙心計，在不知不覺中把你的終生積蓄都搶光了，但如果他們有心的話，也能夠拯救你免於破產？

像這樣的主張，會把人的輕信程度擴張到極限。然而這卻是眞

的。精神病態者跟他們在電影票房中的分身不同，並不是個個都很暴力。差之遠矣。他們可能無情又無畏，不過暴力卻是在完全不同的神經迴路上。暴力有時會跟精神病態行為交替出現，不過也常常互不相干。

接下來，當然了，還有群眾魅力——精神病態者著名的「感召力」。在談到這類型的人時，我們常常會聽到「壓倒性的魅力，耀眼奪目，讓人敵意盡消」這類的性格介紹。這或許跟我們的期待不符：這些說明不是來自於**他們本人**，而是來自於他們的**受害者**。

這種反諷昭然若揭。由於自然界的某種殘忍把戲，像這樣的男人（而且這種人通常**就是**男的[1]），乍看下他們具備了許多人會想拿命去換的那種人格特質。說實話，許多被精神病態者迷惑的人，也**的確**付出了生命代價。

他們在壓力之下也能保有無比的鎮靜——就算在最嚴峻的險境中，他們冰冷的心也不會漏掉任何一拍。他們很迷人、有自信、殘忍無情又沒有悔意。根本就是毫無悔意。他們完全只為了自己，無論什麼狀況下都一樣。

他們也是說服界的王者。

「真正的」精神病態者請往前一步⋯⋯

在一開始，讓我們先釐清一件事。身為精神病態者並不會就讓你變成一個罪犯。無論如何，這不是預設狀態。同樣的，也不會讓你變成一個連續殺人魔。事實上，許多精神病態者甚至沒進監獄——他們在外面把**其他人**關起來。這對許多人來說可能很出人意表，不過卻是事實。這其實有點像地鐵圖的區域劃分，有內側區跟外圍區之分，只有一小撮居民住在「內城區」。精神病態是一道光譜，每個人在上面都有個位置。而且就像任何量尺或向度一樣，當

---

[1] 男性精神異常（psychopathic disorder）的發生率約在1%到3%之間，女性則約0.5%到1%之間。

中總會有最嚴重的狀況。

　　在精神病態者跟普通人之間有個界線──這種假設是源自於利用標準化心理測驗量表所做的臨床診斷（通常是法律用途）。修正版病態人格量表（Psychopathy Checklist-Revised〔PCL-R〕）是一份專門適用於此領域且可靠的問卷[2]，加拿大心理學家羅伯特・海爾（Robert Hare）發展出這份問卷的原始目的是做爲臨床醫療之用。這份問卷會檢測出像是魅力、說服力、無所畏懼、缺乏同理心、缺乏良知等等精神病態的核心特徵。在這個最高 40 分的量尺中，一般人的典型分數大約是 4 或 5 分，而 30 分通常被認爲是精神病態者的入門分數。

　　在臨床環境下，就像病態人格檢索表的分數所指出的，「全壘打」型精神病態者──這個世界裡的麥克們──把球徹底打出場外。毫無疑問，這些人跟其他人之間有著天大的差別。不過我們並不是全都生活在純粹的臨床環境中。而且雖然殺人魔勒克特吃人肝當早餐，但把這些「純」精神病態者跟其他人區分開來的特徵，就像一般的人格特徵一樣，是平均分布在整體的人口中的；就像彈鋼琴的人跟演奏會等級的鋼琴家之間，或像業餘網球玩家跟羅傑・費德勒（Roger Federer）、拉法・納達爾（Rafa Nadal）之間一樣，並沒有一道正式的分界線。所以在「大師級」的精神病態者跟只是「有精神病態傾向」的人之間，那道邊界也同樣模糊。

　　想想看。舉例來說，一個人可能在壓力下極端冷靜，而且看起來出奇地欠缺同理心（等一下我們會看到這一點在交易所中如何帶來成功），不過在此同時，他的舉止既不暴力、不反社會，也並非缺乏良知。他或她有兩種高度的精神病態特徵，所以在「精神病態光譜」上，可能被認爲比這兩項特徵得分低的人更趨向病態，不過還

---

[2] Hare, Robert D., *The Hare Psychopathy Checklist – Revised (PCL- R)* , 2nd edn (Toronto, Ontario: Multi-Health Systems, 2003).

不至於像全部特徵都得高分的人一樣，落入「危險區」。

就像在錄音室混音台上的調節盤一樣，人格的「音軌」是有漸進變化的。

心理學家史考特・利林菲爾德（Scott Lilienfeld）和布萊安・安德魯斯（Brian Andrews）以這種音軌為基礎，設計了一項不同於病態人格量表的測驗[3]——病態性格量表（Psychopathy Personality Inventory〔PPI〕），它更適合檢測非醫療狀態下的人口群體（還沒嚴重到得進監獄，卻隨時可能被關的那些人）是否出現精神病態特徵，並為特徵提供了更靈敏的測量方式：這種測驗的存在，顯然強調出精神病態是一種連續性的傾向，而非一項獨立的障礙。

當然，這對我們處理這種狀況的方式，有著深遠的含意。

精神病態是全有或全無的狀態嗎？或者更像是一種病毒，在還沒有出現全部症狀前，我們就可以「檢出陽性反應」？精神病態者從性質上就跟其他人不同，或只是在渾濁基因池裡的深水區裡異於他人？

還有，精神病態者是否可能根本不會對個人或整體社會造成威脅，反而其實還有些**特長**可以貢獻：也就是說，正確地結合一些精神病態的特質，以小心調校的音量取樣、混合，是否可能讓我們在競爭中佔上風？

就是後者的這種看法，讓精神病態者對科學家來說像謎一樣。當年我還是研究生，第一次見識到精神病態者的次情緒表現時，是他們的精神竊盜技巧最讓我著迷。他們的說服能力是所有精神病態量表都會測量的核心特徵，也就是：影響他人的能耐。

然而這裡有個狀況，如我們所見，這些測量也都會評估**同理心**的程度。這很奇怪。

---

[3] Lilienfeld, Scott O. and Andrews, Brian P., "Development and Preliminary Validation of a Self-Report Measure of Psychopathic Personality in Noncriminal Populations." *Journal of Personality Assessment* 66 (1996): 488–524.

　　我納悶的是，缺乏同理心的人怎麼可能這麼有社會影響力？精神病態者被認為最擅長探知我們的行為模式，最能夠看透我們的表面、進入我們的腦袋。就以巴瑞特或你剛剛見過的麥克為例：麥克曾經強姦 8 名女性，殺死其中兩位。他就像精神科醫生所暗示的，是真人版的漢尼拔・勒克特——一個招惹不得的心理學黑帶高手，我付出了代價才發現這一點。

　　但是為了執行他們的說服程式，巴瑞特跟麥克必須先得到硬體。而且還不是隨便的舊硬體——這硬體得要有同理心。如果你是個精神病態者，這還滿難弄到的。

　　這突然讓我陷入深思。如果 SPICE 真的是影響力的通用模式，那麼確切來說，是什麼讓精神病態者能如此得心應手？

看不見的缺陷

　　精密腦部造影技術，像是功能性磁振造影和腦磁波儀的問世，有時會被拿來跟登陸月球相比。最後，我們終於能掌握登上**內**太空而非**外**太空的技術，它能讓我們「登陸」到我們熟知的神秘灰色星球——我們兩耳之間的世界，然而直到目前，幾乎沒有人徹底探索過這裡。不過確定的是，某些世界比其他世界更好客，還有一些世界就像在太空的寫照一樣，看來遠比其他世界更適合孕育生命；而有些世界則看似極地氣候，陰暗又偏遠，只能在神經生物學天空的外側邊緣勉強看到。

　　其中一個像這樣的世界，就是臨床精神病態者的世界。

　　在「純」精神病態者（那些精神病態者中的 A 咖）跟非精神病態者的世界間有著差別，我們通常很難體會這種差異有多大。前美國海軍陸戰隊員兼夜總會保鏢大衛・畢伯（David Bieber）「冷靜地」槍殺一名交通警察，朝著頭部只開了一槍，當時這名嚇壞了的警官全身血淋淋又受了重傷，就在距離扳機沒幾吋遠的地方求饒。一則

警車無線電訊息接收到這名警官最後的絕望遺言：「拜託不要射我。不要⋯⋯」然後畢伯就開火了。

法官判刑的時候，他顯得「不後悔也不理解他的罪行有多殘忍」，而在應該反駁對他不利的證據時，他還繼續保持「冷淡疏離」的態度。

另外一個精神病態者，24 歲的塔拉・海格（Tara Haigh），在 2008 年因為用枕頭悶死 3 歲的兒子被判處無期徒刑。她在謀殺案後沒幾個小時就上了一個約會網站，還在網站上貼訊息說她兒子死於耳朵後面的腫瘤，然後安排了一次約會。

要是你還不清楚狀況，這就是我們要面對的那種人。

這樣的例子實在過度偏離了正常人的經驗，以致難以理解；但卻對精神病態者如何缺乏同理心提供了生動的描繪。

他們真是這樣嗎？

實際上，研究指出可能還有更多的可能。而且，這遠遠不是非黑即白的狀況，精神病態者是否缺乏同理心，其實取決於我們談的是哪種同理心。

同理心有兩種形態：「熱的」跟「冷的」[4]。

熱的同理心包括**感受**。我們看到其他人進行某項工作時，會像自己也進行同類工作般，動用同一批活化的「共通」體覺性腦部迴路和杏仁核（腦部的情緒處理區），這時我們「感覺」到的，就是熱的同理心。

相對來說，冷的同理心牽涉到**算計**，指的是有能力針對他人可能的想法做冷靜的、認知上的評估，這牽涉到另一組完全不同的神經迴路：主要是前部旁扣帶皮質、顳葉端（temporal pole）跟上顳葉

---

[4] 具學術性又容易閱讀的同理心導論，請見Mark H. Davis, *Empathy: A Social Psychological Approach* (New York, NY: HarperCollins, 1996). 更多關於冷熱同理心差異的說明，請見Loewenstein, George, "Hot-Cold Empathy Gaps and Medical Decision Making." *Health Psychology* 24(4) (2005): Suppl. S49–S56; Read, Daniel and Loewenstein, George, "Enduring Pain for Money: Decisions Based on the Perception and Memory of Pain." *Journal of Behavioral Decision Making* 12 (1999): 1–17.

溝（superior temporal sulcus）。

這是兩個不同的世界。

沒有冷同理心的熱同理心，就像是有格律卻沒詩句。沒有熱同理心的冷同理心，則是有詩句卻無格律。兩者完全相反。這就像是擁有一張極度精細的地圖，卻完全不知道地圖上的符號代表的意義。你還是可以閱讀這張地圖，你還是可以到處跑。不過這張地圖卻沒有任何意義。

一個和我交談過的精神病態者這樣解釋。他說：「就算是色盲，也知道什麼時候要在紅綠燈前止步。你應該會很驚訝，我竟然有天生的缺陷。」

走上正軌？

精神病態者跟非精神病態者在冷熱同理心方面的比較，可能最好透過腦部造影研究[5]的結果來說明。

舉例來說，想想下面的情境（案例一），首先提出的人是英國的道德哲學家菲麗芭・傅特（Philippa Foot）[6]。

一輛台車在鐵軌上失控，有 5 個人被一個發瘋的哲學家綁在這輛車會經過的軌道上。幸運的是，你可以扳動一個轉轍器，讓台車開到軌道岔路上的安全地點。但不幸的是，那條岔路上也有一個人被綁在那裡。

問題：你應該扳動轉轍器嗎？

---

[5] 對於腦部失能、情緒處理障礙以及精神病態的深入討論（包括道德上的困境），請見 Blair, R. J. R. "Dysfunctions of Medial and Lateral Orbitofrontal Cortex in Psychopathy." *Annals of the New York Academy of Sciences* 1121 (2007): 461–479. 比較沒這麼專門的說明，請見 Carl Zimmer "Whose Life Would You Save?" *Discover* (April 2004). http://discovermagazine.com/2004/apr/whose-life-would-you-save (accessed January 9th, 2007).

[6] 台車問題第一次以這種形式提出，是在菲麗芭・傅特的文章 "The Problem of Abortion and the Doctrine of the Double Effect." *Virtues and Vices: And Other Essays in Moral Philosophy* (Berkeley, CA: University of California Press, 1978).

　　在這個情境下該怎麼抉擇，大多數人可以作出決定。雖然想到要扳動轉轍器就讓人不快，但只殺一個人，代表了「最不糟糕的選擇」，符合效益。

　　同意嗎？

　　現在考慮下面這個情境（案例二），由美國道德哲學家朱蒂斯‧賈維斯‧湯森（Judith Jarvis Thomson）[7]所提出：

　　就跟先前一樣，一輛台車從軌道上朝著 5 個人飛馳。不過這回你在鐵軌上方的人行陸橋上面，站在一個塊頭非常大的陌生人背後。拯救那 5 個人唯一的方式就是把那個陌生人推下去。他掉下去一定會死，──不過他龐大的身軀會擋住火車，拯救 5 條性命。

　　問題：你應該推他嗎？

　　在此，我們面對的可說是真正兩難的困境。雖然牽涉到的人命跟第一個情境中是一樣的（5：1），但我們的選擇卻艱難得多。為什麼會這樣？

　　哈佛心理學家約書亞‧葛林（Joshua Greene）[8]相信他有答案，並歸結為就是溫度的問題。葛林認為，原因就反映在腦部的構造中，在於解決每個兩難困境時會牽涉到的個別腦區。

---

[7] Thomson, Judith J. "Killing, Letting Die, and the Trolley Problem." *The Monist* 59 (1976): 204–17. 想更進一步探討嗎？以下的例子如何？

一位傑出的外科移植醫師有 5 名病患。每個病患都急需一個不同的器官，而且他們少了那個器官都會死。不幸的是，現在沒有任何可供移植的器官。一個健康的年輕遊客正好經過此地，到醫生的手術室做例行檢查。在做檢查時，醫生發現他的器官正好跟他 5 名垂死病患都相容。再進一步假定，這個年輕人要是失蹤了，沒有人會懷疑這位醫生……（請見 Thomson, Judith J. "The Trolley Problem." *Yale Law Journal* 94 (1985): 1395–1415.）

[8] Greene, Joshua D., Sommerville, R.Brian, Nystrom, Leigh E., Darley, John M. and Cohen, Jonathan D., "An fMRI Investigation of Emotional Engagement in Moral Judgement." *Science* 293 (2001): 2105–2108. 更一般性的道德神經科學說明，請見 Greene, Joshua D. and Haidt, Jonathan, "How (and Where) Does Moral Judgement Work?" *Trends in Cognitive Sciences* 6(12) (2002): 517–523.

　　他指出，案例一是稱爲**非個人性**道德困境的情境，其中牽涉到的是主要負責推論跟理性思考的腦區：前額葉皮質跟後頂葉皮質區（posterior parietal cortex）。你要是回憶一下就會知道，屬於**冷**同理心的迴路。

　　另一方面來說，案例二則被稱爲**個人性**道德困境，其中牽涉到的是腦部的情緒中樞——杏仁核，是**熱**同理心的迴路。

　　就像你我，精神病態者對於案例一的處理比較沒問題。他們會扳動轉轍器，火車會跟著轉向——只殺死一個人而不是5個。然而（這裡就開始有意思了）跟你我很不一樣的是，他們也不覺得案例二有多困難。精神病態者一刻也不會遲疑，如果醫生下了這種指令，他們很樂意把那胖子推到鐵軌上。

　　此外，這種行爲上的差異有個獨特的神經特徵。我們跟精神病態者的腦部活化模式，在**非個人性**道德困境的表現上是一致的，不過輪到**個人性**道德困境時，就大不相同。

　　想像一下：我打算把你接上一台功能性磁振造影掃描機，在你面前依序呈現兩種困境，當你開始嘗試解決這些問題時，我會觀察到什麼？

　　唔，在兩難困境性質從非個人性轉變成個人性的那一刻，我會看到你的杏仁核跟相關的腦部迴路（例如你的內側視覺額葉皮質medial orbitofrontal cortex）亮得跟聖誕樹一樣。

　　換言之，這正是情緒介入的時刻。

　　不過在精神病態者身上，我啥也不會看到[9]。屋裡仍然一片黑，從非個人性到個人性之間的過程，在神不知鬼不覺中就略過了。

[9]一個有趣的問題是：是不是也有「熱」同理心分數高到破錶的人——或稱「反精神病態者」。證據顯示可能有這種人。威斯康辛大學神經科學家理查・戴維森（Richard Davidson），在達賴喇嘛的幫助下，研究了佛教僧侶（他說他們是冥想世界的奧林匹克運動家）在進行一種稱爲「慈悲」冥想的進階性冥想時，腦中發生什麼事。利用腦電圖，戴維森發現當僧侶們進入深刻慈悲狀態時，他們對於無條件之愛加強的專注力，會伴隨著一種獨特的神經特徵——其中包括比平常強30倍的迦瑪波（gamma waves），還有左前額葉皮質（腦中負責正向情緒的部分）的活動增加。戴維森主張，這樣的結果對於有關「神經可塑性」（neuroplasticity）——一個人透過訓練改變腦部功能的能力——的研究有重要

情緒微積分

達特茅斯學院認知神經科學中心（Centre for Cognitive Neuroscience, Dartmouth College）的海瑟・戈登（Heather Gordon）和她的同僚，在臉部資訊處理的領域中也進行了類似的研究[10]。在一項情緒辨識作業中（參與者必須比對他們在電腦螢幕上看到的一連串臉部表情），戈登比較了在病態人格量表中得分高者與得分低者的表現——如同我們先前所知，病態人格量表是特別設計來驗出一般人口群體中無臨床精神病態特徵的人。

接下來，她利用功能性磁振造影查看他們的大腦。

她的發現很吸引人。一方面，那些在量表中得高分者的杏仁核活動，跟得分較低者比起來**減少**了（這跟他們在「熱」情緒處理方面的不足是一致的），同時他們在視覺和後背側前額葉皮質（dorsolateral prefrontal cortices）的活動則有**增加**——就像戈登跟她的同僚所指出的，這表示「量表得高分的參與者，仰賴跟知覺與認知有關的腦區來進行情緒辨識作業」（見圖 7.1）。

更引人入勝的是，在論及辨識精確度時，戈登和她的團隊發現……沒有差。跟腦部活動模式不同，他們並沒有發現精神病態特質高和特質低的人有什麼顯著的表現差異——這強烈地暗示，精神病態者用來解讀情緒的方法，不管是哪一種種，都跟正常人一樣。

的含意。就好像對應到小提琴家按把位那隻手的大腦部位，會比持弓那隻手的部位更發達，戴維森也主張，正確的「訓練」也可以延伸到腦部的情緒中樞——而且我們可以讓同理心膨脹，就像可以練大任何「肌肉」一樣。（關於戴維森研究的更多內容，請見威斯康辛大學情感神經科學實驗室〔Lab for Affective Neuroscience〕的網站http://psyphz.psych.wisc.edu/）

達賴喇嘛在他的書《寬恕——達賴喇嘛的人生智慧》中，提到洛本勒（Lopon-la）的故事——一位他在中國入侵以前在拉薩認識的西藏僧侶，他是「反精神病態者」這個頭銜的稱職人選。洛本勒被中國人囚禁了18年，被釋放後逃到印度。經過苦難的20年，他跟達賴終於重聚。

「他看起來還是一樣，」達賴喇嘛寫道：「在這麼多年的牢獄之災以後，他的心智依舊敏銳。他還是同樣一位溫和的僧侶……他們在獄中酷刑折磨他許多次。我問他是否曾經害怕過。他告訴我：『是的，我害怕一件事。我害怕我可能會失去對中國人的慈悲心。』」

[10] Gordon, Heather L., Baird, Abigail A. and End, Alison, "Functional Differences Among Those High and Low on a Trait Measure of Psychopathy." *Biological Psychiatry* 56 (2004): 516–521.

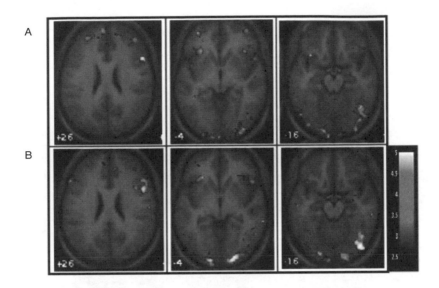

右後背側前額葉皮質　　　右下額葉皮質　　　　視覺皮質

【圖 7.1】在情緒辨識狀態下的血氧濃度相依對比相對於靜止基線狀態
的比較。
（A）在病態人格量表中分數低於平均值的參與者。
（B）在病態人格量表中分數高於平均值的參與者。白色區域指出腦部
活動增加的區域。

　　劍橋大學心理學家賽門・巴倫—科恩（Simon Baron-Cohen）[11]
讓這些研究又更上一層樓。「用眼讀心」（Reading the Mind in the
Eyes）測驗要求個別受試者看一些臉孔的眼部區域照片，然後靠這
個資訊來推論照片中人的心理狀態。

　　這沒那麼容易，對吧？大多數人在三個之中會有兩個不確定（實
際上，這些照片也不盡然是我能挑到最簡單的例子）。三個中只有一
個有疑問，你就算是做得很好了。（答案在下頁底部。）＊

　　就像你可能已經猜到的，用眼讀心測驗是我們剛才談到的冷同

[11] Richell, R. A., Mitchell, D. G. V., Newman, C., Leonard, A., Baron-Cohen, S. and Blair, R. J. R., "Theory of Mind and Psychopathy: Can Psychopathic Individuals Read the 'Language of the Eyes'?" *Neuropsychologia* 41 (2003): 523–526.

愧疚的；友善的；不自在的；氣餒的

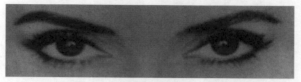

堅定的；被逗樂的；驚駭的；無聊的

沮喪的；鬆一口氣的；害羞的；興奮的

圖 7.2「用眼讀心」測驗。接下來的三張照片裡傳達出什麼樣的情緒？從每張圖下方的 4 個選項中選一個。

理心（相對於熱同理心）的良好指標。畢竟參與者不必**感覺到**圖片中的情緒。他們只要**辨識**出來就好。

狀況如此，讓巴倫一科恩有了靈感，他想知道，相較於其他人，精神病態者在這樣的測驗裡表現會如何？根據先前腦部造影的結果，我們會想像精神病態者的表現應該跟一般人的表現相去不遠。

不過在實驗室裡狀況會怎麼樣？

為了查明這一點，巴倫一科恩拜訪了三間倫敦監獄，然後讓 19 個精神病態囚犯跟 18 個非精神病態的控制組做比較。他讓每個人看

＊答案：頂部，不自在的；中間：堅定的；下面：沮喪的。

40 張眼部區域的照片，然後請他們指出每張照片裡的情緒狀態，就像前面所做的一樣。

誰會占上風？史達琳探員會擊敗勒克特嗎？或者精神病態者會戰勝？

結果很明確。一如預料，巴倫—科恩在精神病態者跟非精神病態者之間沒發現多少差別。雙方打成平手。還有一個進一步的跡象跟功能性磁振造影資料相符：雖然精神病態者可能沒辦法**感覺**到同理心，至少這個**概念**冰存在他們腦袋裡了。

巴瑞特在他那間可以眺望紐約第五大道、有著大理石地板的旅館房間裡告訴我：「我可以像讀地鐵圖一樣地讀你的大腦，就像洗牌一樣地洗它。我就是這種人，一個心理上的莊家。我玩牌，轉輪盤，分發籌碼。然後我坐著休息，看接下來發生的事。我幹嘛要緊張？或者感覺惡劣？說實話，我何必要有**任何**感覺？沒有人贏得了莊家。從長期來看是不會的……你會很驚訝，人跟吃角子老虎是多麼相似。知道什麼時候該停，什麼時候該推一把——然後籌碼就會下雨似地倒出來。情緒……那是娘兒們才有的。」

殺戮商場

在考慮許多進行說服活動的環境（法庭、會議室、暴力事件處理室和臥室……）時，可能不難想像精神病態者的獨特能力：評估情緒卻不帶感覺（就像光靠一個引擎飛行）可能帶來什麼好處。像他們這種水晶般清澈透明的神經生物，能夠徹底抽離當下的熱度，而且在極需要冷靜邏輯的緊張情境時，能夠專注於其他人可能忽略的細節上。當然，還讓他們能夠冒險行事——想出其他人可能覺得「最好不要」的方法。

「我是你有史以來遇到最冷酷的混蛋。」泰德‧邦迪說，他在 4 年內，一共殺害、斬首、姦淫（就是這個順序）了 35 位女性 [12]。

他說得對。

不過很顯然，有時這種冷酷很好用：不像邦迪那樣用來殺害人命時，這種能力反而可以**拯救**人命。

股票風險溢酬迷思（equity premium puzzle）讓金融專家頭痛很久了。這種傾向是指大多數投資人會投資公債而非股票（特別是在股市低迷時期）──雖然就長期來說，其實後者有比較高的投報率。這樣的難題（被稱為短視的損失趨避 myopic loss aversion）替神經經濟學這個順勢而生的新領域，提供了刺激的動力。

神經經濟學把重點放在驅動財務決策的心理歷程上，而到目前為止主要的發現是：情緒是膽小鬼。情緒非常傾向於避免風險，甚至在利益大於損失的時候，也會對我們的大腦碎碎唸，小心翼翼到過猶不及的地步。所以現在有個共識形成了：如果星際爭霸戰中的科學官史巴克是個商人，我們全都不是他的對手。

2005 年一項由史丹佛大學、卡內基梅隆大學跟愛荷華大學的聯合團隊共同主持的研究 [13]，為這個主張提供了美妙的經驗證據。這項研究包括一個總共 20 回合的賭博遊戲。在遊戲開始時，參與者總共拿到 20 美金，而且每次開始新的一輪時，都會被問到他們是否打算冒險拿一美金去賭擲銅板結果；輸的話只會損失一美金，但贏了就可以得到 2.5 美金的優渥報酬。

史丹佛大學行銷學副教授教授巴巴·席夫（Baba Shiv）說：「邏輯上來說，正確的作法是每一回都投資。」

不過如同我們所知，邏輯並不總是占上風。

在研究開始之初，參與者被分成兩組：在大腦情緒區（杏仁核、眼眶額葉皮質、右腦島額葉皮質 right insular cortex 或體覺皮質 somatosensory cortex）有損傷的人，還有其他腦區（右或左後側前

[12] 邦迪殺害的女性確切數字不明。他承認在1974-78年之間謀殺30人，不過推估是接近35人。

[13] Shiv, Baba, Loewenstein, George, Bechara, Antoine, Damasio, Hanna and Damasio, Antonio R., "Investment Behaviour and the Negative Side of Emotion." *Psychological Science* 16(6) (2005): 435–439.

額皮質區）有損傷的人。如果依據神經經濟學理論，情緒**真的**要為風險迴避負責，那麼根據這個遊戲的動力流向，那些有相關病徵的參與者（也就是第一組），表現應該會超越那些沒有類似現象的人（即第二組）。

結果發生的事情就是如此。

隨著遊戲展開，「正常」參與者開始謝絕賭博的機會，寧願保留他們贏得的財富。相對來說，那些腦部情緒區有問題的人就會繼續賭。而遊戲結束時，他們贏得的利潤顯然高於競爭者。

卡內基梅隆大學經濟學教授喬治‧羅文斯坦（George Loewenstein）說：「在研究中記錄到腦傷病人在財務決策上優於常人的狀況，這可能是頭一遭。」

愛荷華大學神經學教授安東‧貝夏拉（Antoine Bechara），發表了一個更驚人的聲明：

研究必須設定，在某種情況下情緒是建設性或破壞性的，〔其中的情緒〕能主導人類行為……最成功的股票經紀人，可能很有理由被稱為「功能上的精神病態者」——這樣的人要不就是比較善於控制自己的情緒，不然就是情緒的起伏強度不像其他人那麼大。

席夫也同意。他的說法令人緊張：「許多企業執行長，還有許多頂尖的律師，可能也都有這種特質。」

裝上自信的線路

席夫跟貝夏拉的評論言之有理。那些北極冷酷天才無情緒、無悔意的神經構造，讓他們輕輕鬆鬆就能讓感受跟思考拆夥，就像拉鬆鞋帶一樣，狀況不妙他們掉頭就走，讓我們其他人留下來等死。有時候就真的是那樣。

圖 7.3 「電梯上樓？」

　　最近比爾・蓋茲接受了一個電視訪問（普通人在一般狀況下不會把他當成精神病態者，不過在商場上，他的同理心頻道好像無聲無息）。主持人語帶責難：「你是個億萬富翁，有家跨國公司，為什麼你還要毀掉那些小人物（指在他家臥房裡成立公司的兩個朋友）？為什麼你永遠要贏得全局？」蓋茲看著她，好像覺得她瘋了。

　　「我想這是一種稱讚，」他這麼說。

　　不過精神病態者低於零下的腦內溫度讓他們在神經上保持等速操縱的能力，並不只是對同理心有影響。杏仁核在一邊涼快也有額外的好處，最顯著的好處在於 SPICE 模式中的另一個成分，信心。請記得，並不是所有的精神病態者都會坐牢，只有那些涉入犯罪活動又被抓到的人才會。許多精神病態者是在工作場所活動的守法公民，**極擅長**高風險行業，像是進行訴訟、做大生意、從軍還有媒體界，理由很簡單：有的條件對於恢復力較低者可能看似殘酷、壓力大到無法承受，他們卻有信心在這種狀況下成功。

　　在人可能接受的手術之中，神經外科手術通常被視為風險最高的一種。在腦袋深處的不友善環境中動手術，神經外科醫生必須以絕對精確為目標（誤差幅度要比狙擊手的子彈還小）。這可不是膽小鬼能待的地方。所以在這一行裡能夠「成事」的人是何許人──是誰在意識、自我跟靈魂的遙遠邊界之間巡邏？

　　安德魯・湯普森（Andrew Thompson）提供了一條線索，他當了 22 年的神經外科醫生，雖然不是精神病態「內城區」的居民，但他在無情的自信方面肯定得高分：

　　　如果我說我不愛挑戰，那就是不誠實。外科是一種血淋淋的運動，總是小心行事不合我的本性……不過要是有事情出錯了，人不能容許自己被恐懼所癱瘓。在戰鬥方酣的時候，可沒有恐慌的餘裕。不論可能結果如何，都必須發揮 100% 的專注力。一個人必須不帶悔恨、抱著對自己的最高信心去做他的工作……大腦代表現代醫學的公海，而 21 世紀的腦外科醫生則是其中的海盜跟大冒險家。

　　對那些接受手術的人來說，湯普森的意見可能讓人一驚。不過他們不該嚇到的。像這些情緒，其實在這一行的實際操刀者中還滿常見的──就像哈佛研究學者史丹利・拉賀曼（Stanley Rachman）在 80 年代進行一連串研究 [14] 時的發現相同。

　　拉賀曼的研究如今被視為經典，特別是他選擇的參與者：拆彈專家。拉賀曼想知道，這一行要有什麼樣的特質？如果有的話，「偉大的」拆彈專家跟只是「不錯」的專家之間差別何在？

　　拉賀曼的研究揭露了一件非常有趣的事情。他從一組有經驗的

---

[14] 關於拉賀曼的研究，更多內容請見Rachman, Stanley J., "Fear and Courage: A Psychological Perspective." *Social Research* 71(1) (2004): 149–176. 拉賀曼在這篇論文裡明確指出，整體來說，拆彈專家**不是**精神病態者。更確切地說，這裡的重點是壓力下的信心跟冷靜，是精神病態者和拆彈專家共有的兩項特徵。

拆彈專家（有 10 年或更久臨場經驗的人）開始，然後觀察到那些因為工作表現獲頒勳章的人跟沒勳章的人有基本的差異；而且這種差異的本質似乎根植於基本的生理構造。拉賀曼注意到，在需要更高注意力資源的任務上——換句話說，在風險光譜上險峻那一端的任務——那些沒有獲頒勳章的人心跳會保持穩定。

這是個不尋常的發現。

不過更不尋常的是那些有獲頒勳章的人的心跳率。他們不但沒有保持穩定，實際上還**變慢**了。更仔細的分析某些種類的人格變因對心血管表現的影響，就揭露了理由何在；結果在這個混合中，造成影響的因素不只一個，而是兩個。當然，拉賀曼發現，就只因為平均分佈定律使然，某些人很可能血管裡流過的剛好是冰塊。

不過那個關鍵屬性——跟所有看似造成差異的其他因素相比，顯得最為重要的那件事——就是信心。

當然，信心在各種生活形態中都對我們有幫助。你不需要馬錶和難纏的保險絲就能弄懂這一點。當然也不需要解剖刀或顱骨鋸。在高爾夫球道上、在工作面試時、在交易所中，在舞池裡……你對個人能力的信念，通常就跟你的能力本身一樣重要。問問這些世界最佳騙徒的獵物就知道了。

羅柏・漢迪—佛利嘉（Robert Hendy-Freegard）是騙徒中的勒克特 [15]。他所具備的說服力之強，讓他從那高度戒備的居所，被移送到單人監禁房去，以便保護他的牢友和**獄卒**，免於落入他的魔掌。

在將近 10 年的時間裡，這名從汽車推銷員轉行的騙徒設法說服他的受害人，他是軍情五處的情報員，正在執行一個對抗愛爾蘭共和軍（IRA）的臥底作戰計畫。而且要是他們願意的話，他也可以招募他們進入英國情報機構。在此同時，他要用來「保護國家安全」

---

[15] 在此我應該指出，我從沒有見過漢迪—佛利嘉本人，所以沒辦法肯定他是不是精神病態者。然而他的行徑，再加上他的受害者及資深警官的證詞，強烈地暗示他精神病態人格違常的跡象；此外，也暗示他在量表上分數很高。

的錢，就插翅飛離了受害人的銀行帳戶。

「這是我在警界 25 年來碰過最熟練的騙子，」蘇格蘭場警探洛勃・布蘭登（Robert Brandon）這樣形容漢迪─佛利嘉，「他剛開始會表現得很迷人；他會一直傾聽，然後找出對方性格裡的任何弱點，接著他就會無情地利用那個部分。當他控制住他的受害者時，他會無所不用其極地盡可能奪走他們所有的錢，以及所有的尊嚴。」

更「令人印象深刻」的事實是，受害者中有幾位（包括一位兒童心理學家）受過非常好的教育。漢迪─佛利嘉卻 14 歲就輟學了。

所以他是怎麼做到的？其中一個受害人提供了線索。

「他的自信難以抗拒，」她回憶道，「他的風度有徹底的感染力。」

帶頭起訴此案的安德魯・韋斯特（Andrew West）又提供另一線索。「我努力想弄懂這點，」他在審判終結時說道，「不過他看起來非常可信。而且甚至在他舉證時，他也顯得非常有說服力。」

這只顯示出一件事，如同我訪談過的另一個精神病態騙徒所說的話（其中只有一絲絲反諷的暗示）：「任何人都可以是那種角色。不過，你能**演**得出來嗎？」

普通人跟瘋子

1964 年，英國劇作家喬・歐頓（Joe Orton）寫下他大獲好評的劇作《款待史龍先生》（*Entertaining Mr Sloane*）。在這齣劇本中，充滿個人魅力的精神病態者史龍先生去跟一對孤獨的兄妹同住，並跟兩人發展出混亂的戀情。對於他的性格，歐頓寫下如下描述：「他必須致命又迷人。結合了神奇的、黑皮革似的惡毒，還有小男孩般的純真。」

對於你可能見到的任何精神病態者，這是一幅相當好的肖像。

歐頓對於善變的史龍先生所做的側寫，捕捉到精神病態人格的

一個面向，這個族群中的許多成員都有這一面：常人與瘋子的不協調混合。

「你可能會在你的工作場所瞥見他們，」大衛‧貝恩斯（David Baines）在《加拿大商業雜誌》（*Canadian Business*）上寫道[16]，「他們很聰明、有個人魅力、迷人又有社交技巧，能製造出很好的第一印象。他們有種自發性，不受規則約束，跟他們混在一起很有趣——至少剛開始如此……（不過）在個人魅力背後，良知並不存在。」

這種不按牌理出牌有種催眠效果。精神病態者的魅力有不少部分是來自他們跟我們的相似性。也就是說，這種相似性跟他們明顯的相異之處彼此交錯。

派翠西亞‧戴維森（Patricia Davidson），一個來自堪薩斯州維基塔（Wichita）的44歲售貨員，說了一個聽起來實在很常見的故事——她如何匆匆遷居到伊利諾州的芝加哥，跟一個因爲兇殘的黑道仇殺案而判無期徒刑的男人約會。

「他眞的犯下這案子嗎？」我問她。

「是啊，」她說，「他做了。不過他對我從來不像那個樣子。他是個眞正的浪漫派，會寫詩之類的東西給我。他讓我覺得我很特別，就好像我是他一直在等待的人。」

她不是。6星期後，這段關係逐漸終止。好幾個女人逐漸浮上檯面，戴維森收拾細軟回西部去了。

黑皮革般的惡毒加上小男孩似的純眞。這可是危險的組合[17]。

---

[16] David Baines, "The Dark Side of Charisma" (book review). *Canadian Business* (May/June 2006).

[17] 演員安東尼‧霍普金斯（據說）講過一個跟他的「分身」勒克特有關的趣事。在《沉默的羔羊》（*Silence of the Lambs*）上映後不久，他在造訪威爾斯的時候，偷偷溜進一家放映此片的地方小戲院後排。在電影的高潮時刻，當勒克特逃出生天，鏡頭照到濺血的空電梯時，霍普金斯很大聲地打開一包薯片。坐在他前面的一個女人氣炸了（理所當然），轉過身來。5分鐘後他們用擔架把她抬了出去。

不速之客

讓精神病態者如此善於欺瞞的魅力矯飾，也能拿來當作優秀的心理偽裝。而且在結合了惡魔般的信心以後，還能造成致命的危險。

連恩・史班瑟（Liam Spencer）是一個20歲的「學徒級」A咖精神病態騙徒──我們在上一章裡見過的莫蘭是他的師父。莫蘭跟其他人一起教他這一行的技巧，6個月下來，他已經有望成就偉大事業了。

「他是個天生好手，」莫蘭說，「冷如冰，對於弱點有著肉食動物般的眼力。每個人都有個阿基里斯腱，只是要找出來罷了……史班瑟比大多數人都快一點。」

史班瑟讓人印象深刻。個子高又長得好看，穿著海軍藍亞曼尼細條紋西裝、開襟白襯衫出現時簡直無懈可擊，在我們坐下來5分鐘以後，他把我的錢包還給我。當然，這時他已經買好飲料了。

在莫蘭的暗示下，我問起他應付女人時的成功之道。史班瑟是那種把星期五晚上找伴當成運動的男人。而且他也非常擅長這套──就他使用的那種方法來看，實在不意外。

這是其中一招，他在露台喝雞尾酒時告訴我的。

第一步：查出本地社區可能讓單身女性獨居的住宅區──靠近醫院、大學等機構的地方。

第二步：在星期五晚上大約8點左右，不事先通知就帶著一瓶紅酒出現在先前挑好的住址前，並且先在城裡最時髦的其中一家餐廳預約兩人座位。

第三步：如果是男人應門，道歉以後說你走錯房子了，然後到另一個地方重新開始。

第四步：如果是個女孩來應門，問她「卡蜜拉」（或者同樣不常見的名字）在家嗎。她當然不會在家——因為「卡蜜拉」不存在。

第五步：聽說這個住址沒有「卡蜜拉」以後，就用小心琢磨、好好練習過的失望與尷尬混合腔調解釋，你是幾天前在酒吧裡遇到卡蜜拉，那時約她今天晚上出來吃晚餐，這是她給你的地址——該死，你被放鴿子了！

第六步：加進一點幽默感：「我就知道，我對她來說太好了！」

第七步：等反應。有可能會表示同情（如果不是，為自己的打擾致歉，然後另起爐灶）。

第八步：在你的失望與尷尬之上，加上一點碰運氣的希望。講類似這樣的話：「呃，我知道這聽起來可能像是瘋了，不過，如果妳今晚沒有別的計畫（已經是星期五晚上 8 點，她很可能沒計畫），我又已經在這裡了，我不敢奢望，也許妳會想跟我一起……」

第九步：雙人餐桌。

史班瑟的技巧把 SPICE 模型中的全部五項元素，結合到米其林指南等級的詐騙砂鍋菜。

簡潔與動之以利：那還用說。

不按牌理出牌：一個長得好看、穿著體面、有趣而且（這點最重要）很容易到手的亞曼尼白馬王子，在星期五晚上就出現在你家門口，這種事有多常見？就好像這樣還不夠似的，還附帶讓人擠破頭的晚餐預約？

信心：你能做到嗎？

同理心：星期五晚上？8 點鐘？要把一道炒菜塞到垃圾桶裡要花多久時間？一點都不久，我問過好幾個女性朋友都這麼說。如果有個像史班瑟這樣的男人順路拜訪時，尤其如此。

不過，不是所有時候精神病態者的動機都這麼無害。他們並不

只是出現在妳家門口、帶妳去吃晚餐。有時候，就像大曼徹斯特區警方在幾年前發現的一樣，他們是要把妳帶去徹底「乾洗」[18]。

深入虎穴

2007 年 7 月，曼徹斯特的警方獲報來到一戶住家，那個地方出了事，引起一陣騷動，一個鄰居打電話報了警。警方到那裡後發現的事情，連最有經驗的警官都大感震驚——他們還以為自己什麼都見識過了，其實不然。一名 30 多歲的女士被鐵鏈毆打至死，她的女兒（18 歲）跟她 13 歲的兒子也是。現場到處都是血，還有其他各種人類體液。過沒多久，謀殺案就上了頭條新聞。

當晚在電視上，警探們下了個賭注。某個嫌犯的名字被提了出來，他們想約談此人，並且決定釋出這個訊息。他是他們要找的人，這點毫無疑問；而且基於攻擊的兇殘程度和這名兇手對社會大眾造成的空前危險，他們認為最安全的選擇就是公然揭發他。匿名協定是一回事，無辜人命又是另一回事。他們就是不能冒險。

「我們在尋找皮耶・威廉斯（Pierre Williams），」大曼徹斯特區警察局的督察長保羅・薩維爾（Paul Savill）說，「如果你知道他在哪裡，不要在任何狀況下接近他。他很暴力，而且極度危險，還很可能持有槍械。關於他的去向，如果你有資訊可以提供，請立刻跟警方聯絡。」

幾小時以後，薩維爾接到一通電話。

「嗨，」有個冷靜又實事求是的聲音說道，「我是皮耶・威廉斯。我在電視上看到我因為謀殺三個人被通緝了。我要投案。」

薩維爾不覺得有趣。

「如果這是惡作劇，」他說：「我現在可沒那心情。」

這不是惡作劇。

不久之後，威廉斯準時出現了。而薩維爾開始恐慌了。

問題跟時間有關，或者更具體地說，是跟缺乏時間有關。薩維爾知道，當然威廉斯也知道，從一位嫌犯被帶進來問話開始，警方有 96 小時的時間拼湊出他的犯案行動，然後提出控告。要是時限到了調查還沒有結論——還沒有紮實的證據出現——嫌犯就可以恢復自由。而且很可能就此一去不回。

主要讓人頭痛的地方在此。暴力事件處理室的門甚至幾乎沒開過。然而在這裡，冷靜如冰的頭號嫌犯就從他們之間溜過去。這並不是說警察沒有可以著手的地方；但他們甚至還沒開始檢視。對威廉斯來說，這是個讓人興奮的危險遊戲。

不用說，威廉斯並不是你心目中那種合作份子。他很清楚證跡開始消失了，所以他根據自己應有的權利，拒答任何問題。不只如此，他以前就曾經出現在警方的雷達上：他是某個著名曼徹斯特幫派的「清潔工」——負責掩蓋形跡和湮滅法庭證據。薩維爾理解到，這一點讓他們的問題雪上加霜。威廉斯先前就有湮滅罪證的記錄，就算不是天才也想得到，他當然會小心翼翼地掩蓋他自己的形跡。用官方的術語來說，這是「帝王級的肉中刺」。

到最後的結果是，薩維爾確實抓到他要的人。曼徹斯特謀殺現場的一個隱形的腳印（肉眼看不到），證明跟威廉斯公寓裡的一個腳印相符。他的公寓在伯明罕，遠在 100 哩外。法官判他無期徒刑。

不過這是千鈞一髮的勝利。在案情突破的消息確認前，他們只剩下 3 小時。

薩維爾大大鬆了一口氣。

「威廉斯自願立刻投案，是我們始料未及的，」他後來承認。「沒有人料得到這點。從一開始，他就逼我們退居守勢。不過如果讓他逃過法網，我們沒有人會原諒自己。我們知道他是我們要抓的人，而且最後是堅持到底的決心和優良的老派警察作業戰勝了。不

過這個案子確實讓我們一直忙到最後一刻。」

雖然缺了一名小組成員（警察的利益在於扣留他們的人，不讓他獲釋），SPICE 模型還是有其力量，透過大膽部署四個剩下的元素——簡潔、不按理出牌、信心跟同理心——一點都不誇張，威廉斯差點就逃過謀殺罪。

注意那些鬼話

在《沉默的羔羊》裡，勒克特逃走時，史達琳確信他不會跟蹤她。她推測：「對他來說，那樣是很粗魯的。」她是對的。不過並不是所有精神病態者都像勒克特那樣親切隨和。他們藐視社會規範、做出意外之舉的能力，就像我們剛才在皮耶・威廉斯身上看到的一樣，通常能讓人大吃一驚。而且，這明顯增進了他們迷惑及說服他人的能力。

哈佛心理學家史迪芬・平克（Steven Pinker）在他的書《思想本質》（*The Stuff of Thought*）中談到了**寓意**（implicatures）。寓意是一種語言學上的裝備，讓我們能夠說透過我們……呃，無意要說的事情，來說出我們有意要說的事情。

在晚餐桌上通常可以聽到一個經典的例子。你跟一群陌生人坐在一起，你想請某人把胡椒鹽罐傳給你。你轉向隔壁的人，然後說……唔，你可能**不會**直接要他們把胡椒鹽罐傳過來，你不會說出你的**意思**。你有可能會說的，反而像是：「**你介不介意把胡椒鹽罐遞過來？**」或者「**你有看到胡椒鹽罐在哪嗎？**」換句話說，說什麼都好，不會只是短促、尖銳、簡潔又直接的：「把胡椒鹽罐傳過來！」

平克主張，寓意之所以存在，是因為它能讓我們保全顏面；不讓我們顯得太過厚臉皮。一方面，「把胡椒鹽罐傳過來」這種要求，可能會被詮釋為指令；不太像是要求，反而更像是公然的挑戰。不過相反地，「你有看到胡椒鹽罐在哪嗎？」就讓我們解套了。我們全

都**知道**那是什麼意思（**趕快給我那個該死的胡椒鹽罐！**）但是在某種程度上，因為意圖是**被暗示**出來而不是公然聲明的，看起來就沒那麼糟。

當我聽說寓意這回事以後，我便到哈佛去跟平克談談。乍看之下，瞬間說服術與此不符。或者說，我剛開始是這麼想的。

就拿下面的例子來說吧。

一對夫婦在他們居住地區的酒吧裡彼此咆哮。這天是 8 月份的國定假日，他們兩個人都喝茫了。酒吧裡擠滿了常客，爭吵已經持續了整整 15 分鐘。

「妳從來不告訴我實話！」丈夫吼道，「妳一直都有這種問題。妳對我從來就不老實。妳就別再說些空話了，跟我直說吧？」

「對啊，」酒保說，「妳就別再說那些狗屁了，從現在起跟那個又矮又肥又禿又小氣的娘兒們說實話吧？」

你看出我的意思了吧？像這些話並不盡然充滿了言外之意，不是嗎？這些話語沒有留下太多想像空間。

不過平克的看法不一樣。

基本上我們發展出所有的語言策略都是為了自保，而且這些策略奏效了，不過同時也很讓人頭痛。所以當某人決定打破規範，有什麼說什麼（去掉所有的廢話）時，依據脈絡的不同，這樣可以帶來某種耳目一新的效果，可以讓人寬心。舉例來說，這是許多幽默的基礎，而且因為我們對禮貌的概念是共享的（我知道你知道我知道你在打破常規），所以還是有某種安全網存在……在我看來，瞬間說服術的力量就在於其新鮮感。這基本上是一種去掉所有廢話的影響力……

我喜歡平克的論點。反諷的是，他似乎是說，正是因為我們的

語言有寓意，SPICE 模型才能施展魔法。因為這並非同樣的狀況重演。我們全都忙於設法避免彼此冒犯，所以當某人冒出來對語言成規比中指時，我們的大腦會大大鬆一口氣。

突然間，我就想起了精神病態者。

難怪他們是說服之王。不管史達琳對勒克特可能有過什麼想法（我們面對現實吧，他才沒那麼有禮貌），這正是他們擅長的。他們內建的衝動和振奮人心的個人魅力，讓他們把不按牌理出牌當成第二天性。不只如此，他們還擅長別的事情。這件事直接關係到平克提到 SPICE 的言論。

在處境艱困但有可能從中獲利時，精神病態者會集中目標。在「照顧生意」、重視目的勝於手段這些方面，他們是第一名。如果你是世界上最頂尖的語言學家之一，你可能會說：「去掉廢話」。

正當報酬

想像一下，我要給你看一組 64 張卡片，這些卡片會一張接一張出現在電腦螢幕上，每張卡片上都會有個兩位數字，大小介於 1 到 99。上面有 8 個兩位數字，而且在展示過程中，每個數字會在不同時刻總共出現 8 次。你的任務很簡單。

你必須決定，哪些數字要按下鍵盤上的 X，哪些數字要按下鍵盤上的 Y。

唯一的困難是，每次弄錯了，你就要接受痛苦的電擊。

你覺得你會表現得怎麼樣？

好幾年前，洛杉磯南加人（University of Southern California）心理學家亞卓安‧雷恩（Adrian Raine）跟他的同僚做了實驗 [19] 來找出答案。他們發現的結果很驚人。

[19] Scerbo, Angela, Raine, Adrian, O'Brien, Mary, Chan, Cheryl-Jean, Rhee, Cathy and Smiley, Norine, "Reward Dominance and Passive Avoidance Learning in Adolescent Psychopaths." *Journal of Abnormal Child Psychology* 18(4) (1990): 451–463.

如果你跟大多數人一樣，你會很快就學會「規則」（例如 X ＝奇數，Y ＝偶數）。你被電一次以後，不會想馬上再來一次。

可是，如果你是個精神病態者就例外。在這些人身上，會發生相當奇怪的事情。

在這類的作業之中（稱為**被動逃避學習** passive avoidance learning 作業），精神病態者犯下的錯誤顯然比我們一般人來得多，通常都是這樣。懲罰將至的威脅、危險或不適的前景，對他們來說似乎就是沒那麼擾人，不像對你我這樣。

照這樣看來，他們再冷淡不過。

從表面上判斷，類似這樣的發現可能指出精神病態者就是「不感興趣」。他們那種奇怪的情緒欠缺，相當簡單地「忽略了那些事」。而這一點，乍聽起來夠合理了。

不過現在讓我們想像一個略有不同的場景。這一回，想像我們有完全一樣的待遇——卡片、數字、電擊——不過在這個情境下，要是你做得對，你不只可以迴避懲罰，還能得到報酬：每次點擊正確得 5 美元。

你猜這樣會不會有差？你會更迅速地破解規則嗎？大部分人認為不會。電擊這招沒問題，不過在這樣的狀況下，運氣有了天大的改變。精神病態者就好像中了魔法一般，表現得比其他人更好。

相較於那些強調避免負面結果的情境，在實際上可以從冒險中圖利時，他們會以更快的速度學會規則。只要訴諸精神病態者的個人利益，就沒多少東西能阻擋他們了。

如何贏得朋友——然後把他們關起來

精神病態者在壓力下保持穩定，在其他人會撒手就跑的時候還能為所應為的能力，電影界裡可不會放過。

以二次世界大戰為背景的《決死突擊隊》（*The Dirty Dozen*）中，

主角是 12 個亡命之徒，他們要進行一項敢死任務，摧毀一個擠滿高階德軍將領的法國城堡。到最後，這項任務結果成功了——雖然 12 人中只有一個生還。不過在這個將功折罪的冒險故事裡，有個耐人尋味的問題：為什麼一開始會挑中這些不法之徒來擔當這個任務？為什麼把戰略重要性至高無上的任務，託付給一群強姦犯跟殺人犯？好萊塢夢工廠在此是否真的有幾分「真實」的根據？如果讓粗人出面，比較有可能喚來老鷹嗎？有證據顯示可能就是這樣。

在英國，卓越勇氣十字勳章（Conspicuous Gallantry Cross）是表揚受勳者「在主動抗敵任務中，有值得表揚的一項或多項卓越英勇行動」。這種勳章從 1993 年開始頒發以後，只發了 37 次。以下從《獨立報》（*The Independent*）上摘錄的內容，描述了其中一次獲得表揚的情況：

> 做為追緝賓拉登行動的一部分，軍隊在一處塔里班大本營，托拉波拉（Tora Bora）的洞穴裡進行激烈戰鬥時，英國空降特勤隊兵團准尉副官巴伯‧瓊斯（Bob Jones〔姓名已更改過〕）只用他的突擊用小刀就拿下一名持械敵人，雖然他同時還身負重傷，至少被敵方火力擊中兩次，然而他還是設法站穩腳步，繼續戰鬥，直到衝突情況每下愈況，變成野蠻的白刃戰時，才改用他的戰鬥刀……官方人員形容他「展現出眾的領導能力，抽出他的刀子衝向敵人，在彈藥逐漸減少、戰鬥結果還不明朗的時候，激勵了那些他身邊的人」[20]。

我們會從世界頂尖騙徒身上看到同樣的專注。莫蘭自己承認，很快就有大魚可釣時，他會像「奧林匹克運動員」那樣做足準備。

---

[20] 這是 2006 年 10 月 1 日的報導。這不是在暗示巴伯‧瓊斯是個精神病態者或「不良份子」——所以，巴伯別盯上我！我在此表明的論點，只是說明某些精神病態者的特徵——在這個案例裡就是專注、並且無視於個人的福祉——若用在正確的情境下，可能比較容易讓人成就大業。

　　我會盡我所能找出（關於那個人的）每件事。從他們怎麼做生意，一直到他們週末時做什麼。頂尖運動員研究敵手的錄影帶，仔細剖析他們的比賽。我也照做：收集資訊，開始為與我交手的對象建立一幅圖像。這並不是什麼尖端火箭科學。你對某人知道的越多，運氣就越會站在你這邊⋯⋯

　　我就像個建築鑑定員，不過我對付的不是建築物，而是人心。我會拿著一把細齒梳到處逛呀逛，尋找門戶，尋找可以進入的秘密管道。而且最後你會發現，總會有條路可以進去，就在身後、或在視野之外。見鬼了，有時候你只要從前面直直走進去就好了！

　　每個認真想要領先群倫的人都應該這麼做。我不是故意要口氣無禮，但是你所有讀的、有關如何說服和影響他人的書大部分都滿紙狗屁。對於心理學，你想說什麼都可以。不過秘訣在於做你的功課。要生火你就得有東西可以燒。而且不是什麼東西都燒得起來，對吧？

　　如果精神病態者可以從某個情境中「無中生有」，只要有任何類型的報酬待價而沽，他們就會去爭取，而且會很拚命地爭取──不顧風險或者可能的負面後果。他們不只是在威脅或逆境時還保持冷靜，實際上還會表現得更好。在這種不祥預感的陰影下，他們「不計代價去做」的能力會變得像雷射光一樣精準強大。

　　這種專注的一個例子（同時結合了 SPICE 的應用）來自於我的一位朋友。保羅跟我在大學時是一夥的。雖然他跟勒克特沒多少共同點（在我跟他往來的整段時間裡，他大概只接過一張違規停車罰單），保羅以前是，現在也是，一個精神病態者。我之所以知道，是因為我測試過他。不過當然了，也有一些洩漏形跡的常見跡象。他溫和、聰慧、堅定又有自信──而保羅最突出的地方，每個人都知道他具備的特質，就是他壓倒性的說服力；他讓人產生信賴感的能

力。這點相當名符其實，就好像他在大腦深處植入了某種神祕的軟體，讓他能夠駭進他人思考模式的最深處。接下來，一旦他有了進入管道，他就會為所欲為。如果保羅還不知道你的情緒通關密碼是什麼，他只要不到 5 分鐘就能破解。他以前是（無疑現在還是）我認識最有天分的精神解碼家之一。

我最後一次見到保羅大約在 7 年前，而且他善於創造對自己有利局勢的能力還是寶刀未老。請想像這個畫面：在倫敦一節擁擠火車車廂裡，兩個建築工人滿身泥巴油漆，保羅則穿著一件燙得筆直的細條紋西裝，坐在他們對面。這天大部分時候都在下雨，而且建築工人們——他們顯然是在戶外工作——全身濕透。他們開始找保羅麻煩。

　　建築工一號：你過得挺爽的嘛，不是嗎？穿西裝打領帶坐在那裡。真正幹一天活會讓你沒命。
　　保羅：你比較想做誰的工作——你的還是我的？
　　建築工一號：你在搞笑吧？我一秒鐘都不想當你！
　　保羅：很好。那你在抱怨什麼？
　　建築工二號：真是聰明的混蛋，啊？唔，讓我告訴你吧。如果他不想要，那我就要！
　　保羅：很好。那你有什麼好抱怨的？你只是嫉妒罷了。

保羅的其中一位女友（他有很多個）有次告訴我一個故事，體現了他的機智天才。有一天晚上他們躺在床上，半夜卻被一個竊賊吵醒了。周遭很暗，不過保羅幾乎可以看到闖入者的側影——不到幾公尺之外——在他擺在梳妝台的蘋果牌筆電上方徘徊。這時大多數人會假裝睡著了，抑或是在盲目的恐慌中，做出讓自己將來會後悔的事——保羅卻還是保持冷靜專注。

「聽著，」他對著一片黑暗開口，口氣平穩又實事求是，「我並不想跟你打一架什麼的——就算這表示，我得放下這把從被子下面瞄準你的半自動步槍！在我那個時代，我也闖過空門〔這是謊話〕，而且我堅信千金散盡還復還。所以到頭來，如果你拿走我的蘋果筆電，我不會真的那麼在意。

「事實上，我會跟你做個買賣。如果你就讓我從桌面上拷貝下幾樣東西，我甚至不會去報失。首先，我看不到你的臉。而且如果你聰明的話，你就會戴著手套。所以到頭來我找警察來根本沒意義，對吧？這樣如何？」

保羅的女友躺在他身邊，嚇得全身僵硬，這時那名闖入者的剪影正靠著露台上的一盞夜燈，思考著保羅的提議。驚人的是，經過似乎有一輩子那麼長的時間後，他決定這樣做：保羅的魔法又生效了。不過這還只是開始。控制住局面後，保羅真的開始談生意了。

首先，他向竊賊提議，在他開始下載時暫時先往外退一步。從電腦螢幕上放出的光可能會照到他的臉——而且這只會讓竊賊心裡有鬼，想說他會不會被認出來了。竊賊照著保羅說的做。接下來，保羅坐在梳妝台前清空自己的電腦桌面時，他開始跟竊賊閒聊。他開始編造他曾經闖入過的房屋細節，還有他小時候怎麼樣被他繼父虐待，這點又怎麼讓他誤入歧途。（事實上，保羅有非常快樂的成長過程。）你看看，結果這個闖入者開始講起他自己傷痛的童年，然後他們兩個展開對話了。他們開始覺得意氣相投。

等到保羅結束下載以後，他又向闖入者提出第二個建議。他們何不到樓下的廚房裡，喝杯啤酒繼續聊？雖然現在的情況怎麼看都不尋常，保羅卻覺得是命運把他們湊攏到一塊。他們乍看有很多共同點。此外，反正他本來就有睡眠問題。闖入者再度接受。保羅後來又亡羊補牢，從臥房地板丟出一頂套頭帽，叫他戴到頭上（竊賊其實沒要求他這麼做——只是保羅替他設身處地著想），這樣竊賊就

不會被認出來。接著他們兩個下樓去了。

　　千眞萬確，當保羅的女友身上包著一條浴巾在露台上徘徊的時候，她聽到樓下的冰箱門被打開，還有鐵拉環拉開的聲音。然後又過了一會，又有兩個拉環被拉開。到最後，雖然保羅連聲抗議，竊賊還是脫掉了他的套頭帽。他開始覺得賓至如歸了。

　　他們兩個聊了超過一小時。如果你剛好經過、又不知道他們是何許人，你會賭掉你的最後一塊錢，押他們彼此相識多年。最後這竊賊收工回家時，已經有一打左右的空罐在桌上攤成一堆，第一道晨光慢慢從窗簾透進來了。

　　不過在他走以前，保羅又有個想法。也許他們兩個應該搭檔。身爲一個郵差（其實他是做金融業的），他有內線消息，知道這區的人何時會去度假。他指出，這樣的情報是無價之寶。幾乎無法置信的，竊賊把他的住址跟電話給了保羅。他們握了手。保羅說，他會在一兩天內上門去談生意。而那個竊賊說「太棒了！」，他會在家多準備些啤酒。

　　保羅也堅持，這位竊賊還是要帶走那個筆電──雖然他其實已經不想要了。「約定歸約定。」保羅說。

　　當然啦，第二天那個竊賊家眞的有客人來了。不過不是保羅。幾名當地的警方人員不但找回了保羅的筆電，還有一大堆前幾個月裡據報失竊的物件。

　　保羅從警局督察長那裡得到一封私人感謝函，再加上一次表揚。

　　簡潔、動之以利、不按牌理出牌，信心和同理心，是精神病態者的說服黑魔術。

摘要

社會中總是有菁英份子，不論在運動、智力跟社會階級上都有菁英。不過有證據顯示，也有菁英說服家，而且他們有相當多是精神病態者。

大多數人把精神病態者想成怪物，想成強姦犯、連續殺人魔或恐怖份子。他們是對的，許多強姦犯、連續殺人魔跟恐怖份子是精神病態者。然而跟現在流行的信念相反，有很多精神病態者甚至不曾違法。他們反而領導跨國公司、進行高風險的腦部外科手術、戴著套頭帽跟防毒面具猛攻大使館跟飛機。而且還把我們的錢投資到有利可圖（卻可能反覆無常）的市場裡。

這種壓力下的冷靜，這種優越的神經空調系統，讓精神病態者有了說服用的萬全裝備。杏仁核功能（腦中處理並體驗情緒的部分）停擺，幾乎總是隨之而來的恐懼也跟著消失，讓表現出這些異常現象的人能夠冒險、專注於結果而不受成規所阻礙，並嘗試爭取其他人看來不可思議的事。

當你冷酷如冰，而且有同等相稱的信心時，總是有可能一桿進洞。

在最後一章裡，我們會繼續探索影響力的邊界──從終極的說服者進展到終極說服法。

像保羅這種瞬間說服家，在解碼我們大腦保全系統的行當中可能是佼佼者。不過有沒有一些組合，是連他們都沒辦法破解的？

每個影響力的門鎖都有鑰匙嗎？

或者說，說服力──甚至 SPICE 模型──有其極限？

第八章

影響力的範圍

某天晚上，一個男人走過貝爾發斯特（Belfast）的街道時，一枝槍指著他的頭。

「新教徒還是天主教徒？」一個聲音說道。

男人飛快地思考，他回答：「猶太人。」

「那我一定是愛爾蘭最幸運的阿拉伯人啦。」那個聲音說道。

第二次世界大戰打得正不可開交時，喬裝打扮的邱吉爾要去一個秘密地下基地發表一篇全國性的演講。他的助理攔了一輛計程車，把地址交給司機。

「很抱歉，」司機回答，「我正要回家。首相 5 分鐘內就要上廣播了，我不想錯過他的演講。」

邱吉爾對這個男人的忠誠印象深刻，悄悄對助理說要給他 10 英鎊小費。

「去他媽的首相！」司機說，「你想去哪？」

魔鏡啊魔鏡

美國幽默大師 H.L. 門肯（H. L. Mencken）曾說，每個問題內都有一個簡單、俐落又**錯誤**的解答。不過且先想想這句話的對立面：每個問題內的確都有一個解答，不過是既簡單、俐落又**正確**的。在某個未被自尊或誤解污染的柏拉圖式的地區，存在著一把完美又純淨的說服力萬能鑰匙，可以無時無刻改變所有心智。這種想法的可能性有多大？心智真的可以被改變？如果當真如此，這把鑰匙可能長什麼樣子？我們又要如何著手找到它？

我在好幾年前首次想到這個問題時打電話給齊亞迪尼。在本書裡，我們已經跟他打過幾次交道了，他是亞利桑納州立大學心理學

與行銷學教授，也是全世界重量級的說服專家之一。我問他，說服是否至少在理論上是毫無限制的。他表示同意。

「你看看發生在瓊斯鎮的事情，」他說，「瓊斯牧師如何說服那900個人自殺……這可是極端的心靈控制。短時間內的說服力也許有其限制，不過長期來說，我就沒那麼確定了。」

跟齊亞迪尼談完以後，過了好一段時間我才確信他是對的。事實上，我準備再往前推進一步。如同我們已經看到的，從我自己研究中發現的不尋常轉向例子看來，有某些更深層的東西使說服的力量在短時間內也沒有限制；解答就在那裡，只是要去找出來罷了。

不過接下來發生了一件事，讓這一切全變了。我當面見到鏡子男了。

我第一次遇到鏡子男是在2008年春天[1]。麥克里大學（Macquarie University）心理學教授麥克斯·寇哈特（Max Coltheart），曾在一個研討裡提到他的案例。我很感興趣，幾天後就寫電子郵件給寇哈特，詢問是否可以訪問他。他說可以，只是不要期待任何奇蹟。我撒謊說我不會，然後就跳上飛機直奔澳洲。

鏡子男是神經心理學記錄中曾出現過最奇特的個案之一（經過這麼多年一定又有一些怪案例了）。這次見面地點是在雪梨、在麥克里大學的認知科學中心裡，寇哈特就是在此成立信念培育計畫（Belief Formation Program），目的是為了解開妄想意念（delusional ideation）的起因，並發展一個關於信念的習得與拒斥的模型。

他當然不缺研究素材。

到目前為止，這個計畫已經引進了一堆讓人眼花撩亂的概念性文字誤用，範圍從常見於精神分裂症患者的一般妄想類型（**被害**

[1] 寇哈特跟他的同僚已經對鏡子男和各種誤認妄想發表大量資料。要發掘更多內容，請見Breen, Nora, Caine, Diana and Coltheart, Max, "Mirrored-Self Misidentification: Two Cases of Focal Onset Dementia." *Neurocase* 7 (2001): 239–254; Breen, Nora., Caine, Diana., Coltheart, Max., Hendy, Julie., and Roberts, Corrine. "Towards an Understanding of Delusions of Misidentification: Four Case Studies." *Mind and Language* 15(1) (2000): 74–110.

妄想——有人要來抓你了、**關係妄想**——私下咬耳朵和竊竊私語的社交背景「雜音」都是針對你的；還有**被控制妄想**——有外來力量在控制或攔截你的思考），到更怪異的認知誤解範疇：**單一主題妄想**（monothematic delusions）。

　　後者的分類包括了**凱普格拉斯妄想**（相信某個跟你很親近的人〔最典型就是你的伴侶〕不是原來的那個人，而是一個長得一模一樣的冒充者）、**寇塔妄想**（相信你已經死了），和**佛瑞哥里妄想**（相信你被一群喬裝打扮、隱藏真實身分的人跟蹤）。

　　還有這一切妄想的始祖：**鏡中自我誤認妄想**（mirrored-self misidentification delusion）。

　　鏡子男被我稱為喬治，年紀大約 85 歲上下。他很和善，已婚、有兩個小孩，事業很成功，還跟太太共同經營一家廣告公司。天呀，我見到他時心中暗忖，這傢伙看起來正常得不得了，那些關於他的傳聞是真的嗎？我很快就發現傳言的確是事實。

　　一位寇哈特的研究伙伴諾拉·布林（Nora Breen）按下一個電視的遙控按鈕，然後我們走進一個有鏡子的房間。喬治站在鏡子前面，諾拉問他：「喬治，你在鏡子裡看到誰？」

　　喬治聽起來很憂慮。

　　「看到他。」他說。

　　「誰？」諾拉問。

　　「**他啊，**」喬治說，「那個到處跟著我轉的人，那個穿著跟我一模一樣、看起來跟我一模一樣、又完全跟我同步做每件事的人。」

　　諾拉慢慢走進畫面裡。

　　「現在你看到誰？」她問道。

　　「那是你，」喬治說，「還有他。」

　　我瞠目結舌。

　　我請她要他解釋：她站在鏡子前方，就在他旁邊，可是〔從鏡

子裡〕往回瞪眼的傢伙卻是完全不同的人，怎麼會這樣？

她照做了。

喬治搖搖頭。

「聽著，」他說，「我知道這聽起來像是瘋了，不過事情就是這樣。我希望我能相信是我在那裡。不過我不能，那是別人，他看起來像我、行動也像我，每件事都跟我在同一時間進行。不過就是**不是**我！而是**他**。」

「諾拉，多謝了。」我說著，替自己倒了點咖啡。

我們決定到此為止。

信念危機

跟鏡子男的會面讓我有不少事情可以思考。我在寇哈特的實驗室裡見證到的，並不是正巧狀況不佳的喬治，當時的喬治狀況很好。實際上，他在計畫裡是個大明星，工作人員為了幫助他，差不多什麼都試過，不過顯然是撞上了銅牆鐵壁。喬治的信念一直都那麼堅若磐石──堅持鏡中人是個冒充者而不是他自己。寇哈特推測事情不會有任何好轉。無論他們給他什麼都一樣。

突然間，我的思緒轉向瓊斯鎮。我突然想到，這裡出現了一個極大的矛盾，一方面，瓊斯牧師能夠說服 900 個人在一大缸加了砷的果汁飲料旁邊，把性命（不光是他們自己的，還包括他們子女的）一口飲盡。另一方面，幾位世界最頂尖的心理學家卻處理不了一個男人跟一面鏡子：他們無法讓他相信，鏡中反射出的真的是他，而不是某個（如他所堅信的）卑劣的、言行不一的另一個人。

這種關連性很耐人尋味。若不是像瓊斯這種人身上有什麼特別的東西，我們必須得在此找出來，就是信念本身的結構出了某些問題。所有的信念之上都有某種力量光譜，一端是不可動搖的信念，另一端則是轉瞬即逝的虛無；夾在中間的，則是隨著容易說服的程

度而有相應變動的影響力。

是的，我們做得到

　　2008 年夏天，歐巴馬被提名競選總統前不久[2]，范德貝爾特大學（Vanderbilt University）管理學教授雷・佛利曼（Ray Friedman）和兩位共同研究者從 GRE（研究生資格考試）測驗的語文部分擷取20 個問題，組合成一個測驗，並在兩組美國人（一組是非洲裔，另一組則是高加索裔）身上進行測試，然後算出兩組的平均分數。過了幾個月，在選舉塵埃落定、歐巴馬宣誓就職以後，他們又對同樣兩組人做了一次測驗，並且就像先前一樣，計算平均分數。

　　佛利曼跟同事希望能發現不同於前人十多年前做出的結果；回顧 90 年代，兩組有著相同 SAT（學術能力測驗）分數的學生在史丹佛參加相同的考試[3]。研究人員在其中發現，要是在這種 GRE 式的考試開始前，先讓參加者在小方格裡勾選自己的族裔背景，非裔美人的表現顯然就會比較差。這種落差的理由很清楚，勾選所造成的效果遠超過單純提供個人資料；對非裔美人來說，這激發了他們學術能力較差的刻板種族印象。這種勾選告訴他們：**不，你做不到。**

　　過了一個世代，佛利曼押的是平等主義者這邊。

　　「歐巴馬顯然有激勵的效果，」他說，「不過我們好奇的是，對於像是黑人參加考試這類重要的事情，他會不會有正面的貢獻。」

　　讓人難以置信的是，結果證明他可以。

　　分析顯示，在歐巴馬被提名**之前**，白人平均在 20 分中拿到12 分，相較之下，黑人平均約為 8.5 分。不過在後來進行的測驗

---

[2] Marx, David M., Ko, Sei Jin and Friedman, Ray A., "The 'Obama Effect': How a Salient Role Model Reduces Race-Based Performance Differences." *Journal of Experimental Social Psychology* 45(4) (2009): 953–956.

[3] 關於先前對刻板印象與種族所做的研究，請見Steele, Claude M. "A Threat in the Air: How Stereotypes Shape Intellectual Identity and Performance." *American Psychologist* 52 (1997): 613–629; Steele, Claude M. and Aronson, Joshua, "Stereotype Vulnerability and the Intellectual Test Performance of African Americans." *Journal of Personality and Social Psychology* 69 (1995): 797–811.

裡——在歐巴馬發表演講接受提名**之後**立刻進行，然後等他就職以後，又再做一次——狀況就完全不同了。在這兩種情況下，非裔美人的表現都有顯著的進步。

這是明顯的徵兆。在此可沒有人突然變聰明了；畢竟我們談的不過是幾個月裡的變化。這只是一個駕馭信念之力的例子。

一個相信「**是的，我們做得到**」的例子。

兩種心意

佛利曼的研究結果還有待重複驗證，然而就像高空彈跳般輕鬆縮減表現差距，這結果實際上已經遠超出他自己的預期。不過有證據指出，他跟同僚押對了寶，而亨利・福特的論點也可能很有道理：不管你相信自己做得到或做不到——你都會是對的。

亞利桑納大學心理學家傑夫・史東，也曾經在運動方面證明類似佛利曼研究的結果。一個黑人跟白人在高爾夫球場上競技的研究裡（我們在第三章曾經簡短地提到），史東已經證明，如果高爾夫被定義為驗證**運動能力**，平均來說，是黑人選手得到的分數較佳。不過你知道嗎，當這個遊戲被描述為衡量**決策能力**、而悄悄掩蓋住其運動方面的元素時，情勢就變了。會是白人稱霸球道，同時黑人卻吃癟。

還有施華維跟她的亞裔女性學生。如果你還記得，亞裔女性把自己視為「亞洲人」時（也就是說，當種族刻板印象被激發時），她們的數學表現會**比較好**，而在強調重點驟然轉為**性別**時（亦即當她們把自己想成「女人」的時候），她們的表現就**會比較差**。

這樣的觀察結果與努力無關。並不是這些女性在隨機選擇之下，神奇地剛好「變成亞洲人」，然後就突然更努力地嘗試。遠非如此。就像佛利曼的學生，還有史東測試過的那些選手，他們其實是**被說服**去做得更好。不是透過誘因、報酬或日常社會影響力的常見

方法（來說服他們），而是偷偷在他們腦袋裡塞進信心，改變他們心態中的自我認同感。

史丹佛認知心理學家卡洛‧德薇克（Carol Dweck）已經針對心態做過一些有趣的研究[4]。為了證明某些信念比其他信念更難改變（而且有些人比較難以說服），她指出有兩種不同的思考風格，根據她的研究：我們與世界建立關係的方式，最終會決定我們在人生中會成功或失敗。

根據德薇克的說法，心態會在窗口擺出兩種招牌：開門或關門。那些掛出關門招牌的心態，德薇克稱之為「固定型」。她主張，這屬於「照自己方式做事」的人──那些小心不超過自己舒適範圍、把努力視為負面的人，以及不願意拓展能力範圍的人。相對來說，那些展示出開門招牌的人，德薇克稱之為「成長型」心態。有這種心態的人通常會比較有彈性──比較樂意學習，願意接受挑戰，而且也比較樂意接受他人的觀點，跟固定型心態的人不一樣。

德薇克已經證明能夠操縱這些心態。而且除此之外，每個心態都伴隨著一項神經上的獨特「特徵」。在一項研究中，學生被分成兩組，一組看的是支持「固定型」心態的論點（例如「你的智能是與生俱來的，後天改變不了多少」），同時另一組人看的卻是支持「成長型」心態的論點（例如「不管你有多聰明，你都可以再進步」）。隨後，兩組人要完成一個困難的閱讀理解力測驗（他們的表現很糟），而且在得知結果以後，詢問他們，是否想看看其他幾位參與者的答案──可以選擇表現優於或遜於他們的人。

與德薇克預測的完全一樣，斷層線就從中間劃過。那些接觸固定型心態相關的學生直接要求看那些表現**較差**者的答案：這樣可以加強他們的自信。然而在另一方面，那些看到成長型心向論證的人

[4] 關於德薇克的心向研究，更多資料請見Dweck, Carol S., *Mindset: The New Psychology of Success*. New York, NY: Random House, 2006; Dweck, Carol S., 'The Secret To Raising Smart Kids.' *Scientific American Mind* (Dec/Jan 2007): 36–43.

則傾向選擇另一邊，他們選擇看表現**較好**的人的考試結果——換句話說，讓他們自己**往上**做比較，以便吸收將來可能對他們有幫助的策略。

不過還不只如此。在這個由比較所形成的裂隙旁邊，有第二條斷層成形了——就在參與者的腦袋裡。在一個用到腦波圖的後續實驗中，德薇克監看學生們參與一項常識測驗時的腦皮質活動模式。實驗分成兩個部分，第一部分是在參與者提交他們的答案以後開始；鍵入每個回應後的一秒半，會有程式顯示是否答對了。接著，在那之後的一秒半，真正的解答才會跳出來。

資料完美地對應到行為上的發現。

正如先前的研究結果所示，德薇克發現有著封閉式（或者說固定型）心態的學生，一如預期，在實驗的初始階段表現出高度的警醒狀態（他們等著看自己是不是答對了）。

不過隨後他們的腦袋就渙散掉了。他們撒手就跑。

另一方面來說，具有成長型心態的學生展現出全然不同的模式。當然，在實驗的第一階段——當他們等著看是成功還是失敗的時候——他們的大腦就跟固定型心態的對照組一樣，「打開了開關」。不過接下來（相對於固定型心態組），結果出現以後他們不但沒有**關**上開關，還繼續激動著——在下一個一秒半裡還維持活動，這時他們在等待確認實際答案。

看來我們之中有些人是真正對影響力保持開放態度。其他人則只是想要「答對」。

就是忍不住要相信？

德薇克的研究結果和佛利曼與史東等人的研究符合了說服力的數量取向。這些結果支持以下的觀察：某些人（像是極端基本教義派）有著非常固定的心態，他們的神經元在受到衝擊後融合得極為

紮實，以至於有時，他們的心態變得幾乎無法動搖，而其他人則較能順應潮流。

這很可能是與生俱來的。往任何教室或操場裡看一眼，你就會同時看到錢幣的兩面：有就連最輕微的批評或挑戰都會身心受創的孩子，也有什麼都能從容面對的孩子[5]。（想知道**你**有多容易被說服嗎？何不做一下後面的測驗？）另一方面，我們都有自己的成長歷程，有自己的狂熱信仰小島，在那裡只有圈內人才受到歡迎。這表示環境也是重要的──它不但會隨著時光流逝塑造出我們的整體態度，也在短期內支配我們生活中最顯著的價值。（舉例來說，經歷過親友在伊拉克或阿富汗被殺的那些人，對於英國或美國外交政策的看法，可能就會比私人瓜葛較少的人更強烈些。）

不過這也暗示著更深入的事情──關於我們的大腦如何下定決心的基本原則。如果信念與情緒的關係如此強烈，有沒有可能大腦比我們想像中更欠缺辨別力？所以在三思**以前**就行動了？**先相信，然後**才評估考慮？而我們之所以支持這樣的觀點，並不是自己的推論**指向**那個方向，反而是我們無法藉由推論**擺脫**那個觀點？

雖然這樣的概念看似瘋狂，但有證據指出這是真的[6]，而我們得到新資訊時所產生的感覺（仔細考慮，並且一點一點地決定是否要接受）其實是個幻覺。

哈佛心理學家丹・吉伯特（Dan Gilbert）跟他的同僚進行了一項研究[7]，參與者被告知有一樁搶案，並被分為兩組。一組人讀到的陳述**強調**了罪行的嚴重性（例如「凱文威脅要性侵店員」），另一組人讀到的則相反：只**輕描淡寫**地描述了罪行（例如「湯姆因為搶了這家店而向店員道歉」）。

---

[5] 關於氣質發展背後的科學，請見Jerome Kugan, *Galen's Prophecy: Temperament in Human Nature* (New York, NY: Basic Books, 1994).

[6] 這個想法首先是由17世紀的荷蘭理性主義哲學家史賓諾莎所提出的。

[7] Gilbert, Daniel T., Tafarodi, Romin W. and Malone, Patrick S., "You Can't Unbelieve Everything You Read." *Journal of Personality and Social Psychology* 65(2) (1993): 221–233.

對於一項心理實驗來說，這有點不太尋常：研究人員從一開始就全盤坦白告知兩組人員這些性格說明都是假的。當參與者讀到關於搶匪的事情時，其中一些人被打斷了：研究人員指定要他們進行一個計數作業。吉伯特提出的想法是，這樣的注意力分散（如果我們一開始信了，然後又「不信」），應該會干擾這個方程式中「不信」的那個部分。而且，先前吸收資訊並且「相信」了的大腦，在那關鍵性的幾毫秒內要決定是否**繼續**相信那則資訊，但這件事應該會把大腦的注意力轉移到一個完全不同的作業上（很像是第三章裡的「搬運工」在婚禮時轉移掉旅館櫃臺小姐的注意力，然後把禮物搬走）。雖然參與者相當清楚地被告知，這些性格說明都是假的，但實際上這種干擾應該還是會讓他們認為說明是真的。

結果，發生的事情就是這樣。在研究的最後，當這些參與者被要求替搶匪量刑時，有趣的裁決出現了。

好人先生平均被判 5.8 年的刑期；壞人先生則是 11.2 年[8]。

而且請記得，儘管參與者從一開始就已經清楚地被告知，這些人格描述是**假的**，結果還是這樣。

有時候你就是不能不信你讀到的**每件事**。

信念的缺陷

吉伯特的研究含意肯定需要時間適應。然而，從另一方面來說，某些事情變得清楚明白了，我們突然了解到同理心和自我利益在說服時的重要性。如果靠著運用組合正確的文字、從正確的角度切入，就可以藉此置入某個概念，讓交談的對象**想要**相信這件事，那麼我們就事半功倍了。因為話才剛說出口，他們其實不管怎樣都會相信：也就是說，至少在前面幾百毫秒裡是如此！身為說服者，

---

[8] 在那些**沒有**分心的參與者身上，沒有這樣的差別（好人先生被判6年，壞人先生則是7年）。他們能夠「不信」那些假的人格描述，所以在判斷這兩種罪行的本質之間沒有差別。

我們要做的工作比我們想的更容易。重點不是要讓其他人**相信**我們說的。而是要阻止他們**不信**。

接下來，當然，還有不按牌理出牌所扮演的角色。請回想第六章的內容，登門拜訪的推銷員如果出人意表地用幾分錢，而不是幾元來說明價格，顧客為何更有可能向他採購聖誕卡？還有，如果點心小販把杯子蛋糕形容為「半蛋糕」，到露天市場買東西的顧客為何會因此買更多？如果你記得之前的內容，就會明白這其中有詐。這個小販必須在那個特別的開場策略以後，立刻接著聲明，那麼這招才會奏效。例如在聖誕卡的例子裡，就要說「這很划算！」；在杯子蛋糕的例子裡，則是「蛋糕很美味喔！」

不必是個天才，也可以弄懂這件事。道理很簡單：「吉伯特效應」的反向運作。顧客聽到的是一句標準的重複推銷詞──「這很划算！」或者「蛋糕很美味喔！」──不過他們卻被上一句廢話迷惑了，以至於「忘記不要相信」。他們先前太過出神，心思繞著半個蛋糕、或者他們要獻出幾千分錢才能買聖誕卡的事情打轉，所以他們大腦的中控鎖系統，就很適時地失敗，然後就門戶大開了。

結論看來很清楚。讓大腦的「不要相信抗體」停產──關上夠長的時間，好讓我們植入的資訊病毒能夠繁殖，並且站穩腳跟──然後說服就沒有限制了。當然，問題在於撬開這個系統。

壓力下的說服

我在做某個關於說服的電視節目試播帶時，親自體驗到信念的缺陷病毒。這一集主要在探討軍隊裡的說服。我想知道，審問好手需具備什麼樣的特質？任何人都能做到嗎？或者就像每件事一樣，各人的才華不盡相同？流行文化中的審問者代表形象──比方說，《霹靂鑽》（*Marathon Man*）裡的勞倫斯・奧立佛（Laurence Olivier）暗示了邪惡比聰慧更具有優勢，也是男人與男孩的不同之處。然而

在軍隊跟法庭環境中做的研究，對於這個主題有著不同的見解。世界上最老練的審問者可不是訴諸暴力，他們反而跟世界上最老練的詐騙大師有很多共同點。他們滲透、而非侵略；對付我們的心靈，而不是我們的臼齒[9]。而且，他們對於原始的「街頭心理學」有一種直覺的掌握。

為了找出我自己的極限在哪，某個自作聰明的傢伙出了個主意，要讓我對抗專家：說服專家用劍橋大學的圖書館跟草地，與特種部隊攻心專家進行一場戰役。我將會得到三段資訊，而我必須盡力隱瞞這些訊息，避免讓敵方知道；至於敵方，則會準備好一套生、心理技巧的致命結合，設法把這些訊息從我身上套出來。

這似乎是個好主意——直到我遇到其中一個審問者爲止。

「這場戰鬥會有多暴力？」坐在星巴克啜飲拿鐵時，我問戴夫。

他露出微笑。

「暴力不會讓你崩潰，」他告訴我，「而是暴力的**威脅**，這是種致癌似的思考過程：你感覺某個可怕的事情就要發生，而且就在不遠處。」

「你確定你應該告訴我這個嗎？」我開玩笑地說道。

「這樣根本沒差，」他回答，「就算你事先知道我們不會殺你也沒有用。將你打敗的是這裡（他輕叩一下頭）。當然，你現在可能相信我們不會殺你。但是一旦我們開始運作，那些弟兄馬上就能讓你改觀。」

坦白說，我很懷疑。不過接下來戴夫給我舉了一個範例，說明在特種部隊中對敵軍做的事——他準備拿來問候**我**的那種事。

通常到這個階段，當事人已經精疲力竭……在我們把頭罩套在他頭上以前，他看到的最後一樣東西，是兩噸重的卡車。我們讓他

---

[9]譯注：《霹靂鑽》裡的壞人角色以牙醫用的鑽具拷問男主角。

躺在地上，而且他躺在那裡的時候，會聽到卡車駛近的聲音。過了大約 30 秒，卡車就到他面前了——引擎就離他耳邊沒幾吋。我們讓引擎猛然加速一番，然後駕駛就跳下車。他甩上門然後走遠。引擎還在轉。過了一會兒，從遠方的某處，某人問手煞車有沒有拉起。這時，團隊中的一人（帶著頭罩的人一直不知道有這人存在）開始輕輕把一個備胎滾到躺在地上的人的太陽穴上，用手滾。他逐漸加強力道。另一個成員讓卡車引擎再轉得更快一點，所以看來就像是卡車要移動了。這樣過了幾秒鐘以後，我們把輪胎拿走，取下頭罩，然後對他展開猛攻。

「你他媽的給我報上名來……」通常人就是在這時候投降的。

　　話說回來，**我的**「吐真言時刻」也不能說不像。光著身體被鏈在一個陰暗、廢棄倉庫的地板上，我望著（看似是慢動作）一個巨大的堆高機吊起一整個架子的鋼筋混凝土，就在我頭上 10 公尺左右，然後逐漸地往下降，直到那個粗糙、碎裂的底部輕輕地壓上我的胸口。那股壓力維持了大約 15 秒，然後我聽到操作員的吼聲，壓過了液壓裝置的刺耳聲：「吉姆，這機器卡住了。我無法移動它……」

　　戴夫是對的。事件過後，我很快地發現在簡報室的安全空間裡，我根本不可能遇到任何危險。實情是，那個「鋼筋混凝土」根本就不是混凝土，那只是個實物大小的泡棉。機器也沒卡住，運作完全正常。不過，當然啦，那時候我並不知道。在刺探敵情時經歷那種待遇的當事人也不知道。從我站著（或者躺著）的地方——不知位於何處（我是戴著頭罩被帶到那裡，這樣更讓我失去方向感）的某個廢棄地點，滿是泥水坑、柴油污漬的地板上——這一切都真實得嚇人。雖然戴夫說過不會殺我，10 噸重物在近到你可以聞得到的距離停留，而且剛好讓你有一點難以呼吸，你很難「不信」你就

要蒙主寵召了。根本不可能。你的大腦忙著跑它的恐懼程式，這個程式完全壓倒了它的「謊言偵測」模組。

「不相信」是遏止說服力的力量。少了它，說服力就沒有限制。

當世界末日「不是」世界末日

關於不信的其中一件趣事是，有時候大腦可以不信**自己**。有時候，當我們真的不確定我們喜歡某樣東西、或者對某個特定結果不滿意的時候，我們會說服自己這其實沒那麼糟。才談到這個話題，下一站我們就會遇到鏡子男（MirrorMan）。

1956 年史丹佛社會心理學家里昂‧費斯廷格（Leon Festinger）[10] 提出一個人人都可能在某一刻自問的問題：有些宗教教派預言了世界末日……然而卻沒發生，這些教派的信徒會怎麼樣？他們會全都回到日常工作，然後「記取教訓」？還是其實會做些什麼事？

為了得出答案，費斯廷格滲透一個幽浮末日教派——領導者是芝加哥的一名家庭主婦瑪麗恩‧基奇（Marion Keech）——該教派的超自然情報是，這個世界將在 12 月 21 日早上被外星來的大洪水摧毀，然而結果證明是個烏龍。於是，費斯廷格自己也來了個預測：不同於在這種狀況下一般的判斷，他認為信仰這個團體的人在預言失效後絕不會逐漸消失，反而會**增加**。費斯廷格認為，一方面是與世界末日衝突的結果，另一方面是日子照常過下去的情況，兩者會纏著大腦，使之製造出更強烈的新信念來面對這個事件——以便減少主觀與客觀現實之間的緊張，並且讓心靈平靜下來。

結果顯示，後來發生的事情正是如此。就如費斯廷格的預測，基奇的追隨者認為她的情報完全**沒有**錯，他們反而帶著嶄新活力出來辯護，而且比過去更團結。具體的說法是，來襲的外星人改變了

---

[10] 想聽費斯廷格對基奇末日團體的全本惡作劇故事，請看 Leon Festinger, Henry W. Riecken, and Stanley Schachter. *When Prophecy Fails: A Social & Psychological Study of a Modern Group that Predicted the Destruction of the World* (Minneapolis: University of Minnesota Press, 1956).

想法，對「眞信徒」示好。這個世界得到緩刑，所有人都獲得赦免。就像費斯廷格指出的，若非如此，大家就得面對那說不出口的選擇：從來就沒有量身訂做的飛碟；把他們全都帶到宇宙中的大計畫從一開始就不存在；工作、配偶跟房屋全都是白白失去的。

　　費斯廷格揭穿基奇預言的眞相，此事促成了針對**認知失調**（cognitive dissonance）[11] 的大量研究。費斯廷格在 1959 年做的一流研究，起了很大的推動作用。這個研究由三個關鍵成分所組成：學生強制性的同儕團體，一連串無意義又麻痺心智的乏味作業，還有一個徹底的彌天大謊：這些學生必須做這些作業，然後說服後續的「參加者」（事實上是研究者的同謀）加入，聲稱這些作業其實**很有趣**。

　　學生被拆成兩組。其中一組成員因爲他們的口是心非得到 1 美元，其他人則得到 20 美元。費斯廷格想知道的是，報酬上的差異會如何影響學生們對於這項作業的**真正評價**？

　　答案揭曉，結果驚人。當然，就如同認知失調理論的預測（而且完全牴觸常識法則），誤導同儕參與者只拿到 1 美元代價的學生，對於這個作業表現出的疑慮，**少於**那些得到較多報酬的對照組。

　　難以置信！

　　那麼理由呢？

　　根據費斯廷格的說法，這很簡單。1 美元組經歷到的「認知失調」，大於 20 美元組。跟 20 美元比起來，1 美元對於他們態度矛盾的行爲（告訴某人這項作業眞的很有趣，實際上卻很無聊）沒有提供足夠理由。這些學生，因爲他們的行爲缺乏任何**其他**合理藉口，

[11] Festinger, Leon. *A Theory of Cognitive Dissonance* (Stanford, CA: Stanford University Press, 1957). See also Festinger, Leon and Carlsmith, James M., "Cognitive Consequences of Forced Compliance." *Journal of Abnormal and Social Psychology* 58 (2) (1959): 203–210. 對於失調理論還有其他與之競爭的認知一致性理論，概論可見Cooper, Joel and Fazio, Russell H., "A New Look at Dissonance Theory." In Leonard Berkowitz (Ed.), *Advances in Experimental Social Psychology* 17 229–266: (Orlando, FL: Academic Press, 1984).

因而被迫**內化**（internalise）他們在誘導下表示的態度——而且在這麼做的過程中，變得真心相信他們進行的作業很有樂趣。

另一方面，20 美元組的學生有理由相信，他們的行為有外在的合理性——他們加入是為了錢。這就不會跟工作成就感混為一談。

為什麼我們熱愛自己痛恨的東西（特別是在拿不到退款的時候）

任何一位說服者，都應該謹記認知失調的危險。特別是當事情大有風險，而你要說服的對象又有其他選擇時。費斯廷格的研究（最近成為經典），為我們現在視為理所當然的事情，提供了史上第一個紮實的證據：我們腦海深處有著強大的重力，讓信念跟行為的軌道與心理保持緊密結合。不過有時候，重力明顯過於極端——在某些狀況下，這種結合服貼得過火，理性都消失到神經中的某個黑洞去了。舉例來說，對於反菸廣告，有研究顯示吸菸者硬化的不只是動脈，從公共衛生反菸戰開始以後，他們的態度也硬化了。

你考量一下吸菸者看到反菸廣告時所面臨的困境。「我抽菸」跟「抽菸致命」的陳述，基於明顯的理由，永遠不會自然而然地擺在一起。兩者永遠不會開花結果，變成最偉大的認知界親密室友。所以要不是其中一方滾蛋另找住處，就是雙方學著混過去（吸菸者通常會專注於他們的習慣有什麼察覺得到的好處——例如說「這能幫助我放鬆」，「我所有朋友都抽菸」——同時又低估風險：「不是所有專家都同意」，「這只會影響年紀比較大的人」）。

在宗教信念方面，也是同理可證。某些信眾（當然，還有某些不信者）表現出典型的認知節約性（不輕易改變信念），起因就在於這類信念吸收掉鉅額的心理投資貸款——通常投資了好幾年時間，而且通常得到自我認同方面的老字號票據交換所（道德觀點，社交網絡還有政治結盟）簽名擔保。**你能夠變賣一切，再度從頭開始嗎？**

　　還有其他較平常的例子。想想這時會發生什麼事：當你在店裡買了某樣東西，在回家以後卻改變了想法──然後，你把這玩意兒帶回去時，卻發現店家執行「恕不退換」政策。如果你就像大多數人一樣，通常接下來會發生的情形是：你神奇地回心轉意，變得確實相當**喜歡**你買的那個東西。在你揉掉那張收據並丟進垃圾桶時，你心想，嘿，到頭來這玩意兒沒那麼糟嘛。

　　不過在此產生作用的不是魔術──而是認知失調之手。兩個明明白白又彼此對立的認知──一邊是「我已經花了總共 X 元在這宗買賣上」，另一邊是「我不喜歡這玩意兒，而且沒辦法改變」──被迫要共處在同樣的腦空間裡，直到發生下面兩件事的其中一件為止。兩者要不是協調行動，並且解決兩者之間的歧異，就是其中一方要捲鋪蓋走人。10 次有 9 次，雙方都會學著好好相處。

影響的神經醫學

　　從認知失調的影響可以清楚看出，信念的決定方向跟情緒有緊密關連。不過加州大學洛杉磯分校的山姆‧哈里斯（Sam Harris）跟他的同僚最近進行一項實驗[12]，結果又更上一層樓──而且顯示出信念、情緒跟影響力在大腦中可能是如何緊密相連。

　　哈里斯讓參與者戴上一種護目鏡式的顯示裝置，然後把來自 7 種不同主題範疇的陳述句打在他們眼前，讓他們評估這些陳述的真實性。在 7 個範疇之中（數學、地理、自傳、宗教、倫理學、語意學，還有事實），每一個範疇都包含三種陳述：真實陳述、造假陳述、不真也不假的陳述──換句話說，就是那些沒辦法以任何方式驗證的句子。（舉例來說，一個**真的／數學的**陳述可能是〔2 + 6〕

---

[12] Harris, Sam, Sheth, Sameer A. and Cohen, Mark S., "Functional Neuroimaging of Belief, Disbelief, and Uncertainty." *Annals of Neurology*, 63(2) (2008): 141–147. 關於認知偏差矯正法的廣泛文獻回顧，請見MacLeod, Colin., Koster, Ernst H. W. and Fox, Elaine, "Whither Cognitive Bias Modification Research? Commentary on the Special Section Articles." *Journal of Abnormal Psychology* 118 (2009): 89–99.

＋8 ＝ 16；一個**假的／倫理學的**陳述可能是「兒童在能投票以前都沒有權利」；而一句**宗教的／無法驗證的**陳述可能是「在新約中，耶穌說了 2467 字」。）

當參與者評估這些陳述時，哈里斯變成了偵探，利用功能性核磁共振在他們腦袋裡到處刺探。他好奇的是，哪些結構區對應到這每一種不同的評估——對應到這三種陳述所引出的信念、不信之念還有不確定感？

結果很有意思。一開始，反應時間的資料顯示，接納陳述句為真實的速度，快過拒斥為假的速度——這更進一步支持了史賓諾莎原來的猜測：我們一開始先相信、然後才「不信」。

不只如此，哈里斯還發現，信念是隨著大腦腹內側前額葉皮質的活動增加而一起出現（見圖 8.1 A ）——腦中的這個部分，通常是關於組合事實與感受，還有調節行為以便回應不同情況的結果（換句話說，就是衡量優劣面向）。至於不信的念頭，則會活化前腦島（anterior insula）（見圖 8.1 B ）—— 這個區域通常牽涉到像是疼痛或噁心等嫌惡反應，還有評估不同口味跟氣味的宜人程度。不確定的念頭，正如預測，會刺激前扣帶皮質——這是一種神經學上的警告燈，要是某種讓人困惑的新事物突然出現在雷達上，就會一閃一閃的（見圖 8.1 C （i）與（ii））。

這些可能就是界定影響力範圍的區域嗎？激發情緒，主要引起大腦腹內側前額葉皮質活動程度增加的信念，可能會特別難以改變嗎？而那些激怒了敏感的內腦島的信念，是特別難取得的嗎？這個假設的確看似合理——雖然就像哈里斯的論文共同作者，馬克·科恩（Mark Cohen）在我詢問時所指出的一樣，在實驗室裡觀察到神經上的關連是一回事，但是在會議室之類的地方觀察，又是另一回事了。這裡牽涉到人；而且那些提出「真」、「假」、「不知道」命題的人，經過的消毒可是少得多。

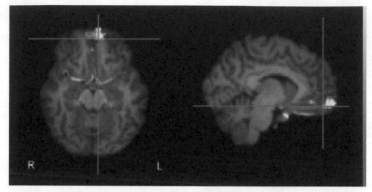

圖 8.1 A—大腦腹內側前額葉皮質，因為判斷為真的意見（信念）而活化，這類判斷橫跨 7 種陳述範疇：數學、地理、自傳式、宗教、倫理學、語意學與事實。白色區域指出的是腦活動增加的區域。

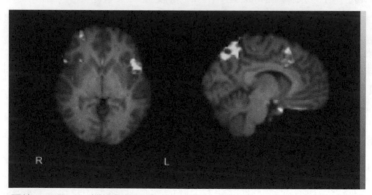

圖片 8.1 B ——縱切影像（左邊）顯示，額下廻（主要在左邊）、右額中廻跟內腦島（兩側對稱的部分）因為在 7 種陳述範疇內判斷為假的意見（不信任）而活化。橫切影像（右邊）顯示上頂葉、前扣帶皮質和額上廻。

　　「說服是種社會行為，」他說：「而且回會互動會引進好幾種其他的腦內迴路，我們的研究中並沒有特別提及這些部分……不過我們可以說的是，信念、不信和不確定性，確實看似跟接受、拒絕及懸而未決的個別神經特徵連結在一起。」

　　對於 SPICE 模型來說也別有含意。一種同時牽涉到大腦全部三塊影響主軸的說服風格（不按牌理出牌——前扣帶皮質；簡潔、自

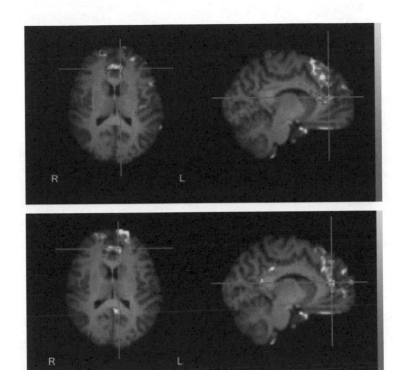

下：圖片 8.1C（i—頂端）與 8.1c（ii—底部）——前扣帶皮質跟額上廻在出現無法確定的判斷意見時活化。圖片 8.1c（i）顯示這種狀況跟信念判斷的對比。圖片 8.1C（ii）則顯示這種狀況跟不相信狀態的對比。

我利益，信心與同理心——大腦腹內側前額葉皮質的五種要素全部結合起來，會讓前腦島**脫勾**，而非涉入），毫無疑問會很有力量。在某些環境下（舉例來說，我們會想到新生兒的說服術：大哭的音調會活化前扣帶皮質，還有前額葉皮質裡的嬰兒基模網絡），甚至無可抗拒。

被迫分心

在熱到簡直燒起來的華氏 90 度（攝氏 32.2 度）高溫，在天鵝河（Swan River）的河堤上，我一邊喝著啤酒，一邊跟伯斯西澳大學（University of Western Australia）臨床心理學教授柯林‧麥克婁（Colin MacLeod）討論哈里斯的發現。麥克婁是焦慮症（anxiety disorders）的專家，非常了解信念跟情緒如何深入彼此地互相影響。他把我介紹給塔妮亞——一個對安全帶有恐懼症的 27 歲美甲師，她在當地第一家美容沙龍工作。或者，該說是曾經如此——她一直在那裡工作，直到被迫賣掉她的車。

「我們花一大堆時間憂慮我們的憂慮，」麥克婁解釋，「我們不僅憂慮那件事，還憂慮因那件事而起的憂慮。接下來這種『第二層』的憂慮就接手了，讓事情變得更混亂。第二層的憂慮逐漸地變成問題的焦點——變成了第一層的憂慮，如果你有聽懂我的意思……

「很諷刺的是，我們要對塔妮亞做的事情，就是讓她專注於她對安全帶的焦慮上，因為這樣做的時候，我們其實是把她的心智從她**真正**的焦慮源頭——對於憂慮的憂慮——帶開（雖然她並不知情），並且把這種感受移植到一種『幽靈』焦慮上：目前在情緒上處於休眠狀態的原始軸心。基本上這是經過偽裝的聲東擊西。塔妮亞在無意識中『專心分神』的事情，實際上並不會是真正的恐懼症**本身**——而只是一個附庸性質的焦慮，跟恐懼症的開端有關。」

趁著大腦幹壞事的時候抓個正著，接著什麼都有可能了。

塔妮亞抵達的時候，我們出發到停車場去，麥克婁開始跟她聊天，讓她放鬆。

「我要做的第一件事，」他嚴謹地說：「就是看最初的症狀表現，因為我想了解，以便想辦法處理。這樣行嗎？」

塔妮亞點頭。

「好，」麥克婁說，「所以我們按步驟來做。首先，在我們靠近停車場的時候，告訴我妳現在覺得如何。努力集中注意力在那些焦慮的感覺上，然後試著向我表達那些感受。」

塔妮亞企圖歸納她的感受時，安靜了大約幾秒。然後她說道：「唔，實際上，我現在似乎 OK。」

「OK，」麥克婁說：「那很好。我們會在一分鐘內再試一次。」

的確，當我們到她的車旁邊時，麥克婁問塔妮亞同樣的問題。他敦促她：「專注在焦慮之上，然後告訴我這樣有什麼感覺。」塔妮亞再次一無所獲。驚人的是，幾秒鐘後她坐進車裡，甚至也沒感覺到什麼。在她繫上安全帶時，又沒感覺。開車繞停車場似乎也不會對她造成任何問題。而且行駛在高速公路上也沒問題。突然間，這個約診看起來已經沒必要了。這些症狀只是假警報。而且恐懼症——如果確實是恐懼症——從來就沒有真正存在過。只是，當然，這毛病曾經出現。而且最近才讓她丟了工作。

回到河畔喝另一罐啤酒時，我對麥克婁指出，他剛才應用的正是 SPICE 模型。他沒有提出異議——雖然他指出，術語其實是**矛盾意向法**（paradoxical intention）：藉由讓某個症狀本身成為注意力的唯一焦點，來把該特定症狀剷除。這讓我又更深入思考。在我跟麥克婁見面以前，我其實沒想過治療也是一種說服。我猜我沒想過是因為這有「醫療性質」，而且你必須先預約。不過麥克婁自己就沒有這種錯覺。

「治療**絕對**是跟說服有關，」他說：「基本上，這是關於改變人的信念體系，而關鍵就在於治療師是專業說服家。我用的這種治療法，認知行為治療（Cognitive Behavioural Therapy，CBT）所做的就是在大腦裡實踐思考模式的大轉移。這種療法並不是想出問題的**解答**，而是想出一種**思考**問題的不同方式。這不盡然是提供一把鑰匙。不過這種療法所做的，是說服客戶考慮換個鎖。」

要開心，別擔心

在過去幾年裡，麥克婁一直站在一種新治療形態的前線，這種療法稱為認知偏差矯治法（Cognitive Bias Modification，CBM）。如果管用的話（而早期跡象看來很好），可能完全重新定義說服的範疇。麥克婁在 80 年代早期從事博士後研究時，就是最先把認知心理學方法帶到**臨床**領域的人——特別是帶進焦慮症的範圍。焦慮的人在**想什麼**？麥克婁想要知道。而這種思路跟我們其他人的差別在哪？他得到一個別具意義的想法。比方說，一名曼聯迷會專注於某個頁面上的「曼聯」兩字，那一頁除此之外並無相關內容；焦慮者的注意力也是這樣，他們無法不注意那些可能造成威脅的事物。不像我們其他人，可以把這些訊息過濾掉，焦慮的人做不到。用術語來說，他們是「在威脅下保持警覺」（threat vigilant）。

麥克婁利用一種稱為**點偵測作業**（dot probe task）的模式 [13] 來說明這點。參與者分成兩組（焦慮者跟非焦慮者），然後盯著一個電腦螢幕中央的固定十字。接著，有兩個字（一個是中立的，另一個則有威脅性）會隨機地出現在螢幕的其中一側（左側或右側）大約 500 毫秒，隨後一個偵測物（通常是一個點）會出現在先前字體出現的其中一個位置上，參與者必須盡快地用一個按鍵指出這個小點的位置（左或右）。然後，在後續的一連串測試裡重複這個過程。

流程結束時，反應時間經過平均計算，焦慮組與非焦慮組的表現進行比較，揭露真相的差別就出現了。結果顯示，當偵測物出現在先前由威脅字眼佔據的位置時，焦慮者鎖定偵測物的速度較快，快過偵測物出現在先前由中性字眼佔據的位置——然而這種差異並沒有出現在非焦慮組中。換句話說，焦慮症患者對於威脅有一種**認知偏差**。

---

[13] MacLeod, Colin, Mathews, A. and Tata Philip, "Attentional Bias in Emotional Disorders." *Journal of Abnormal Psychology* 95 (1986): 15–20.

近來麥克婁已經採用一種不同的方式來思考點偵測模式[14]。剛開始，如同我們剛剛看到的，這個流程有助於發現到底是什麼**驅動**了焦慮——也就是說，至少在認知層次上如此。不過這招是否也有可能**減低**焦慮的力量？靠著「專注」排除威脅偏見？麥克婁相信確實如此。不僅如此，他也有證據可以證明。

2002 年，他跟同事修改了這個模式，這樣偵測就不再是隨機的了。也就是說，不再是以相同頻率從威脅字眼跟中性字眼的位置跳出，而是 100% 出現在這個位置或那個位置：如果是出現在威脅相關字位置，就是**注意威脅**（attend threat，AT）情境；如果是出現在中立字位置，就是**注意中立**（attend neutral，AN）情境。麥克婁接下來選出一群有中等程度焦慮分數的受試者（分數是以標準化的焦慮問卷測出的），把他們分成兩組。一組人得到 600 次注意威脅轟炸，另一組人則是 600 次注意中立轟炸。

麥克婁想知道，點偵測可以從實驗模式轉變成一種**訓練**範式嗎？藉著反覆把注意力導向這個位置或那個位置，是否有可能真正**導致**偏見？

結果答案是可以。在「訓練」結束時，那些注意威脅組的人面對一個正常的點偵測作業，他們（你猜怎樣？）對威脅相關字表現出較高的警覺性。相對來說，那些在注意中立組的人則對中性字眼表現出較高的警覺性。不只如此，當受試者後來接受一個特別設計來讓他們焦慮的顛倒字破解測驗（大多數的字搞不好是來自史瓦希利語，某些字其實根本不可能破解），那些注意中立組的人表現出的壓力跡象，少於注意威脅組的人。

而且故事還沒完[15]。在麥克婁研究**注意力**訓練的同時，安德魯・馬修斯（Andrew Mathews）和邦迪・麥金托許（Bundy

---

[14] MacLeod, Colin, Rutherford, Elizabeth, M., Campbell, Lyn, Ebsworthy, Greg and Holker, Lin, "Selective Attention and Emotional Vulnerability: Assessing the Causal Basis of Their Association Through the Experimental Manipulation of Attentional Bias." *Journal of Abnormal Psychology* 111 (2002): 107–123.

Mackingtosh）在劍橋的英國醫學研究委員會認知與腦科學中心（MRC Cognition and Brain Sciences Unit）也有類似的思考模式──而且發展出一種技術，可以用來修正我們**詮釋**狀況的方式。從他在倫敦聖喬治醫院擔任臨床心理學家的那些年開始，馬修斯已經領悟到，就像焦慮者的注意力會集中在環境中可能造成的威脅，他們的**思考流程**也是一樣。雖然我們其他人可能會注意到事情的光明面，但焦慮者的實用經驗法卻傾向於相反的作法──他們會以負面的、不友善的方式來詮釋事物。為了說明這一點，馬修斯提供了一個例子。他的某位同事在青少年時期，有次臉上長了一顆大面皰，那天他正好要跟新的約會對象出門。他弟弟沒啥同情心的反應觸怒了他，他火大地衝出房子，然後坐在附近一處小山丘頂的一張長椅上俯瞰整個小鎮。5 分鐘後，有個旅客來了，坐在他身邊。

「真是好地方（nice spot[16]），」他這麼說……。

馬修斯的研究方向跟麥克婁是一樣的──只是他不是訓練注意力，他訓練的是**認知**。在一項典型實驗中，參與者會看到很多情境設定，必須完成末尾的字詞，才能確定這是正面還是負面情境。這構成了**訓練**階段。

例如：「你的伴侶邀你去他們公司的週年慶晚宴。但你從未見過他任何一個同事，準備好要去的時候，你想著，晚宴上的新朋友會覺得你……」

如果是設計好引進負面詮釋偏見的狀況，要完成的字詞會是「bo──ng」（boring，無聊的）──而且你會做 100 個這樣的範例。在**正面**偏見情境下，那個字會是「fri─d─y」（friendly，友善的），而且你會得到 100 個**那樣的例子**。

隨後，在**測試**階段，參與者會看到另外一批情境──跟第一個

[15] Mathews, Andrew and Mackintosh, Bundy, "Induced Emotional Interpretation Bias and Anxiety." *Journal of Abnormal Psychology* 109 (2000): 602–615.
[16] 譯注：spot的另一個意思就是面皰。

情境相同——只是這回結論保持模稜兩可，並且伴隨著好幾種可能合適的結果。

就像在麥克婁的注意力訓練流程裡一樣，馬修斯發現，那些被訓練往負面方向解釋事情的受試者，結果就跟訓練的偏見相符——受到正面情境訓練的人也是如此。不只如此，如果後來又暴露於造成壓力的因素下（例如受傷與意外的錄影片段），那些經過正面訓練的人表現出的焦慮，會少於受到負面訓練的人。

「別擔心，要開心，」巴比·麥菲林（Bobby McFerrin）曾經這麼唱過。不過其實應該反過來唱。

說服的路徑

麥克婁和馬修斯對於未來抱著樂觀看法（唔，他們會的，不然呢？）。而且他們有好理由。如果像山姆·哈里斯向我們顯示的，信念是一種大腦狀態，那麼藉著改變大腦狀態，理論上我們應該可以改變信念。不只是在理論上，在**事實上**亦然。而且不只是某些信念，而是全部的信念。宗教的、政治的，隨便你挑。

在麥克婁初次修改點偵測模式數年後[17]，2004年，他把同樣的流程用在社交恐懼症（social phobia）患者身上。兩星期內，病患每天接受384個訓練測試，明確地把他們的注意力從威脅相關字上面轉移開來。結果呢？症狀顯著地減少了。

一年後，2005年，麥特·菲爾德（Matt Field）與布萊恩·伊斯特伍（Brian Eastwood）[18]在利物浦大學（University of Liverpool）改編了認知偏差矯治法，用來治療嚴重酗酒者（中立影像對照跟酒

---

[17] MacLeod, Colin, Campbell, Lyn, Rutherford, Elizabeth M. and Wilson, Edward J., "The Causal Status of Anxiety-Linked Attentional and Interpretive Bias." In Jenny Yiend (Ed.), *Cognition, Emotion, and Psychopathology: Theoretical, Empirical, and Clinical Directions.* Cambridge: Cambridge University Press, 2004.

[18] Field, Matt and Eastwood, Brian, "Experimental Manipulation of Attentional Bias Increases the Motivation to Drink Alcohol." *Psychopharmacology* 183 (2005): 350–357.

精相關的影像）。在一項巧妙的後續酒精依賴程度測量中，他們發現處於「注意中立」狀態的人在一項「味覺測試」裡抽樣品嚐的啤酒，少於處於「注意酒精」狀態的人。

更加驚人的，是對於中風患者所做的研究。阿拉巴馬大學（University of Alabama）的愛德華‧托伯（Edward Taub）設立了托伯療法診所（Taub Therapy Clinic）[19]，在那裡看到病患在**健康**肢體上套著沉重的連指套和吊腕帶，算不上是不尋常。這樣做的理由並非常顯而易見──除非你經歷過托伯的那種頓悟時刻。

托伯發現，中風患者的腦在他們初次發病後，進入了一種「皮質層休克」的狀態，在這段期間，只要是想嘗試移動任何受損肢體都會失敗。在幾個月的時間裡，這種失敗的結果導致托伯所說的「習得的無用」（learned non-use，我們在第五章碰到的「習得的無助」的變化型）──受損肢體部位的運動神經地圖因此開始萎縮（跟腦部永遠不變的「不用則退」原則相符）。不過**逼迫**一個人去運用受影響的部位，在面對重複的失敗也努力不懈（所以才要戴上連指套跟吊腕帶──或者是托伯口中「帶來限制的」動作療法裝備），就可以達到所謂非凡的進步。大腦可以在教導下重寫自己：把新一代的樹狀突送出門，追隨老前輩的腳步，越過地圖上沒有的神經系統風景。而要是你能夠把癱瘓「說服走」，那麼誰知道這種影響力能起多大作用？

艾塞克斯大學（University of Essex）心理系教授伊蓮‧福克斯（Elaine Fox）比麥克婁和馬修斯又更進一步，利用功能性磁振造影觀察認知偏差矯治法對於大腦深處的效果。她的研究計畫（跟倫敦大學的納茲‧德拉克珊〔Naz Derakshan〕合作）現在還在草創時期，不過她會密切注意的其中一個領域，是大腦腹內側前額葉皮質

---

[19] 關於托伯還有托伯療法診所的工作，更多訊息請見*The Brain That Changes Itself: Stories of Personal Triumph from the Frontiers of Brain Science*, Ch. 5 (New York, NY: Viking, 2007).

層──就像哈里斯證明過的，這裡是替信念形成做編碼的區域。她會特別密切注意前額葉皮質跟杏仁核之間的注意力控制網絡有何改變──而且，如果有任何發現，很可能她就要解決說服力方面的「困難問題」了：有史以來第一次，指出腦中個別的「說服路徑」。

「這並不是最嚴格字面意義上的說服力，」福克斯說，「因為接受認知偏差矯治法的個人，是信念改變過程中的自願參與者，而且這個過程中發生的種種情況是潛意識的。不過拿來當成我們改變心意時腦內變化的指標，確實是個開始。」

這確實是個開始。不管是開放型還是固定型心向；不管母船是不是要過來抓你了；或者，不管你是不是能夠「起來，拿著你的床走」[20]──上述每個信念系統的密碼，都是在幾毫秒內就跨越過大腦表面的古老數學大雷雨中，在腦內進行編碼。只要讓這些電化學資料群的航路改道，或者更改資料的強度，你就能操縱信念沿著影響力的模糊經線航行，朝著變化而去。

換句話說，你就會**說服**了。

回到雪梨，在麥克里大學的認知科學中心裡，我更深入地問了一些關於鏡子男的事情。

「如果他站在一灘水前面，然後點燃一根火柴會怎樣？」我問信念形成計畫的創辦人寇哈特。「接下來他就必須解釋，他的另一自我連在水下都能做到這種動作了。」

寇哈特聳聳肩。這一套他以前全都聽過了。

他說：「唔，他已經設法解釋過，他刮鬍子時的同伴如何一直跟著他到浴室去，他甚至還抓過他跟他老婆同床！所以他絕對**有辦法**想到某種理由的。大家會犯的錯誤，就是認為答案不知怎麼的根植於邏輯中。但不是這樣。他自己說過，他知道他說的話聽起來很瘋狂。問題在於他的大腦是怎麼理解這個世界的；怎麼安排感官資

---

[20] 譯注：這裡作者竄改了一句聖經裡的話（聖經原文：Get up, pick up your cot, and walk.）

料，並且嘗試建構一套內在的融貫敘述。」

　　而秘密就藏在那裡。

　　「案件的輸贏並不只是看事實的強度，」律師曼斯菲爾德在第四章裡告訴我們，「而是看印象。有很多事情是透過暗示的力量達成……這不只是跟呈現證據有關。這是有關於你**如何**呈現證據。」

　　在雪梨，結果還未定。

附錄　完美的不完美

關於瞬間說服術，經常有人問我的其中一個問題就是：是否人人都能做到。我們全都有能力在人生的低潮點耍手段翻盤，或者這只屬於幸運少數中的特權分子——有一套特殊本事的說服天才？

我的答案永遠都一樣。

這是程度問題。就算不是所有人，我們大多數人對於某些純柏拉圖式理想化的不朽領域也都有撥號連線。而且，就算不是所有人，我們大多數人也偶爾會意外地接通這條線路。你上次在恰好正確的時刻，說出恰好正確的事情——只是到後來才發現，是在什麼時候？那時候你可能還不知道那一點——不過，嘿，通常就是這點讓事情感覺對了！

同樣令人印象深刻卻稍微常用一點的號碼，就是通往柏拉圖式**不完美**的直撥熱線。你上次正好在正確時刻說**錯**話，是什麼時候？

比較容易記得，不是嗎？

而且我猜你比較快發現。

在聖誕節將至的時候，英國皇家郵局接到來自英倫三島各地兒童超過 75 萬封的信件，要寄給聖誕老人。對於這種信件的處理，有嚴格的規定——而且那些沒有意外滑進資源回收單位的信件，被小心地分類歸檔。不過在幾年前，有一封信特別成功地捉住某地區信件分類辦公室一名女性雇員的目光。這封信是來自一個小男孩，他花了一整年存錢想買 PlayStation——不過還沒存夠。他媽媽生病了，而且他爸爸剛剛被解雇。所以你可以想像得到，這一家子手頭很緊。聖誕老人能夠來救他們嗎（要花 200 英鎊喔）？

在信件分類辦公室，打開這封信的女士把這封信在同事之間傳閱。他們全都極端感動。事實上，這年輕孩子的辛苦工作跟進取心如此打動他們——他在幫人洗車，而且也兼了兩份送報工作——他

們決定為他舉辦募捐活動。每個人都慷慨解囊，結束募捐時，那位女士桌上放了一個裝了 120 英鎊的信封。她把信封送給那個勤勉的小伙子——上面還附帶一張來自「聖誕老人」的便條，希望他跟他的家人都能過個好年。

　　事情差不多就是這樣。沒有更多發展了。意思是說，一直到幾週以後才有發展，那時已經是一月中旬，有一封要寄給聖誕老人的信又出現在同樣的分信辦公室。處理第一封信的女士也處理到第二封信。她讀到的信件如下：

　　親愛的聖誕老公公：

　　非常感謝您給我兒子的 200 英鎊聖誕禮物。您非常地慷慨。然而不幸的是，他還是沒有辦法拿到他想要的那台 PlayStation，因為當他打開您的信件時，他發現裡面只有 120 英鎊。郵局那些愛偷東西的混蛋一定自己揩走了 80 英鎊。我猜這只是顯示出，這年頭誰都信不得了……

　　唉呀！

　　這樣看來，有些人光是誤判情勢還不滿足，他們還堅持要歹戲拖棚。我們全都幹過這種事，不是嗎？如果經驗有教會我們任何事，就是這一件了。在勤勉、笨拙成就的外觀背後，閃爍著一個由輕鬆得卑鄙的無能所形成的領域。一長串到達不朽境界的失禮之人、混亂製造者和蠢蛋，他們是由認知短路的狂想打造而成的血肉之軀。

　　有一天晚上，在劍橋火車站外，我發現自己在一條不滿的人龍中喃喃抱怨，這排隊伍在計程車招呼站旁邊逐漸成形，就像是緩慢移動的熱帶龍捲風。突然間，一個大嗓門的青少年醉鬼憑空冒出來，毫不在乎地晃到前面去。站在我旁邊的一個傢伙以令人讚賞的

自制，叫他站到旁邊去，而且還在環境許可的狀況下，盡可能友善地請他死一邊去，回到隊伍後面。不過這個莽撞的闖入者聽不下任何一句話。

「我剛剛接到電話說我女朋友被送到醫院去了，」他口齒不清地說，「而且她直接進了手術房。你的藉口是啥？」

「我是外科醫生，」回答來了。

讓你很驚訝，不是嗎？

如果我們可以理解錯誤到那麼離譜的地步，那麼，還有什麼可以阻擋我們判斷正確到這麼驚人的地步？

多向度愛荷華易感性量表（Multidimensional Iowa Suggestibility Scale，MISS）[21]（簡明版）

　　請指出下面這些句子有多適合形容你。利用下面的量表來記錄答案，最後再加總起來：

1 分——完全不是或者非常輕微
2 分——有一點
3 分——多多少少
4 分——頗爲適合
5 分——非常適合

1. 我很容易被其他人的意見影響。
2. 我可能會被一則好的廣告影響。
3. 有人咳嗽或打噴嚏時，我通常也會有做相同動作的衝動。
4. 想像一杯冷飲可以讓我口渴。
5. 一個好售貨員可以讓我真心想買他們的產品。
6. 我從雜誌或電視上得到一大堆很好的實用建議。
7. 如果看到包裝、陳列不錯的產品，我通常就會想買。
8. 當我看到某人打顫時，我通常也會覺得一陣涼。
9. 我從某些名流身上學到我的風格。
10. 當別人告訴我他們有何感覺時，我常常注意到我也有同感。
11. 做決定的時候，我通常會遵從別人的建議。
12. 閱讀好吃菜色的敘述，就足以讓我流口水。
13. 我從別人身上得到很多好點子。
14. 跟別人談話以後，我經常改變我的意見。

15. 看到一則乳液廣告以後，有時候我會覺得皮膚乾澀。

16. 我透過我的朋友發現許多我最喜歡的東西。

17. 我追隨現在的時尚潮流。

18. 想到某件可怕的事會讓我心跳加快。

19. 我從我朋友身上學到許多習慣。

20. 如果有人說我看起來不太好，我就會開始覺得不舒服。

21. 對我來說，融入環境很重要。

得分

20──40　你就像釘子一樣強悍。不，絕對就是不。

40──60　你不易受人影響，知道自己的心意，不輕易動搖。

60──75　你對於提議持開放態度，而且通常會「試試看」。

75 分以上　我可以邀你加入我要進行的小事業嗎……？

問卷次級量表

生理易感性──項目 8、10、15、20、3

消費者易感性──項目 2、9、5、6、7

同儕一致性──項目 19、17、21、16

生理反應性──項目 18、4、12

易說服度──項目 14、1、13、11

(MISS. Copyright © 2004 by R. I. Kotov, S. B. Bellman & D. B. Watson.)

---

[21] Kotov, R. I., Bellman, S. B. and Watson, D. B., "Multidimensional Iowa Suggestibility Scale: BriefManual (2007)." Retrieved from http://www.hsc.stonybrook.edu/som/psychiatry/kotov_r.cfm with permission from Roman Kotov.

致謝

這本書開頭出現的三個人，現在只剩一個還在世。我父親，約翰・達頓在 2001 年春天結束人生，而我的朋友，大個子男人，不到一年之後也敗給死神——在 2002 年 1 月 1 日過世。這本書是爲了紀念你們兩位而寫，而且是帶著某個訊息發表的。如果你們在天上，在某處，在任何地方——我們找個時候再聚一回吧。

我提到那個位於坎登鎮的酒吧，叫做郝利紋章（Hawley Arms）。既然這是所有事情的開頭，感覺上我們應該讓這本書從那裡開始。所以我們就這麼做了。90 年代中期以後（布勒〔Blur〕、綠洲等樂團和英倫搖滾正當紅時期）我就沒再回去過了。那地方確實變了，不過某些事情顯然**沒變**。某天晚上，我本來要參加一個晚宴派對，但基於某個理由，我沒去。看來我永遠學不到教訓。

那時我還沒結婚，現在我結了。我只能說感謝上帝。在這整個寫作計畫裡，我太太伊蓮（Elaine）就是理性的縮影，她擁有完美的理解力，能省去所有廢話（大部分是我的廢話），她這項才華眞是無價之寶。就在出版之前，我決定跟她攤牌。親愛的伊蓮，我問她（她看得出我是在模仿某種橋段），妳願意支持我度過充滿性愛、藥物與搖滾樂的時期嗎？她回答，我早就這麼**做了**。該死。我的意思是，多謝啦伊蓮，而且我愛妳。

在寫這本書的時候，我有過的經紀人[1] 似乎比軍情五處還多。彼得・塔拉克（Peter Tallack）、派崔克・華許（Patrick Walsh）、克萊兒・康維爾（Clare Conville）、傑克・史密斯・波桑吉特（Jake Smith Bosanquet）和克利斯提・佛萊契（Christy Fletcher），這場 show 之所以能不偏離主題，要多虧他們英雄般的表現——即使尼

---

[1] 譯注：agent，也可指特務

克‧肯特（Nick Kent）偶爾會在我耗盡他們的腦力後失常（通常是在很炫的餐廳裡喝著最高級的黑皮諾葡萄酒時）。我不知道以前有沒有人這樣說過，尼克，不過你在這位子上，真的幹得很好。

感謝以下這些朋友、同事，謝謝你們在我寫作過程中給予的建議跟回饋。如果有誰是我忘記提到的，恐怕你就得面對事實——你沒那麼重要啦。

Dominic Abrams, Denis Alexander, Mike Anderson, Sue Armstrong, Phil Barnard, Michael Brooks, Peter Chadwick, Alex Christofi, Robert Cialdini,Max Coltheart, Keith Crosby, Jules Davidoff, Richard Dawkins, Roger Deeble, George Ellis, Ben Elton, Dan Fagin, Dan Gilbert, Andy Green, Cathy Grossman, Greg Heinimann, Paula Hertel, Rodney Holder, Emily Holmes, John Horgan, Stephen Joseph, Herb Kelman, Deborah Kent, Linda Lantieri, Colin MacLeod, BundyMackintosh, Andrew Mathews, Ray Meddis, Ravi Mirchandani, Harry Newman, Pippa Newman, Richard Newman, Stephen Pinker, Martin Redfern, Russell Re-Manning, Gill Rhodes, V. S. Ramachandran, Jon Ronson, Jason Smith, Polly Stanton, John Timpane, Geoff Ward, Bob White, and Mark Williams.

也要特別感謝我在威廉‧海曼（William Heinemann）出版社的編輯，卓門‧莫瓦（Drummond Moir）和傑森‧亞瑟（Jason Arthur）——他們超乎我的期待，也是最酷、最有趣、最好心的伙伴。還有厲害的安卓雅‧舒茲（Andrea Schulz）、美國荷頓米福林哈寇特（Houghton Mifflin Harcourt）出版社的湯姆‧波曼（Tom Boughman）。

特別感謝蘇菲（Sophie）和潔瑪‧紐曼（Gemma Newman），我才得以享受寒冬週日下午的熱煎餅。

最後，我想說的是：1982 年 5 月 9 日，休‧瓊斯（Hugh Jones）

踏上黑石南公地的倫敦馬拉松起跑線。2 小時 9 分又 24 秒後（記得我當時 15 歲，從電視上看到那場比賽，彷彿才昨天的事），他跨過了終點線，比下一個到達的對手還早了 3 分鐘左右。幾年後，我在倫敦認識了休跟他的家人；我們以前常在攝政公園裡一起跑步（他永遠不可能跟得上我），然後在他位於坎登鎮的家吃晚餐。我們變成好友，而且一直維繫至今。這段友誼，休的精神，還有他太太雪若的加勒比海料理，多年來對我非常受用──特別是在本書寫作期間。休，我只想對你說，多謝了，伙伴。

國家圖書館出版品預行編目資料

購物台專家為什麼能說服你？——心理學家教你突破心防的說
　服術/凱文·達頓（Kevin Dutton）著；吳妍儀譯. ——初版.
　——臺北市：商周出版：家庭傳媒城邦分公司發行, 2010.05
　面；　公分. ——（科學新視野；96）
　譯自：Flipnosis：The Art of Split-Second Persuasion
　ISBN 978-986-6285-89-9（平裝）

　1.說服　2.應用心理學

177　　　　　　　　　　　　　　　　99008225

科學新視野96

購物台專家為什麼能說服你？—心理學家教你突破心防的說服術

原　書　名/Flipnosis：The Art of Split-Second Persuasion
作　　　者/凱文·達頓（Kevin Dutton）
譯　　　者/吳妍儀
企畫選書人/黃靖卉
責 任 編 輯/段韻靈

版　　　權/黃淑敏、吳亭儀、江欣瑜
行 銷 業 務/周佑潔、黃崇華、張媖茜
總　編　輯/黃靖卉
總　經　理/彭之琬
事業群總經理/黃淑貞
發　行　人/何飛鵬
法 律 顧 問/元禾法律事務所 王子文律師
出　　　版/商周出版
　　　　　　台北市104民生東路二段141號9樓
　　　　　　電話：(02) 25007008　傳真：(02)25007759
　　　　　　blog:http://bwp25007008.pixnet.net/blog
　　　　　　E-mail：bwp.service@cite.com.tw
發　　　行/英屬蓋曼群島商家庭傳媒股份有限公司 城邦分公司
　　　　　　台北市中山區民生東路二段141號2樓
　　　　　　書虫客服服務專線：02-25007718；25007719
　　　　　　服務時間：週一至週五上午09:30-12:00；下午13:30-17:00
　　　　　　24小時傳真專線：02-25001990；25001991
　　　　　　劃撥帳號：19863813；戶名：書虫股份有限公司
　　　　　　讀者服務信箱：service@readingclub.com.tw
　　　　　　城邦讀書花園：www.cite.com.tw
香港發行所/城邦（香港）出版集團有限公司
　　　　　　香港灣仔駱克道193號東超商業中心1樓_ E-mail:hkcite@biznetvigator.com
　　　　　　電話：(852) 25086231　傳真：(852) 25789337
馬新發行所/城邦（馬新）出版集團【Cite (M) Sdn. Bhd. (458372U)】
　　　　　　11, Jalan 30D/146, Desa Tasik, Sungai Besi,
　　　　　　57000 Kuala Lumpur, Malaysia
　　　　　　電話：(603) 90563833　傳真：(603) 90562833

封 面 設 計/李東記
排　　　版/極翔企業有限公司
印　　　刷/前進彩藝有限公司
經　　　銷/聯合發行股份有限公司 電話：(02) 29178022　傳真：(02) 29156275

■2010年5月18日初版　　　　　　　　　　　　　　　Printed in Taiwan
■2021年10月14日初版3.3刷
定價320元

城邦讀書花園
www.cite.com.tw
版權所有，翻印必究 ISBN 978-986-6285-89-9

 商周出版

讀 者 回 函 卡

謝謝您購買我們出版的書籍！請費心填寫此回函卡，我們將不定期寄上城邦集團最新的出版訊息。

姓名：_____

性別：□男　　□女

生日：西元 _____ 年 _____ 月 _____ 日

地址：_____

聯絡電話：_____ 傳真：_____

E-mail：_____

職業：□1.學生 □2.軍公教 □3.服務 □4.金融 □5.製造 □6.資訊

　　　□7.傳播 □8.自由業 □9.農漁牧 □10.家管 □11.退休

　　　□12.其他 _____

您從何種方式得知本書消息？

　　　□1.書店□2.網路□3.報紙□4.雜誌□5.廣播 □6.電視 □7.親友推薦

　　　□8.其他 _____

您通常以何種方式購書？

　　　□1.書店□2.網路□3.傳真訂購□4.郵局劃撥 □5.其他 _____

您喜歡閱讀哪些類別的書籍？

　　　□1.財經商業□2.自然科學 □3.歷史□4.法律□5.文學□6.休閒旅遊

　　□7.小說□8.人物傳記□9.生活、勵志□10.其他 _____

對我們的建議：_____

_____

_____

_____

_____